本书受教育部人文社会科学研究规划基金项目资助（项目编号：18YJA751035）

近代加拿大华文报刊文学研究

以《大汉公报》为中心

姚惠兰　著

中国出版集团
东方出版中心

图书在版编目（CIP）数据

近代加拿大华文报刊文学研究：以《大汉公报》为
中心 / 姚惠兰著. 一上海：东方出版中心，2023.12
ISBN 978 - 7 - 5473 - 2312 - 0

Ⅰ.①近… Ⅱ.①姚… Ⅲ.①中文—报刊—研究—加
拿大—近代 ②华人文学—文学研究—加拿大—近代 Ⅳ.
①G219.711.5 ②I711.06

中国国家版本馆 CIP 数据核字（2023）第 230678 号

近代加拿大华文报刊文学研究——以《大汉公报》为中心

著　　者　姚惠兰
策划编辑　潘灵剑
责任编辑　刘玉伟
装帧设计　钟　颖

出 版 人　陈义望
出版发行　东方出版中心
地　　址　上海市仙霞路 345 号
邮政编码　200336
电　　话　021 - 62417400
印 刷 者　山东韵杰文化科技有限公司

开　　本　890mm×1240mm　1/32
印　　张　7.25
字　　数　176 千字
版　　次　2024 年 1 月第 1 版
印　　次　2024 年 1 月第 1 次印刷
定　　价　55.00 元

目　　录

绪　论

北美作为华人早期侨居地,最主要的两个国家——加拿大、美国在经济发展上都曾倚赖华工,并在华侨政策上有诸多相似之处。19 世纪中期,两国先后在太平洋一带的西岸发现了金矿,中国人开始大批移民。1858 年,加拿大菲莎河发现金矿,从美国三藩市前来的华工以及首批从中国前来的华工都开始抵达加拿大卑诗省,从事淘金业。1881 年,横贯加拿大东西部的太平洋铁路开始修建,1885 年结束。从 1881 年至 1884 年,从美国和中国到达加拿大修建铁路的华工达到了 15 701 人。[①] 铁路修好后,许多工人找不到工作,迫于生计,离开了加拿大,但仍有许多华人继续入境。从 1886 年至 1891 年,加拿大官方公布的入境人数为 4 812 人,离境人数为 7 041 人。但是从 1892 年开始至 1904 年,每年入境人数都远高于离境人数。1903 年,入境人数为 5 329 人,离境人数为 2 044 人。[②] 这也是 20 世纪初至民国成立前入境人数最多的一年。

随着每年大量华人的涌入,加拿大华人社区及其"精神家园"开始逐步建立。华人社团、华文报刊与学校等成为华人生存与发展的三大精神支柱。正如报纸在中国近代文学发展史上起到了重

---

① 魏安国:《从中国到加拿大》,上海社会科学出版社 1988 年版,第 29 页。
② Canada Dominion Bureau of Statistics. *The Canada year book 1922－1923*, Ottawa: F. A. Acland Printer to the King's Most Excellent Majesty, 1924, p.212.

要推动作用,近代加拿大华文报刊的发展与华文文学的兴盛形成了共生关系。有学者指出,作为史料、媒介与方法的报刊,有助于我们"还原文本发生的历史现场";报刊不仅是文学资料库,蕴藏着丰富的文学原生态信息,作为媒介,它还使得文学的生产、传播与接受发生了根本性的改变。"报刊自身的资本背景、市场意识、办刊理念、文学趣味,以及版式设计等因素,除具有文学史意义外还能彰显思想史、传播史、出版史和艺术史的价值。"①从报刊入手研究近现代文学的发展,已成为一种非常有效的策略与方法。

1920 年以前,加拿大境内先后创办的华文报刊共有 7 种。此外,近代加拿大可能还有早期社团、宗族组织办的华文刊物,但迄今尚未重见天日。最早创立的华文报是 1903 年由梁启超在卑诗省温哥华提倡组建的保皇会刊物《日新报》,1911 年停刊。此后又相继出现了《华英日报》《新民国报》《大陆报》《大汉公报》《我报》《醒华报》等 6 种华文报纸,其中 4 种创刊于卑诗省温哥华,1 种创刊于卑诗省维多利亚,1 种创刊于安大略省的多伦多。② 华人早期基本居住在卑诗省,故其报业最为发达,尤以温哥华为最繁盛。作为加拿大西部的重要海港,温哥华到上海的航线当时被誉为水上丝绸之路。太平洋铁路的建成通车,更使其成为海陆枢纽。由于交通便利、商业发达,温哥华 20 世纪初就已经成为加拿大最大的华埠与华人经济、文化中心,其报业发展有得天独厚的优势。创刊于维多利亚的《新民国报》从 1958 年开始亦搬迁至温哥华。各华文报刊具体情况见表 0 - 1:

---

① 鲍国华:《作为方法的报刊——晚清报刊文献与中国小说转型研究的可能性》,见赵利民:《近代报刊与中国文学转型》,中国社会科学出版社 2020 年版,第 39—40 页。

② Karl Lo and H. M. Lai. *Chinese Newspapers Published in North America*, 1854 - 1975, Washington, D.C.: Center for Chinese Research Materials Association of Research Libraries.1977, p.110, p.112, p.116.

表 0 - 1　1920 年以前加拿大境内先后创办的华文报刊情况

序号	报纸名称	存续时间	城　市	说　　　明
1	《日新报》	1903—1911	温哥华	保皇会刊物
2	《华英日报》	1906—1908	温哥华	基督教周天麟、周耀初等人发起创办
3	《大陆报》	1909	温哥华	革命分子与洪门数位先进创办
4	《大汉公报》	1907—1992	温哥华	洪门机关报
5	《我报》	1913—1914	温哥华	国民党党报
6	《新民国报》	1905—1984	维多利亚	国民党机关报，1911 年改为日报
7	《醒华报》	1917—1990	多伦多	加东中国国民党之党报，1922 年由周报改为日报

　　遗憾的是，从现存资料看，近代加拿大华文报刊仅有《大汉公报》保存较好，其他似已散佚殆尽。《大汉公报》作为加拿大历史最悠久、发行范围最广、影响最大的华文报刊，"它对中国革命，对北美华人特别是加拿大华人做出了举足轻重的贡献"①。其刊载的文学史料繁富，是我们借以考察近代加华文学的重要宝库。

　　作为一种新媒介，华文报刊对近代加拿大华文文学的生成与发展起到了重要的推动作用。它不仅为华文文学的发表与传播提供了重要平台，而且对华文文学内容与形式的演变产生了重要影响。《大汉公报》辐射广，常年销售于加拿大、美国、檀香山、墨西哥、菲律宾等国家和地区。其销售策略是：除了温哥华本埠之外，其他地域销售价格都一样，尽可能扩大报纸销量。这些华文报刊

① 梁丽芳、马佳：《中外文学交流史（中国—加拿大卷）》，山东教育出版社 2015 年版，第 116 页。

通过刊登本埠、加拿大其他埠以及美国旧金山等地社团的征联、征诗、征文广告,转载中国内地的小说、剧本与论说、时评,组织引导多种形式的诗词唱和活动,转载国际华文文学艺术新闻、华文文学报刊与书籍销售广告等形式,成为跨国文学活动的媒介,促进文学交流。

尽管早期加拿大华人大多英语水平不高,但出于谋生需要,有些通过自我学习,逐渐掌握了新的语言。随着时间推移,移居者的第二代普遍接受了双语教育,英文水平显著提高。在这种文化背景下,近代加拿大华文文学表现出"离散"文学的特点:在异邦文化的影响下,创作形式与内容都发生了一定变化。不仅诗歌出现了英文诗题,戏剧剧本的说白与唱词也出现了英文与汉语白话杂糅的现象。传统戏曲的舞台布置开始仿效西方剧院。与此同时,出现了一批业余、职业白话剧社,关心祖国政治局势,创作了一批影响力很大的时事政治剧。其演出受传统戏曲与西方话剧的双重影响:最初的演出形式,往往是新旧结合——粤剧演出与白话剧表演混合起来,粤剧名伶与白话剧演员同台联袂演出。这种中西杂糅的形式可以吸引不同类型的观众。

从海内外目前已有的研究成果看,对加拿大华文报刊的研究主要从华人移民政治与文化的角度展开,如吴华、徐学清《七一侨耻——试论〈大汉公报〉对华人身份建构的思索(1923—1947)》[①]、石晓宁《1910年代〈大汉公报〉所载加拿大的侨社与国民党支部的关系解读》[②]、乔晓勤《从〈醒华日报〉看大陆与台湾对北美侨社影响的消长》等。[③]

---

① 吴华、徐学清:《七一侨耻——试论〈大汉公报〉对华人身份建构的思索(1923—1947)》,《世界华文文学论坛》2010年第3期。
② 石晓宁:《1910年代〈大汉公报〉所载加拿大的侨社与国民党支部的关系解读》,《第九届世界海外华人研究学会学术会议论文》,2016年7月。
③ 乔晓勤:《从〈醒华日报〉看大陆与台湾对北美侨社影响的消长》,《第九届世界海外华人研究学会学术会议论文》,2016年7月。

近代加拿大华文报刊文学资料的系统整理与研究工作还没有引起足够关注。20 世纪 50 年代，《大汉公报》诗社面向社会征稿，并刊刻了《大汉公报诗词汇刻》，主要收录的是海外华人 1947 年至 1955 年创作的诗词，大致按编年排列。这是为数不多的对报刊文学资料的初步整理。

较早对近代加拿大华文报刊文学开展研究的有华裔汉学家、阿尔伯塔大学教授梁丽芳，她撰写了多篇论文，如《试论岭南人对加拿大华文文学的起源及形成的贡献》①、《试论前期加拿大华人文学活动的多重意义：从征诗、征联到粤剧、白话剧》②、《中加文学互动：从晚清到现在华人社区的文学活动》③等，都是以报纸文学资料为主要依托，对前期加华文学进行研究。她和马佳主编的《中外文学交流史（中国—加拿大卷）》全面、系统地阐述了中加漫长的文学交流史。其第三章《加拿大前期华文文学：移植、发展与交流（1858—1966）》共七小节，其中前五节包含了对近代加拿大华文文学产生与发展的研究。第一节介绍黄遵宪、康有为、梁启超与中加文学交流的启动；第二节论述岭南人登陆加国，开天辟地，创办华文报刊，促成了华人文学场域的形成与演变；第三节考察报刊与阅书报社、书店、国学等对蓬勃的文学活动的合力推动作用；第四节阐述中国古典诗与民歌的传承与异地化；第五节对扮演多重角色的文学与舞台——粤剧和白话剧进行了研究。④ 可以说，梁丽芳教授是近代加拿大华文报刊文学研究的先驱。其著作高屋建瓴，

---

① 梁丽芳：《试论岭南人对加拿大华文文学的起源及形成的贡献》，《世界华文文学论坛》2010 年第 3 期。

② 梁丽芳：《试论前期加拿大华人文学活动的多重意义：从征诗、征联到粤剧、白话剧》，《华文文学》2011 年第 6 期。

③ *Literary Interactions between China and Canada: Literary Activities in the Chinese Community from the Late Qing Dynasty to the Present*，*Journal of American-East Asian Relations*，20(2013)，pp.139 - 155.

④ 梁丽芳、马佳：《中外文学交流史（中国—加拿大卷）》，山东教育出版社 2015 年版，第 95—141 页。

具有俯瞰式的全局观,学术价值高,给后来者以启迪。不过,该书主旨乃研究中加文学交流史,仅个别章节涉及近代加拿大华文报刊文学研究,主要是以宏观的角度展开,并未对各种文体、文学现象进行全面、深入的研究。

随后,南京大学副教授赵庆庆的《加拿大华人文学史论:多元和整合》也利用了报刊史料研究早期加华文学。其第三章专列一节,详细考察了《大汉公报》与早期加华文学的关系,在梁丽芳教授的研究基础上,对《大汉公报》文学版面、文学相关资料进行更为细致、具体的阐析。其内容包括四部分:1.《大汉公报》文学版面的演变;2.《大汉公报》的文学版面内容;3.《大汉公报》文学版面外的文艺报道;4. 促成《大汉公报》和华人文事不辍的因素。[①] 该书注重对《大汉公报》文学史料进行梳理,按照报纸版面的文体分类,对文学作品及文学现象进行了具体介绍;但对于文学作品与文学现象产生的原因、作家考证研究、文人集团研究、文体演变、文学潮流研究、中加华文文学交流与影响等则关注甚少。

正如陈平原指出的,文学史写作中最棘手的是下述三对矛盾:

> 如何处理好文学的"内部研究"与"外部研究"之间的关系,如何处理好形态学的描述和发生学的追踪之间的关系,如何处理时代风尚与超前意识之间的关系。[②]

在对加拿大华文报刊文学史进行研究时,对文学现象进行描述固然重要,但还须从发生学的角度来进行追溯阐释。

文学现象的产生乃至报刊的生存、发展与侨社政治、经济、文化有着密切联系。近代加华报纸往往都有政治或宗教背景,出资

---

① 赵庆庆:《加拿大华人文学史论:多元和整合》,中国国际广播出版社 2019 年版,第 423—454 页。
② 陈平原:《卷后语》,见《二十世纪中国小说史》,北京大学出版社 1989 年版。

方与办报理念不同，往往导致频繁、持久的笔战。如保皇会创办的《日新报》与宗教背景的《华英日报》、《日新报》与洪门机关报《大汉日报》、《大汉公报》与国民党机关报《新民国报》之间的笔战都是绵延数年。笔战带来的影响不容忽视，《日新报》与《华英日报》的"笔战"，引发法庭诉讼，旷日持久的官司大大消耗了报社的经济实力，《华英日报》《日新报》先后因财力不足关闭。而《大汉公报》《新民国报》两家报纸的头版及文学版面文章都紧紧围绕着"笔战"，内容与风格都发生了变化。由此可见，"笔战"既是一种文学现象，亦是引发其他文学现象的要素，需要深入考察、研究。

作家考证研究是报刊文学研究的难点之一，但又极其重要。一方面，正如孟子提出的"知人论世"说所启示的，作家研究可以帮助我们准确、深入地理解文学作品；另一方面，只有在作家研究的基础上，我们才能进行文人集团研究，考察各种文人群的活动，厘清各种文学场的产生与发展状况，更深刻地理解文学现象产生的原因。

就文人集团而言，《大汉公报》编辑与华人学校教师就是两个非常重要的文人群。正如晚清时期，"报纸、杂志成为集结队伍、组织社团以交流思想的主要阵地"，文学活动主要以报刊为中心展开。① 《大汉公报》作为洪门机关报，其文学创作队伍从最初的编辑部同人、文化精英逐渐扩展至包括众多普通作者的泛众群体。在此过程中，报纸主笔与编辑的政治、文学立场始终对报纸的文学发展起着重要作用。这个特殊的文人群体理应被纳入研究范围，成为我们的重点考察对象。其他文人群体，如以维多利亚华侨公校教师为中心的文人群的文学活动也应予以关注。

早期的加拿大华文报刊，无论其主笔、编辑还是所刊载的文学作品，大都离不开中国的输入。从中国或美国聘请来的华人主笔，

---

① 　陈平原：《文学的周边》，新世界出版社2004年版，第100页。

不仅担负着撰写社论以引导舆论的重任,还要进行文学创作,以实报纸文学副刊之版面。但日报的性质决定了原创作品满足不了版面需求,转载就成了解决稿源匮乏问题的主要手段。对报纸转载情况的深入研究,不仅可以借以分析读者的喜好,也可了解报纸维持文学版面经营的方法与途径,考察报刊文学的转型。这些转载基本上都源自中国,从中我们可以考察中国文学对加华文学的深入影响,了解二者的交流情况。对作品来源的考证,理应成为研究的基础。

对于以上种种,海内外已有的研究关注甚少。因为美国近代华文报刊种类比较多,影响力比较大,受到研究者关注较多;加拿大近代华文报刊种类相对而言偏少,保存下来的不多,故尚缺乏专门研究者。

本书以《大汉公报》为中心研究近代加拿大华文报刊文学,研究范围是从1903年至1919年加拿大境内创办的华文报刊。在对《大汉公报》文学资料进行全面整理的基础上,对近代加拿大华文文学的创作、传播、交流与发展、演变作全面、深入的观照,为近代海外华文文学研究的版图增添必要的模块。

本书共分为五章:第一章阐析近代加拿大华文报刊文学产生与发展的背景;第二章介绍《大汉公报》的创办及发行;第三章是本书重点,在对《大汉公报》文学资料进行全面整理的基础上,进行系统研究,主要是按照版面设置情况,对各种文学体裁作品、文学现象、文学传播、作家等展开研究;第四章是对《大汉公报》文学副刊的延伸研究,聚焦《海外嘤鸣草》《避庵诗集》这两部诗集,对加拿大华人文学交游以及重要作家作品进行研究;第五章对《大汉公报》华文文学的发展与演变进行研究,主要从报刊笔战、转载与自创两个维度进行剖析与阐释。在研究的过程中,通过文本细读、资料考证,运用文学阐释学、文学社会学、文学地理学等方法,对《大汉公报》华文报刊文学的产生与发展进行细致梳理与分析,拟以典型个案研究,探寻加拿大华文文学兴起与嬗变的普遍规律。

第一章　近代加拿大华文报刊文学产生与发展的背景

　　与美国最早的华文报刊《金山日新录》的问世时间(1854)相比,加拿大华文报刊的最早创立时间要晚了整整半个世纪。但由于起步晚,可资借鉴的办报经验丰富,所以与同期的美国华文报相比,并不逊色。就文学副刊而言,无论栏目设置还是内容水平,都比较相近。只是由于刊物政治背景不一样,在论说或其他文学题材的内容方面呈现出各自不同的特色。近代加拿大华文报刊文学的产生、发展与当地的移民政策、华埠侨团、文教发展情况等紧密相关。主笔的引进与入境、作者与读者群的培育及当地经济的兴衰、华人社区的文化建设、政治纷争等,都对华文报刊的发展产生了影响。

第一节　渐趋严苛的移民政策:从自由入境到限制入境

　　近代中国是一个内忧外患、落后挨打的弱国。闭关自守的锁国政策、频繁发生的自然灾害,再加上两次鸦片战争、太平天国起义、天地会起义等,使得这个半殖民地半封建帝国处于风雨飘摇之中。弱国无外交,近代海外华人移民史充满无奈、屈辱与艰辛。

据文献记载,18 世纪末就有华人工匠作为签约劳工,来到过温哥华岛,但"真正成批来到加拿大西岸的华人移民是始于 1858 年"①。从 1858 年至今,随着加国政治、经济的变化与国际政治形势的影响,加拿大对华人移民的政策经历了漫长曲折的变化。从起初的放任自由,演变为通过人头税来控制华人移民数量,直至 1923 年"四三苛例"出台,完全禁止华人入境。二战后,由于华人在战场中的优异表现以及中国作为战胜国带来的影响,1947 年,排华法又被撤销,但这并不意味着华人真正获得了平等的权利。直至 1967 年,加拿大宣布新移民条例,实施"分值制"移民政策,对所有移民申请的审批参照同一标准,华人才真正实现了平权。根据移民政策的变化,1967 年之前,加拿大华人移民史可划分为四个时期,即自由出入时期(1858—1884)、管制入境时期(1885—1922)、禁止入境时期(1924—1946)、选择入境时期(1947—1966)。② 本书研究的时段属于第一、第二时期。

一、自由出入时期:两次移民热潮与排华开端

从 1858 年至 1884 年,加拿大共有两次华人移民热潮,即淘金热潮时期与建筑铁路时期。这两次热潮不仅改变了加拿大的移民史,也是排华浪潮的滥觞。虽然在法律层面上对华人入境尚未设置门槛障碍,但华人一直遭受着种族歧视、排斥与打击。

1858 年,加拿大卑诗菲莎河流域一带发现金矿的消息流传开来,并在美国旧金山华人中引发轰动,"由此正式开启了华人从美国旧金山来到卑诗殖民地,也就是北美洲第二个'金山'的热

① 黎全恩、丁果、贾葆蘅:《加拿大华侨移民史(1858—1966)》,人民出版社 2013 年版,第 15 页。
② 同上书,目录。

潮"①。据李东海《加拿大侨民史》,掀起这股热潮的第一批华侨于1858 年 6 月 28 日抵达维多利亚。② 随后不久,从中国国内直接雇用的劳工也从香港出发抵达卑诗省。随着华工的不断涌入,加拿大人中间出现了两种不同的声音。一方面,他们对华人的经济消费充满期待,认为可以繁荣当地商业。如 1860 年 5 月《殖民者日报》满意地表示:

> 最近从各中国商行传出中国人对弗雷塞河发生强烈兴趣的消息,据说在八月一日之前将有八千至一万名华工到达温哥华岛。如此说被证实,今夏维多利亚将出现一片繁荣景象。据可靠消息,本市五百名中国人在星期内消费达一万美元。③

另一方面,又有人呼吁警惕华人的迁入。他们担心华工太多会抢占白人的采矿资源以及引起社会治安问题。实际上,情况并非如此。淘金华工无论受雇于西方矿业公司,还是作为取得自由身份的个人,都遭受了严重的种族歧视。他们不仅人身安全受到威胁,经常遭受勒索、殴打,甚至被杀害,还只能在白人废弃了的采矿点或者未被发现的新矿区淘金。除了采金外,华人大都从事采煤、伐木、家庭佣工等职业,有的还做小贩等。由于华工勤劳、工价低廉、易于管理,引起了当地工人的嫉妒和排挤。"在殖民地时代,政府议员之当选与否,恒视工人之向背而决定,各市镇之立法与行政往往亦由工人阶级所操持。"④当地政客为了自身利益,受工人之蛊惑,不断酝酿、提出歧视华人法案。

---

① 黎全恩、丁果、贾葆蘅:《加拿大华侨移民史(1858—1966)》,人民出版社 2013 年版,第 15 页。
② 李东海:《加拿大华侨史》,加拿大自由出版社 1967 年版,第 59 页。
③ 陈翰笙:《华工出国史料汇编　第 7 辑　美国与加拿大华工》,中华书局 1985 年版,第 309 页。
④ 李东海:《加拿大华侨史》,加拿大自由出版社 1967 年版,第 139 页。

1881 年,太平洋铁路的兴建,又引发了第二次华人移民热潮。太平洋铁路是贯穿加拿大东、西部的重要铁路,它东起大西洋新斯科舍省的哈利法斯(Halifax),西至太平洋卑诗省的温哥华(Vancouver),全长 3 800 多公里。对于加拿大的国家统一、安定与繁荣发展具有关键性的作用。1867 年 7 月 1 日,加拿大自治领成立后,仅东部安大略省、魁北克省、新不伦瑞克省和新斯科舍省四省加入联邦;1871 年位于西海岸的卑诗省以"十年内建成跨大陆铁路,与东部联成一体"为条件,加入联邦。① 但由于经济原因,加上加拿大不同党派之间的分歧与矛盾,太平洋铁路迟迟未能如期动工。在卑诗省威胁要退出联邦的压力下,保守党当权的政府才重启铁路建设工程。

1879 年 10 月 7 日《殖民者日报》登出一条引人注目的消息,标题为"长期的等待结束了",宣称政府已为艾莫利港(Emory's bar)和撒瓦纳渡口(Savona's Ferry)之间的四段铁路投标。这四段铁路位于卑诗省境内,全长 127 英里,最后都由美国承包商安德鲁·翁德唐克(Andrew Onderdonk)全部买下,"他的后台是美国铁路大王斯坦福德、克鲁克和唐尼"②。

铁路兴建后,对于雇用华工问题,卑诗省的政客们持强烈的反对意见。保护工人协会的主席莎士比亚在 1879 年发动会员向联邦政府请愿,他们要求只用白人,拒用"蒙古劳工";他甚至表示,宁肯不要铁路,也不要雇用华工。③ 卑诗省省长沃凯姆(George Anthony Walkem)曾想在承包合同中写入不得雇用华工的条款,但遭到了加拿大总理麦克唐纳爵士(John A. Macdonald)的拒绝,

① 转引自梁丽芳、马佳:《中外文学交流史(中国—加拿大卷)》,山东教育出版社 2015 年版,第 8 页。

② 陈翰笙:《华工出国史料汇编 第 7 辑 美国与加拿大华工》,中华书局 1985 年版,第 320 页。

③ David Chuenyan Lai. *Canadian Steel*, *Chinese Grit*, Vancouver National Executive Council of the Canadian Steel, Chinese Grit Heritage Documentary, 1998, p.2.

他认为只要工程完成得好,政府不能命令承包商应该怎样进行工作。承包商安德鲁·翁德唐克在美国承包工程时有使用华工的经历,深知华工能干,工价低廉,但面临反华势力的高涨,他做出保证,他会优先使用白人,只有在加拿大东部或别处找不到其他工人时,才会"勉强雇用印第安人和华人"①。

在随后的修建过程中,由于翁德唐克从美国雇用的白人劳工工作态度、技术差,无法满足需要,最终不得不使用华工。由于所需人数巨大,他委托旧金山商人李天沛替他招募华工。李天沛联合他三位台山同乡,包括旧金山广华源李天宝、维多利亚市广安隆的李佑芹及泰源的李奕德共同组成联昌公司。此外,维多利亚两家非华侨经营的施麦与锅公司(Stahlschmidt & Ward)、伟时与利达公司(Welch Rithet)协助接运华工来加。据统计,从 1881 年到 1884 年,"参加建筑铁路的华人移民总数超过 17 000 名,其中有 10 000 名直接来自中国"②。华工负责修筑的路段往往地势险峻,经常需要高空作业,进行爆破,而承包商为了节约成本,购置的是便宜但不稳定的硝化甘油,许多华工死于爆破和隧道塌方事件。此外,筑路华工的生活条件也非常艰苦,不少人由于缺乏蔬菜和水果造成的脚气病和败血病而丧命。政府、承包商和雇用公司都没有给这些工人提供基本的医疗服务。加拿大有种说法:太平洋铁路每一公里的枕木下,都有一个中国劳工的亡魂。华工用生命和汗水换来的不是尊重,而是被压榨、利用之后的无情抛弃。

随着铁路即将完工,卑诗省排华的浪潮越来越迅猛。无论是政客还是当地工会、商会都希望华工返回中国。1884 年 7 月,加拿大联邦政府迫于形势,组织成立"调查华人事务委员会",授权国务员察贝鲁(J. A. Chapleau)及卑诗省高等法院法官格雷(J. H. Gray)调查华人居留于卑诗省的一切问题,为以后制定华人移民政

---

① 魏安国:《从中国到加拿大》,上海社会科学院出版社 1988 年版,第 26、27 页。
② 同上书,第 29 页。

策作参考。该调查包括两部分：实地调查，搜集有关华人之生活资料，咨询有关人士之意见。据称，其咨询对象皆为当时中立人，共 51 人，其中包括两名中国人，即中国驻美金山大埠总领事黄遵宪和总领馆主事黄锡铨。

黄遵宪回答咨询问题时，对有人指责中国移民到外国不是为了留下来，而是为了赚一笔钱后回到中国，进行了有力的反驳。他说，来到这个国家的中国移民被剥夺了在公民身份方面给予其他人的所有权利和特权，法律迫使他们成为外国人。如果允许他们入籍并享受权利和特权，许多中国人都会很乐意和他们的家人一起永久留在这里。

黄锡铨则被派往卑诗省，负责与那里的华人沟通，并撰写、提交《卑诗省华人贸易和商业的统计数据》给皇家调查委员会，该报告内容还包括华人数量和职业情况统计等。黄锡铨提出，中国人要求得到加拿大和英国给予其他国家人民的那种公正和顾虑。那些不了解情况的人对中国人提出的不道德的指控是一种严重的对事实的歪曲。中国人被指控有吸食鸦片的习惯，而这种习惯据说会使人丧失信心。如果这一指控属实，那么谁应该受到指责：是使用这种可恶毒品的中国人，还是无视中国政府的一再抗议而引进这种毒品并强迫我们进行贸易的英国人？[1] 应该说，受咨询的两名中国领事官员都控诉了华人在北美遭受的不公平待遇，并为华人的权益进行了抗争。

1885 年《皇家调查报告书》出炉。尽管调查显示，华人犯罪记录较其他民族为少，也尽纳税之义务，但多数被咨询者认为华人人口增长过快，主张订立一种法令以限制之。这种意见得到了政府采纳。[2] 太平洋铁路最终于 1885 年 11 月 7 日修成，但未等到完

---

① *Report of the Royal Commission on Chinese Immigration. Report and Evidence.* Ottawa: Printed by Order of the Commission, 1885, pp.161 - 163.

② 李东海：《加拿大华侨史》，加拿大自由出版社 1967 年版，第 161—167 页。

工,当年 7 月加拿大议会就通过了人头税议案,每名欲迁入加拿大的华人须缴纳 50 加元人头税。从此,自由入境时代结束了。

二、管制入境时期:人头税、排华事件及其影响

人头税是加拿大政府仅针对华人征收的入境税,带有强烈的种族歧视性质。从 1885 年人头税的出台至 1923 年"四三苛例"的颁布之前,加拿大对华人入境主要是使用经济手段来加强管制,而且其措施渐趋严厉。

1885 年颁布的人头税,只对五类人免征:外交官员、领事官员、政府代表及其随同和仆人,旅游者,能出示签证和资格证书的科学家,学生,商人。该法令明确规定,"商人"不包括"小贩、货郎或从事捕捉、晒干或用其他方法保藏水生贝类生物或鱼类以供家庭消费或外销者"。而已缴纳人头税,入境后又希望暂时离开加拿大的华工,会被收回居住证,并重新发放入境许可证。① 每人 50 加元的人头税对于华人是一种高昂的负担。

据黄锡铨统计,卑诗省华工每月平均工资为 25 加元,每年为 300 加元,扣掉一切日常必需用度和冬季不做工的工资后,一年只剩 43 加元。② 这说明,普通华工一年的积蓄都不足以交这笔人头税。这种经济管制虽然给华人来加增加了很大难度,但迫于中国国内的政治、经济形势和美国、澳洲等地的强硬排华政策,选择出国谋生的华人仍在想方设法进入加拿大。

从 1886 年至 1899 年,来加华人总数为 24 774 人,其中只有 368 人免税。尤其是在 1899 年,来加华人数一下子猛增到 4 402 人,其中免税仅 17 人。③ 华人的不断涌入引起了当地反华势力的

---

① 魏安国:《从中国到加拿大》,上海社会科学院出版社 1988 年版,第 84 页。
② *Report of the Royal Commission on a Chinese Immigration. Report and Evidence.* Ottawa: Printed by Order of the Commission, 1885, p.366.
③ Canada Dominion Bureau of Statistics. *The Canada Year Book 1922 – 1923.* Ottawa: Forgotten Books, 2018, p.212.

恐慌,他们给政府施加压力,要求提升人头税。1900 年人头税增至 100 加元,该法案规定修正后的该条款于 1901 年 1 月 1 日生效。[1] 但是从 1901 年至 1903 年,移民人数仍在逐年增加,1903 年更是激增到 5 245 人。1903 年 7 月 10 日,加拿大政府又将人头税增至 500 加元,该法令于 1904 年 1 月 1 日生效。这样的苛税确实在短期内起到了立竿见影的效果,1905 年至 1907 年,这三年来加的华人数分别锐减为 77 人、168 人、291 人。

但是从 1908 年至 1923 年,来加人数仍在显著增加,中间仅 1916 年、1917 年入境人数大幅度下降,因为加拿大实施了一项规定,"熟练及非熟练技工、劳工都禁止在卑诗省登陆"[2]。到了 1919 年,来加华人又飙升至 4 333 人,其中免税人数为 267 人,仅占 6.16%;非免税人数为 4 066 人,也就是说 93.84% 的来加华人都是劳工、小商贩之类。当时,正逢第一次世界大战结束,经济萧条,许多复员军人返回加拿大,找不到工作,这类人和本来有工作的本地劳工以及欧美移民都把非白人劳工当成抢夺工作的"洪水猛兽",而当地社会蓄势已久的种族歧视又推波助澜,最终导致了 1923 年 6 月 30 日"四三苛例"的出台。该法令 7 月 1 日开始实施,全面禁止华人入境。

据加拿大统计局公布的数据,从 1886 年至 1923 年,加拿大政府仅人头税一项就收入 22 189 882 加元。[3] 如果说人头税主要是为了限制华人入境,那么从 1885 年至 1923 年,加拿大境内发生的几起重大排华事件则是对已入境华人的歧视、限制和排挤,对华人和华人社会的发展造成了重要影响。加拿大人对华人的歧视,始

---

[1] 黎全恩、丁果、贾葆蘅:《加拿大华侨移民史(1858—1966)》,人民出版社 2013 年版,第 135 页。

[2] Canada Dominion Bureau of Statistics. *The Canada Year Book 1916 - 1917*. Ottawa: J. DE L. Taché, Printer to the King's Most Excellent Majesty, 1917, p.112.

[3] Canada Dominion Bureau of Statistics. *The Canada Year Book 1922 - 1923*. Ottawa: F. A. Acland Printer to the King's Most Excellent Majesty, 1924, p.212.

于西部，后逐渐蔓延至中部、东部。当然这也与早期华人迁移的路线有密切关系。

据加拿大人口普查统计，从 1881 年至 1921 年，华人大多数居住在卑诗省。虽然每隔十年，其人口在加拿大全国华人中的占比逐步下降，但仍是华人集聚重地。直至 1911 年，其占比仍达到 70.3％。① 所以卑诗省对待华人的政策、措施与态度影响甚大，关乎华人整体命运。从 19 世纪 80 年代起，卑诗省的排华浪潮迭起，从教育、经济、政治等方面对华人进行了全面压制。

随着华人大量迁入和华人社会逐步形成，华人儿童面临着教育问题。19 世纪 80 年代，卑诗省除了几家富商聘请老师设私塾外，美以美教会创办了一所华人教会学校。此外，还有些华童进入当地公立学校就读。根据 1900 年的移民法，"缴纳入境人头税的华人儿童，从他们到达加拿大即日算起，18 个月内，有权要求退还所交税金"，其前提条件是"必须出示加拿大任何学校或学院教师签发的证书，以证明该学生确实在该校就读至少一年"②。

在利益驱动下，许多华人都会送自己的孩子去公立学校读书。当时华人学生占卑诗省的比例仅为 1.4％③，但是这一现象却引起了当地白人的排挤，原因有二：一是他们认为黄白同校会影响自己孩子的健康成长。因为华人孩子入学前，很多没有学过英文，入学后就只能进入低于他们年龄的年级就读。这些家长认为，年龄的差异以及中国人的不良卫生习惯，会给自己的孩子带来不好的影响。二是他们认为一些华人家长拿到可以用来退人头税的证书后，就让孩子退学了，这种钻空子的行为，会浪费纳税人的钱。他

① 黎全恩、丁果、贾葆蘅：《加拿大华侨移民史（1858—1966）》，人民出版社 2013 年版，第 222 页。
② Canada, Statues of Canada. *An Act Respecting and Restricting Chinese Immigration*, *1900*. Ottawa：63 - 64；Victoria, Chap, 32：216，转引自黎全恩、丁果、贾葆蘅：《加拿大华侨移民史（1858—1966）》，人民出版社 2013 年版，第 150 页。
③ 魏安国：《从中国到加拿大》，上海社会科学院出版社 1988 年版，第 198 页。

们要求将自己的子女与华人孩子隔离,实行"黄白分校"。

迫于压力,卑诗省政府于 1908 年实施了黄白分校。华人们进行了持久的抗争,他们募集捐款,聘请律师,要求取消此项歧视规定,但未取得成功。最后华人们只好用剩余的部分筹款兴办华侨公立学校,接纳华人学生,保证他们得到应有的教育。

在政治选举权上,卑诗省逐步取消了华人的省级、自治领级、市级的选举权,与此相应的是卑诗省的"某些行业,诸如律师、药剂师和会计师等,都必须在选民榜上有名才有资格,因此华人便自然而然地不符合要求了"①。该省还采取措施禁止在公有土地上施工的工程中雇用华人。

1907 年初,该省立法机构第四次通过一项"出生法",规定凡希望移居入境者须通过语文测验。以往各种不同形式的这类法令,都在联邦一级被否决。这一次,却在省一级被省督詹姆斯·邓斯米尔否决了。该总督家族企业是以大量雇用亚洲工人而闻名的,省督拒绝签署法令激发了许多人的不满。同年 9 月,《卡尔加里先驱报》刊登的一位官员的报告估计,温哥华市有六分之一是亚洲人。9 月 7 日该市排亚同盟举办集会,发表演说,要建立一个白人的加拿大。随后他们进入唐人街,实行打砸破坏。这次暴乱,造成了华人巨大的财产损失。②

第二节　加拿大华埠侨团、文教发展情况

从 19 世纪中叶至 20 世纪 20 年代,华人在加拿大的移动呈现出由西向东的趋势,华埠发展也相应发生变化。从 1881 年至

---

① 魏安国:《从中国到加拿大》,上海社会科学院出版社 1988 年版,第 126 页。
② 同上书,第 128 页。

1921 年,居住在卑诗省的华人比例已逐渐由 99.2%下降为 59.4%[1],但加拿大最大的唐人街仍在卑诗省。其中历史最为悠久的是维多利亚唐人街。维多利亚当时是加拿大西海岸的重要港口枢纽,离淘金地较近,成为华工最先抵达的地方,数十年间,一直是最大的唐人街。但是随着太平洋铁路的建成,温哥华作为西部终点站,兼具海陆两大交通枢纽优势,逐渐后来居上,取代维多利亚成为最大的唐人街。据加拿大 1901 年与 1911 年人口普查显示,维多利亚华人从 2 798 人增加为 3 458 人,温哥华华人从 2 840 人增加为 3 559 人;1921 年,维多利亚华人为 3 441 人,数量保持稳定,而温哥华的华人则上升为 6 484 人,几乎是维多利亚的两倍。[2] 依托于华人社区建立的各种团体与文教活动,也主要在这两个大的唐人街兴起、发展,并对华埠发展起了重要作用。

一、加拿大华埠侨团发展情况

这时期华人社区的组织主要分为六种类型:全社区组织、地域性组织、宗亲组织、行业性组织、政治性组织、文化性组织。

中华会馆作为加拿大第一个统一的社区性正式社团,1884 年 6 月首先成立于维多利亚,同年 8 月以慈善团体向卑诗省政府注册立案。[3] 应当地商人联名禀请,中国驻旧金山总领事黄遵宪派主事黄锡铨等人指导筹备,并亲自出席了成立大会。此后,加拿大几乎所有华人社区都建立了中华会馆或中华公所。

作为全社区组织,中华会馆"企图一方面对内通过调解纠纷来控制社区,一方面对外代表该社区同加拿大政府和加拿大社会周

---

[1]　黎全恩、丁果、贾葆蘅:《加拿大华侨移民史(1858—1966)》,人民出版社 2013 年版,第 222 页。

[2]　David Chuenyan Lai. *Chinatowns*, *Towns within Cities in Canada*. Vancouver: University of British Columbia Press, 1988, p.219, p.231.

[3]　李东海:《加拿大华侨史》,加拿大自由出版社 1967 年版,第 176 页。

旋"①。自建立至 20 世纪 20 年代,中华会馆确实"在团结华侨华人反对种族歧视、谋求和维护经济政治权益和弘扬中华文化等方面都做出了巨大贡献"②。但是,它试图统领整个华人社区,取得绝对话语权的设想,并未完全实现。③

因为加拿大华人社区组织与中国国内的政治活动、党派有着密切联系,政治性团体也起着举足轻重的作用。辛亥革命前,主要存在三股势力:洪门(1876 年后改称致公堂)、保皇会、同盟会;辛亥革命后,则主要是由保皇会演化而来的宪政党、国民党和致公堂。洪门(致公堂)作为早期影响力最大的一个社会组织,势力最盛时,会员几乎达到两万之众,"约占加拿大全侨十分之七八"④。

此外,其他几种社会组织在凝聚力量、共同应对外界歧视与压力、加强交流与联系方面也起到了重要作用。但是,由政党纠纷引发的加拿大华人社团冲突也很普遍:

> 在辛亥革命前,集中体现在以康有为为首的保皇派和以孙中山为首的革命派的争斗之上;而在中华民国成立后,则体现在国民党与致公堂之间的争斗上。⑤

近代加拿大还存在一种兼具政治性与文化性的组织,即各地设立的"书报社"或"阅报社"。因为当时中国制定的海外侨务政策规定:海外华侨参加中国国会的代表应从华侨所在国的中华会馆、商会和书报社中产生。⑥

---

① 魏安国:《从中国到加拿大》,上海社会科学院出版社 1988 年版,第 64 页。
② 黄启臣:《中国人在加拿大(1788—2009)》,加拿大《地产周刊》2009 年第 209—224 期。
③ 黄昆章、吴金平:《加拿大华侨华人史》,广东高等教育出版社 2001 年版,第 179 页。
④ 李东海:《加拿大华侨史》,加拿大自由出版社 1967 年版,第 234 页。
⑤ 黎全恩、丁果、贾葆蘅:《加拿大华侨移民史(1858—1966)》,人民出版社 2013 年版,第 289 页。
⑥ 魏安国:《从中国到加拿大》,上海社会科学院出版社 1988 年版,第 173 页。

民国初年,国民党在维多利亚成立了《民声阅书报社》,为国民党灌输主义、培养党员之所。① 1913 年,加拿大致公堂首先在维多利亚成立了总堂阅书报社②,此后各地致公堂亦纷纷成立阅书报社。如 1917 年温哥华致公堂创办培英阅书报社,1918 年叨吡达才阅书报社、比云育才阅书报社等成立。此外,温哥华成立的阅书报社还有中国大同阅书报社(第一任社长是共和党人刘昶初)、爱群阅书报社、礼义阅书报社(社长为周家谷)等。③ 舞市阻埠成立了启明阅书报社(社长叶寿全),1917 年曾发电报给广东省议会黎元洪总统,反对解散国会,声明拥护共和。④ 屈汝埠 1918 年成立了国魂阅书报社,自述成立缘由为欧美日本国漠视我非人类者,谓我国民无学问、无智识。该社宗旨为交换智识,增广见闻。其列出的捐助者认捐的报纸有《西报》《中华公报》《香港公报》《民气报》《中西日报》《大汉公报》等。⑤ 这些书报社或阅书报社,从其取名就可见其创办宗旨,皆以增进智识、培养人才为目的。

1919 年维多利亚还出现了家族阅书报社之新声,由陈颖川堂创办。1921 年温哥华也成立了宗亲阅书报社——五常阅书报社,以联络宗亲、增进学识为宗旨。⑥ 这说明书报社的发展,已经开始出现摆脱政治性的倾向,成了联络感情、扩大见闻的一种文化团体。

这些文化团体对侨社整体教育的发展做出了贡献。因为华侨学校虽为青少年的基础教育提供了必要保障,但大部分华人都是白天要做事的中年人,属于劳工、小商贩之类底层民众,年幼失学,

---

① 李东海:《加拿大华侨史》,加拿大自由出版社 1967 年版,第 212 页。
② 《域埠长红照录》,《大汉公报》1917 年 10 月 20 日。
③ 《云埠中国大同阅书报社开幕》,《大汉日报》1915 年 2 月 23 日;《爱群阅书报社开幕》,《大汉公报》1917 年 7 月 5 日;《云埠礼义阅书报社分部成立开幕纪盛》,《大汉公报》1918 年 11 月 29 日。
④ 《启明阅书报社拥护共和》,《大汉公报》1917 年 7 月 4 日。
⑤ 《倡办屈汝埠国魂阅书报社缘起》,《大汉公报》1917 年 8 月 24 日。
⑥ 《五常阅书报社启事》,《大汉公报》1921 年 7 月 21 日。

知识水平低下,又无闲暇去参加日常补习;而且寄身加拿大的华工大都单身,生活单调,缺乏正常的家庭生活,在异国他乡语言不通,备感孤独、压抑。于是,华人社区黄赌毒现象曾一度蔓延,引起有志之士的担忧。

据温哥华《太阳报》1918 年 5 月的一则报道,因华埠赌风盛行,警察虽屡次拘赌罚款,仍未得到改善。本埠各界华人包括华文报纸主笔、中华会馆职员、牧师、各青年会会长、商人、学生等共数十人曾联名写呈文,并分派本埠各教堂,呼吁合力将赌风扫除殆尽。当时,温哥华共有赌馆 40 多间,华人以赌为生者有 3 000 多人。① 既然当地政府的暴力强制手段都无法肃清这种风气,唯有提高华人的生活品位与学识修养,丰富其业余生活,才能从根本上解决问题。于是各种类型的阅书报社应运而生,承担了侨社教育的一部分功能。

二、华文学校设立与发展情况

华人创办华文学校始自 1899 年,由中华会馆首领(侨商)倡建"乐群义塾"于维多利亚,校址在中华会馆二楼,首任校长是李梦九。1908 年,由于维多利亚实施黄白分校,不许华童进入公立学校,维多利亚中华会馆遂决定筹款兴办新式学堂,适逢清政府派梁庆桂赴北美劝华侨办学,梁庆桂拟定名为"大清侨民公立学堂",遭到华侨反对,后取名中华学堂,中华民国成立后又改名为"华侨公立学校"。1915 年,该校第一届毕业的学生为 13 人,其中男生 10 人,女生 3 人。共分 6 个班级:高等甲班、乙班,初等丙班、丁班、戊班、己班,在校生为 90 人。学费征收:甲、乙、丙、丁班月收 3 元,戊、己班月收 2 元,每学期考试后,由董值理催缴。②

1908 年、1909 年,梁启超与维新人士倡办爱国学堂于维多利

---

① 《痛论赌害之呈文》,《大汉公报》1918 年 5 月 6 日。
② 《域埠华侨公学报告册》,《大汉日报》1915 年 7 月 13 日。

亚、温哥华。1914 年至 1917 年，邝明溥、梁鉴堂相继担任温哥华爱国学校教师，李燮南为校董。① 其学费征收标准为每生月收学金 1 元 5 毫，比华侨公立学校便宜。② 1915 年，纽芬兰埠的爱国学校已经发展到有甲乙丙丁 4 个不同等级的班级。其中乙班 7 人，丙班 5 人。教员 1 名，监学 1 名。中国派出的视学员余同信曾率领温哥华领署书记何卓竞、宪政党人李燮南、黄孔昭等视察该校发展情况。余同信当场出题《爱国论》，考验乙、丙两班学生，限时 20 分钟完成答卷，并现场评阅，结果"文理均能通顺，赞奖不已"③。

1916 年，温哥华中华会馆观此埠之土生华侨，已至中年，只会讲英文，对于中国情形及中国文字，如入五里雾中，深感速成一华侨学校之必要，于是通过了倡办云埠华侨公立学校议案。因经费困难，特请本埠现象社表演白话剧筹款，并于 1917 年 5 月 6 日正式开幕。④ 该校位于片打街中华会馆二楼，第一任校长是中华会馆总理曾石泉，国民党人；首期聘请教师是陈树人、叶素之（女）、赵荫甫等人。陈树人，毕业于日本西京美术学校及东京立教大学，获文学士，曾任广东官立高等学堂及两广优级师范学堂教习，国民党人，《新民国报》记者；叶素之毕业于卑诗省官立师范学校；赵荫甫毕业于广府中学。

该校规程共 17 条，其中第 3 条阐明以补助青年子弟在西人学校学科之不足及培养少年失学侨胞之智识为办学目的。第五条关于分班，当时分为高等班、初等甲班、初等乙班等 3 个。高等班教授曾修国文 2 年以上及略读英文者；初等甲班，教授未曾修国文及英文者（此为失学华侨而设）；初等乙班，教授未曾修国文者，此班不教英文、算术（特为土生子弟而设）。学费：每班每人每月一律

---

① 《爱国学校致中央电》，《大汉公报》1916 年 9 月 19 日。
② 《开校广告》，《大汉公报》1918 年 8 月 1 日。
③ 《纽埠爱国学校之查视》，《大汉日报》1915 年 7 月 3 日。
④ 《中华会馆办学演白话剧筹捐》，《大汉公报》1917 年 3 月 15 日；《云埠公立华侨学校开学庆典之纪胜》，《大汉公报》1917 年 5 月 7 日。

征收 2 元,逐月缴纳。学制为 3 年,每学年分 3 学期。①

多伦多、卡加利等地也相继创办华侨学校。多伦多华侨学校成立于 1914 年,初由中华基督教长老会主办,第一任教习是麦造周。卡加利华侨学校创办于 1916 年,初由教会附设,后由埠中雷社安、何林、马储本、刘湛兴、陈屠帝、李祐华、马新民、潘仲谦相继合力主持。②

与此同时,个人创办的私塾学校也招收华人孩童,进行国文教育。如崔通约创办的竞存家塾(后改名学塾),设于加都华街二百卅一号,一直维持到他 1915 年离开温哥华。③ 1915 年,其招生规模为 3 个班,分初等甲、乙、丙班,男女生都有,共 23 人。《大汉公报》曾公布该校学生夏季、冬季考试成绩。④

这些不同类型的华文学校虽然在招生规模、对象及教授科目等方面存在一些差异,但皆以传授国文、传播中华传统文化、培养华人爱国意识为己任,为加拿大侨社教育做出了贡献。

第三节　华文报刊兴盛之前的加华文学:
两类不同的文学镜像

据现存史料,加华文学滥觞与华人入境几乎是同步进行的。这些早期华人先驱包括外交家、政治家、商人、教师和大量劳工等。他们的文学创作形成了两类镜像,一是以梁启超、康有为为代表的社会政治、文化精英游历加拿大时创作的反映异域风情及政治、文化思考的系列作品;二是华工、小商贩等底层创作的反映移民艰辛

---

① 《云埠华侨公立学校规程》,《大汉公报》1917 年 4 月 28 日。
② 李东海:《加拿大华侨史》,加拿大自由出版社 1967 年版,第 339 页。
③ 《竞存学塾散学之茶会》,《大汉日报》1915 年 8 月 2 日。
④ 《竞存学塾民国四年第二期夏季考试成绩》,《大汉日报》1915 年 7 月 30 日;《竞存家塾学生冬季考试成绩》,《大汉日报》1915 年 1 月 1 日。

生活的诗歌,最典型的就是他们被羁押在移民局时留下的"题壁诗"。

一、精英文学

19 世纪末、20 世纪初的加拿大是中国国内保皇派与革命派争夺的海外重要阵地,康有为、梁启超、孙中山都曾前来进行活动。1899 年初,"戊戌变法"失败后,康有为由日本来到维多利亚,此行"目的并非旅居加拿大,而是试图从维多利亚进入美国,然后前往华盛顿和伦敦,寻求美国和英国政府的政治和军事支持"①。他相继在维多利亚、温哥华与"二埠"(新威斯敏斯特)进行了三场主要面向华人的大型演讲,前两场人数都在千人以上,反响强烈。但是他未被允许进入美国;前往英国伦敦,亦未得到英国政府的支持。于是又折返加拿大,在温哥华、维多利亚倡议设立保商会,后接受华商建议改为保皇会。

此年 7 月至 9 月,康有为居住在维多利亚附近的文岛,自述:"此海千岛,雪山照人,日游一岛,始居帐幕,继装潢渔室,名曰寥天。""寥天"语出《庄子·大宗师》。他撰成《保皇会序例》,后又改为《保救大清皇帝公司序例》,在其后条例中提出"今同志专以救皇上,以变法救中国、救黄种为主"②。康有为此年在加拿大创作了 34 首诗歌(包括 1 首渡太平洋时所作),主要收入《明夷阁诗集》。1904 年,康有为又入加拿大,作诗 13 首,收入《寥天室诗集》。康有为在加拿大所作诗歌,作为其海外诗歌组成部分,正如其《康南海先生诗集自序》所言:"风俗名胜,托为咏歌。莫拔抑塞磊落之怀,日行连狄奇伟之境。"③

无论是文岛的雪山照人奇景,还是洛基山"大雪封山,雪月交

---

① 　陈忠平:《维多利亚、温哥华与海内外华人的改良和革命(1899—1911)》,《社会科学战线》2017 年第 11 期。
② 　上海市文物保管委员会:《康有为与保皇会》,上海人民出版社 1982 年版,第 258 页。
③ 　陈永正编注:《康有为诗文选》,广东人民出版社 1983 年版,第 576 页。

辉,光明照映如在天上"的壮丽澄澈,这些异域风光都被他摄入诗中。他交游广泛,受到加拿大总督、总理等社会名流的接待,见识了舞会、茶会、被比拟为"顾虎头"的曼妙少女画师、留声器等,可谓五光十色,大开眼界。除此之外,其诗更多是感国伤怀之情。他称自己的海外行吟为"灵均之行吟泽畔,骚些多哀;子卿之啮雪海上,平生已矣"。即使是避居"海岛雪山,有忧辄能去"的文岛时,他依然还是"哀歌击楫气纵横",自比申包胥痛哭不知何往:"万里投荒住孤岛,登山临水总凄凉。"①

1899 年,康有为在加拿大期间,还作有《游域多利温哥华二埠记》《域多利义学记》《游加拿大记》,公开发表于梁启超在日本横滨创办的《清议报》。这些文章体现了康有为对加拿大华人生存、教育的关注,也反映出对加拿大政治文化、历史风俗的观察与思考。

1903 年初,梁启超应美洲保皇会邀请,开启了他的美洲新大陆之行。他先从日本横滨坐船来到加拿大,此行目的是推广保皇会、发动集股筹款等。② 到达维多利亚后,梁启超停留了 15 分钟,在码头与当地保皇会领袖短暂交谈后即前往温哥华。③ 此行,梁启超在加拿大居留约两个月,参加了温哥华保皇总会的选举会和总会所的奠基礼,并由此出发,乘车沿着太平洋铁路前往纽约,途中经过渥太华与满地可,设立了维新会。其《新大陆游记》对加拿大华人的人数、分布、职业、生计及限制劳工政策、维新会的发展等进行了全面介绍,并对加拿大与美国万里接壤,为何百余年来不合并于美的疑问进行了探究。

与康有为充满抒情描写、文学色彩浓厚的《游加拿大记》相比,梁启超的这篇游记冷静、客观,学理性更强,其创作初衷即为向国

---

① 康有为:《己亥夏秋文岛杂咏十九首》,《康南海先生诗集》卷四,商务印书馆 1941 年版,第 52 页。
② 丁文江、赵丰田:《梁启超年谱长编》,上海人民出版社 2009 年版,第 204 页。
③ 梁启超:《梁启超游记:欧游心影录 新大陆游记珍藏版》,东方出版社 2012 年版,第 218 页。

人普及知识。在凡例中,他特意说明:

> 中国前此游记,多纪风景之佳奇,或陈宫室之华丽,无关宏旨,徒灾枣梨,本编原稿中亦所不免。今悉删去,无取耗人目力,唯历史上有关系之地特详焉。[1]

1882 年至 1885 年间,担任旧金山总领事的黄遵宪在加拿大虽未留下文学作品,但是他"尝联络刘云樵、李韶初(祐美)、陈翰池、黄雪香、雷达三与侨寓域多利(今译为维多利亚)之华人李慎之(弈德)、卢仁山、林赞卿、徐畏三、刘小五等吟和唱酬,创金山联玉"[2],促进了北美华文文学的交流与发展。黄遵宪的族弟黄锡铨时任副领事,受黄遵宪的差遣,他曾赴加拿大参与皇家委员会,调查华人活动,不仅为华人积极辩护,还在维多利亚教授学生,并参与金山联玉的活动。[3]

二、先侨壁诗

在华文报刊兴盛之前,加拿大华文文学的另外一种文学镜像就是"先侨壁诗"。所谓"先侨壁诗"是指限制移民时期,来加华人被加拿大移民局关押审查时,由于环境逼仄,条件艰苦,时日又长,他们为了发泄内心的苦闷在墙壁上留下的诗。当时华人被关押的地方条件极其恶劣,被称为"猪仔屋"。不列颠哥伦比亚省维多利亚港移民设施的历史可追溯到 19 世纪中期,1858 年的淘金热之后,当局就开始处理移民劳工的涌入。但在 1908 年之前,都是临时场所。一开始是海军陆战队营房被改造成移民接待空间,19 世

---

① 梁启超:《梁启超游记:欧游心影录　新大陆游记珍藏版》,东方出版社 2012 年版,第 215 页。
② 李东海:《加拿大华侨史》,加拿大自由出版社 1967 年版,第 153 页。
③ 施吉瑞:《金山三年苦:黄遵宪使美研究的新材料》,《中山大学学报》2016 年第 1 期。

纪 80 年代，又租了一个有 20 个房间的两层楼，改建为酒店，提供住宿。19 世纪 90 年代，联邦政府将限制亚洲移民的责任推回给各省，联邦移民服务撤出，维多利亚没有指定的联邦移民代理和移民棚（接纳场所），海关人员作为移民当局依职行事。20 世纪 20 年代起，由于温哥华成为重要的入境港口，维多利亚的地位开始被边缘化。这座移民局大楼最终于 1958 年关闭，当时的一篇报纸文章称，"移民官员不后悔离开旧建筑……它充斥着贫困定居者的悲惨故事"；而奥地利媒体则以"战俘营中的苦难"为标题进行了报道。① 从该楼建成开始使用至 20 世纪 20 年代前，正好是华人移民登陆维多利亚的高峰时期。他们留下的壁诗成为一种特殊的历史"化石"，是那个时代华人遭遇种族歧视与虐待的见证。

当时能够以特殊身份免缴人头税的寥寥无几，来加拿大者绝大多数都是迫于生计、远渡重洋谋生的贫苦劳工。他们举债，或者签订抵押合同后由人代缴人头税。入境华人不仅要被盘查问讯，还要被逼脱光衣服，接受白人医生的"体检"。如果证件不合格，或者人头税没缴足，他们就会被羁押滞留一段时间，等候后续航班将其遣返回中国。

这些"先侨壁诗"的发现与保存，有赖于加拿大华人研究专家黎全恩教授。1977 年 11 月，他受当地电视台委托，查看将要被拆的维多利亚移民大楼墙壁上的文字。他发现了这些诗歌，抄录下了 7 首并拍照，最后获许带走刻有壁诗的 3 块墙壁碎片。黎教授对这些壁诗进行了整理，发现这些壁诗主要是抒发被监禁时的感受、控诉他们的遭遇以及说明他们移民到加拿大的原因。②

在中国，题壁诗传统悠久，始于两汉，盛于李唐。③ 在相对安

---

① Steve Schwinghamer. *Canadian Immigration Facilities at Victoria*，BC. https：//pier21.ca/research/immigration-history/canadian-immigration-facilities-victoria-bc.
② 黎全恩：《华人移民的"监狱"》，《亚裔加拿大人》1980 年春季号，第 19 页。
③ 曹之：《中国印刷术的起源》，武汉大学出版社 2015 年版，第 123 页。

定的历史时期,题壁诗承担的主要是一种社交功能,留下了许多文坛佳话;但在天灾人祸频仍的动荡时期,题壁诗却成了人们困境中纾解苦闷、记录生活的最重要(甚至是唯一)的工具。在最困厄的时候,因为除此之外没有别的宣泄途径,题壁诗表露的往往都是最真实的心声。

加拿大移民局发现的"先侨壁诗"继承了中国题壁诗的传统,为我们呈现出早期加华文学的原始面貌。这些壁诗作为"民间文学",留存下来的不多,从文学艺术的角度而言,成就并不高,谈不上什么技巧,大多只是押韵的句子而已。但它确乎是"精英文学"之外加华文学的另一源头,以其粗粝而真实的面目,体现了"不平则鸣"的文学现象及其价值与意义。如以下这首题为《告示》的壁诗,开头亦是告示常见语:"请同胞快看。"落款:广东新会北洋无名氏启,也是按照寻常告示的格式,放在最后。诗曰:

> 即日修得数百金,抛别乡间往番邦。谁知把我入监房,且看此地无路往。不见天地及高堂,自思自想泪成行。此等苦楚向谁讲,只达数言在此房。

作者用七言韵语形式写告示,以期引起后来者之觉醒与共鸣,故意隐匿了自己的真实姓名,其他几首也未留下作者姓名。可见,作者在创作时内心是非常屈辱的,只是"发愤"而作,不像精英文人创作时署名,想着流传。又如下面这两首作于辛亥年的诗:

(一)

独坐关税中,心内岂不痛。
亦因家道贫,远游不近亲。
兄弟来到叫,只得上埠行。

黑鬼无道理,唐人要扫地。

每日食两餐,何时转回返。

(辛亥七月十二日李字题宁邑)

(二) 妻嘱情

出门求财为家穷,把正心头在路中。

路上野花君莫取,为家自有系妻奴。

临行知嘱情万千,莫作奴言耳旁风。

家中妻儿系莫挂,勤俭二年扫祖宗。

妻子衣裳无一件,米盒扫来无半筒。

家中屋舍无间好,烂溶烂揸穿烂帘。

夫系昔日都寻赌,不念奴奴泪飘飘。

多得亲兄来打税,莫学忘叔大恩公。

(辛亥七月十五日,1911 年 9 月 7 日)①

作者都是因家贫投奔海外兄弟,谋生求财的底层民众,诗歌水平类似于打油诗,但亦是"穷者欲达其言,劳者须歌其事"的例证,真挚感人。

这座移民局大楼建造于 1908 年,目前留存的壁诗创作时间跨度主要是 1911 年至 1919 年。从目前面世的《大汉公报》里,我们没有发现这样的诗歌。如果说报刊诗歌是阳春白雪,那么这些壁诗就是典型的下里巴人,它们和华文报刊上的诗歌一起构成了华文文学的主体部分,互为补充,展示了加拿大华文文学的真实面貌。

---

① 黎全恩:《猪仔屋昔日:华人抵加后的"监狱"》,《加华新闻》2006 年 8 月 5 日。

第二章 《大汉公报》的创办、运作及发行

《大汉公报》作为洪门机关刊物，关于其创办时间的认定，历来存在分歧。不仅外界说法不同，该报本身的声明与认定也前后不一。到底是什么导致了这种分歧？该报运作及发行情况如何，编辑部历任主笔及其他成员是哪些人？他们来自哪里，有何文学创作、交游活动，对《大汉公报》的发展及加拿大华文文学的繁荣做出过什么贡献？这些都是需要厘清的重要问题。

第一节 从《华英日报》到《大汉日报》《大汉公报》

关于《大汉日报》的创办时间大致有四种说法：1906 年、1907年、1909 年、1910 年。

1914 年 8 月至 1915 年 10 月，《大汉日报》报首右上角皆注明该报创办于 1906 年。但 1915 年 1 月 1 日《大汉日报》头版载该报主笔崔通约所撰《"本馆论说一"：本报八周年回顾之小言》，文中提到"本报发生于坎拿大八年前之第一日，即与君权党鏖战"，则又是将 1907 年 1 月 1 日视为该报创刊日。1941 年 4 月 17 日，《大汉公报》第 6 版《汉声》栏目下出现了英文的方框栏，印有"THE

CHINESE TIMES established in 1907，is the oldest Chinese newpaper in Vancouver"，1907 年这一时间便呈现于该栏目，直至 1992 年 10 月 3 日《大汉公报》停刊。

大不列颠哥伦比亚大学（UBC）亚洲研究图书馆制作的缩微胶卷首页较详尽地介绍了《大汉日报》与《华英日报》之间的联系：

> 《华英日报》于 1907 年在大不列颠省温哥华正式出版，该报由传教士资助编辑出版，目的在于宣传基督教并在华人社区传播现代知识。1910 年夏天因为财政原因该报重新改组，更名为《大汉日报》。1915 年 11 月改为现在的标题《大汉公报》。

这段说明，交代了《华英日报》与《大汉日报》先后存续的关系，并指出《大汉日报》成立于 1910 年。

两家报纸是否可以视为同一家？显然，《大汉日报》是将《华英日报》视为该报前身，等同于一家报纸，故将《华英日报》的问世时间 1906 年作为其创办时间。① 但两家报纸的创办者以及创办宗旨存在较大差异，唯一的联系是崔通约曾先后担任两家报纸的主笔。所以亦有将两家报纸分而论之者，如李东海《加拿大华侨史》介绍《华英日报》光绪三十二年（1906）创于温哥华，光绪三十四年（1908）停版，《大汉公报》（原名为《大汉日报》）成立于民国前三年，即 1909 年，乃温哥华"洪门致公堂大佬陈文锡等感于革命潮流澎

---

① 《大汉公报》1915 年 7 月 29 日第 2 版载《崔通约与孙中山断绝关系之原因》，该文作者崔通约曾担任《华英日报》首任主编。文内称《华英日报》创办于 1906 年年底。这一说法与《大汉日报》首任主编冯自由的回忆一致："丙午（民国前五年）冬，温高华埠耶稣教徒周天麟、周耀初等发刊《华英日报》，延教友崔通约为记者。"见冯自由：《革命逸史》第三集，商务印书馆 1947 年版，第 338 页。

湃,发起组织",以为洪门喉舌。① 冯自由《革命逸史》称该报"出版于庚戌(民国前二年)夏间。其社址设于温高华埠偏打街五号。先是,温埠致公堂大佬陈文锡、书记黄璧峰等于己酉年(民国前三年)已着手筹办"②。按照这种说法,就是 1909 年开始筹办,1910 年正式出版。《美加图书馆庋藏北美洲中文报联合目录》则介绍《华英日报》的存续时间是 1906 年至 1910 年,《大汉公报》的创办时间是1907 年。③

综上所述,关于《大汉日报》成立时间的不同看法,归因于两个不同观点:一种认为《华英日报》乃《大汉日报》前身,两家报纸实为一家,故将《大汉日报》的创办时间上溯至《华英日报》的创办年。《华英日报》的创办年份出现 1906 年、1907 年两种说法,可能是因为 1916 年 12 月底与 1917 年 1 月二者相隔太近,故容易混淆。故《大汉日报》的创立时间就有 1906 年、1907 年两说。另外有人认为《华英日报》《大汉日报》乃两家独立报纸,尽管后者乃收购、接管前者而成,但投资经营者及创办宗旨完全不同,不能视为一家报纸。何时收购改组,亦有两说:1909 年、1910 年。所以《大汉日报》的创办年份就有了四种不同说法。

"大汉"一名,则据早期报人称"盖取我洪门为汉族之主义,并我昆仲乃汉族之好男也"而来。

1915 年 10 月,《大汉日报》停刊了一段时间,报纸开始重组,进行改良,并于 11 月 6 日更名为《大汉公报》,重新编号为第一卷第一号。该中文名称一直延续到 1992 年该报停刊。1939 年 9 月16 日,《大汉公报》头版登载了《本报乔迁及银禧纪念》,特意纪念了 1915 年报纸的人事改组。

---

① 李东海:《加拿大华侨史》,加拿大自由出版社 1967 年版,第 349 页。
② 冯自由:《革命逸史(中)》,新星出版社 2009 年版,第 726、727 页。
③ Karl Lo and H. M. Lai. *Chinese Newspapers Published in North America*, 1854 - 1975, Washington, D.C.: Center for Chinese Research Materials Association of Research Libraries, 1977, p.112.

第二节 《大汉公报》办刊宗旨、
运作及发行范围

《大汉公报》作为加拿大洪门（致公堂）的机关刊物，其宗旨随着洪门政治目标的变化而变化。1914 年 8 月 1 日头版左上角注明：

> 本报为加属总机关，今已驱除满虏，建立民国，当谋稳固共和政府为主。

由此可见，民国前其宗旨为驱除满虏，建立民国；民国成立后，则维护共和政府。1916 年 1 月 4 日起，在头版右上角《本报广告》中说明：

> 本报为加属总机关，前为我大汉人民除束缚，今为我大汉人民谋幸福。固我大汉人民先睹为快者也。

1918 年 1 月 3 日起，头版右上角《本报宣言》又在前文基础上详细阐述说明，所谓除束缚，即除专制之束缚；谋幸福，即谋共和之幸福。并表示，对于个人、社会、政府各大小团体之言行，"确有拥护共和者，予以赞助；近于专制者，则讨锄之"。此宣言还特意提到了要培植华侨新道德。

作为洪门机关报，《大汉公报》主要由致公堂出资。该堂管理层决定报纸人事聘任，并对其财务进行监管。除了个别报纸主笔不是洪门人士外，一般都是组织成员。报馆设总经理，负责总体运行。主要部门有司理部、编辑部、印刷部等。司理部负责营业事件,包括广告招商、报纸发行等;编辑部负责稿件处理,除了固有的主笔、记者、编辑之外,还加派访员,分驻各地,并多方聘请撰述员固定投稿。如 1916 年 1 月 4 日第 3 版"恭贺新禧",落款是"云高华致公堂大汉公报",列出了以张椿杰为首的 20 名成员。其中包括倡办该报的致公堂大佬陈文锡、岑发琛以及总编辑张孺伯等。每年《大汉公报》要向域埠致公总堂汇报营业收入账目,接受核查。

《大汉公报》的运作经费来源之一是报纸发行和广告收入。《大汉公报》声明,为了宣扬共和主义,对于报纸销售一直采取让利政策,1914 年 8 月 1 日头版左上角登载了具体价目:

> 本埠每月收银费五毫,邮寄七毫五,英属各埠、美国、檀香山、小吕宋、墨西哥等处,每年英金七元正,半年四元,三月二元,一月七毫五。中国及外国今减为同价,以期传播共和主义。

此价格一直保持到 1918 年年底,1919 年年初开始涨价。该报 1919 年 1 月 4 日头版《阅报诸君须知》写道:

> 近日报务愈形发达,皆赖阅报诸君之栽培。唯迩来纸价骤涨,工价高昂,报费仍照向例,恐难周转,故拟将报费略增。本埠每月收报费银六毛,邮寄每年英金九元六。英属各埠、美国、檀香山、小吕宋、墨西哥等处,每年收英金八元。半年四元二毛,三个月二元四毛,一个月八毛五仙。中国及外国每年收英金九元。

价目里的英金应该是指加元,加元跟中国货币一样采取十进制。该报发行范围,上述价目表也显示得很清楚:加拿大、美国、檀香山、菲律宾、中国及其他国家和地区。但是资金匮乏一直是困扰《大汉公报》的问题,1915 年 10 月,该报还因此进行了重组,更换了管理人员和总编辑。募集捐款就成为了报纸经费的一部分来源。

《大汉公报》1916 年 1 月 4 日第 3 版曾登载《纽丝纶省威灵顿埠致公堂昆仲维持本报助款芳名列》《域埠致公总堂各昆仲维持大汉公报助银芳名第一期》。纽丝纶省即当时华侨对新西兰的称呼,属于英国殖民地;威灵顿即新西兰首都 Wellington,现又译为惠灵顿。从这两则广告看,《大汉公报》的辐射范围应该已至新西兰,募集的对象主要还是各地致公堂成员。与域埠致公总堂的捐款数目 95.55 元相比,威灵顿埠致公堂捐赠的力度还是很大的,共捐赠 20 英镑、659 元。依靠加拿大及世界其他各地洪门组织的捐助,《大汉公报》克服了资金困难,一直坚持运行。

第三节 《大汉公报》历任主笔及其他
成员(1910—1919)

致公堂收购《华英日报》,创办《大汉日报》后,该报管理层相对来说比较稳定,从 1915 年 10 月报纸开始重组后,张椿杰就一直担任总经理,任职 20 多年。[①] 但是报纸主笔(总编辑)却因种种原因,更换较频繁。编辑部其他成员亦稳中有变,新旧交替。

一、《大汉公报》历任主笔

从 1910 年至 1922 年,除了中间有位过渡性质的主笔外,该报共延请了五位主笔,见表 2 - 1:

---

① 徐子乐:《为张先生祝寿拉杂的说几句话》,《大汉公报》1935 年 8 月 26 日。

表 2 - 1 《大汉公报》历任主笔情况

任 次	姓 名	主持时间	籍 贯	出生地	政治面貌
第一任	冯自由	1910 年 5 月至 1911 年 8 月	广东南海	日本横滨	同盟会会员/洪门会会员
第二任	崔通约	1912 年 4 月至 1915 年 8 月	广东高明	中国广东	共和党
临时主笔	陈心存	1915 年 8 月至 1915 年 10 月	广东台山	中国广东	不详
第三任	张孺伯	1915 年 10 月至 1916 年 8 月	广东香山	美国夏威夷檀香山	共和党
第四任	颜志炎	1917 年 12 月至 1918 年 8 月	广东台山	美国俄亥俄州	无党派(1945 年担任温哥华民治党秘书长)
第五任	伍嵩翘	1918 年 8 月至 1922 年 11 月	广东台山	中国广东	致公党(洪门)

需要说明的是,在《大汉日报》创刊后,因为暂时没延聘到主笔,所以由张泽黎(孺伯)暂时负责笔政。半月之后,第一任正式主笔冯自由到任。[①] 故有学者将张泽黎列为《大汉报》第一任主笔。[②]

(一) 第一任主笔:冯自由

冯自由(1882—1958),原名懋龙,字建华。广东南海人,出生于日本横滨。其父冯镜如是旅日侨胞的领袖,主张排满革命,热心办学,与孙中山交好,故冯自由少时即结识孙中山。1895 年加入兴中会,1903 年受聘为香港《中国日报》驻日本记者,1904 年加入横滨洪门三合会,1906 年担任同盟会香港分会会长、香港《中国

---

① 冯自由:《革命逸史(中)》,新星出版社 2016 年版,第 724 页。
② 李东海:《加拿大华侨史》,加拿大自由出版社 1967 年版,第 350 页。

报》社长。①

《大汉日报》初创时,致公堂大佬陈文锡等托冯自由推荐《大汉日报》主笔人选,其时恰逢清政府因冯自由多年在港活动革命,向港英政府交涉,冯自由被劝离境。冯自由乃毛遂自荐,于 1910 年 5 月抵达温哥华,成为第一任主笔。1911 年 8 月,冯自由应孙中山之召辞去《大汉日报》之职,赴美国旧金山协助募集革命军资,并兼任《大同日报》笔政。1912 年先后担任总统府机要秘书、稽勋局局长。因为洪门与国民党之间的恩怨,冯自由后被革出洪门,遭到《大汉日报》的笔伐,被视为叛贼、罪人。

(二)第二任主笔:崔通约

崔通约(1863—1936),名成达,字贯之,号洞若,后因信基督教,易名通约,笔名沧海、公狂、亦我、我佛等,广东佛山高明人。幼时曾入万木草堂,师事康有为,后经人介绍认识孙中山,加入兴中会。1911 年在旧金山被革出同盟会。冯自由在《华侨革命开国史》提到,崔通约当时虽为同盟会会员,但对孙中山成立洪门筹饷局募捐一事不满,写诗于报刊,故被同盟会开除。②

崔通约报业经验丰富,1897 年于吉隆坡创办了当地最早的中文报纸《南洋时务报》,1903 年在香港与著名报人郑贯公等人同创《世界公益报》,这是一份基督教会报纸,影响仅次于陈少白创刊的《中国日报》。后赴日本四年,并作为《世界公益报》《羊城日报》通信记者驻在东京。经《中西日报》黄梓才推荐,1906 年 11 月至 1909 年年底担任加拿大美以美基督教会出资的《华英日报》的记者,并在温哥华创办中华基督教会。《华英日报》闭业后,1909 年年底至 1912 年 4 月,在旧金山出任基督教《中西日报》主笔、《少

---

① 李穗梅:《孙中山与帅府名人文物与未刊资料选编》,广东科技出版社 2011 年版,第 28 页。
② 冯自由:《华侨革命开国史》,商务印书馆 1937 年版,第 68 页。

年中国晨报》编辑。冯自由离职后,《大汉日报》与崔通约多次书函沟通联系,邀其主政。1912 年 4 月,崔通约从旧金山出发到达温哥华,担任《大汉日报》主笔。① 此时《大汉日报》仅 4 个版面,文艺副刊的容量较小。崔通约主要撰写头版的论说,诗歌则主要是由美国的颜志炎(后来亦担任《大汉公报》主笔)供稿。崔通约任职《少年中国晨报》期间,与颜志炎以文字结识相交。

崔通约在温哥华担任报人期间,创办了私人学校竞存家塾,为侨童补习国文。1917 年之前,温哥华尚无公立华侨学校,竞存家塾与爱国学校(保皇会创办)等私人学校,为华人华文教育做出了贡献。1915 年,因欧战,加拿大经济萧条,《大汉日报》陷入困境。该年 8 月,崔通约辞职回国。

崔通约离任前,从 7 月 26 日起到 8 月 10 日止,《大汉日报》先后刊登出了各埠欢送之报道:《域多利致公总堂与本报崔记者祖饯之详情》《共和党欢送崔记者二志》《二埠致公堂饯送之热闹》《兰顿公堂欢饯崔记者》《温埠致公堂饯别崔记者之盛情》《崔记者最终之饯别》《域埠总堂欢送崔记者回国之盛》及《记者在域埠致公总堂之演词》《崔记者演词(温埠致公堂饯别会上之发言)》。崔通约此行是从温哥华坐船至维多利亚,然后再从维多利亚坐船回国,故有两次送别。这些报道及后附崔通约演词显示,崔通约集教会会员、革命党人、洪门成员、共和党人诸身份于一身,社会关系比较复杂,故有如此送行之盛况。

此年 8 月至 9 月,《大汉日报》还刊登了其系列论说文章:《崔通约与孙文断绝关系之原因》《余三十后之四大癖》《予果何罪于坎拿大梓里乎》等。人之将走或刚走,发表这些言说或文章,主要出于辩解、自白的目的。他回顾了自己在加拿大温哥华六年多的时间里,应聘、赴任《华英日报》《大汉日报》的详细经过及主笔期间的

①　崔通约:《予果何罪于坎拿大梓里乎》,《大汉公报》1915 年 9 月 13 日。

心路历程。

洪门人士称其主持《大汉日报》稳健,赠予其"侨界木铎"之金牌。① 与冯自由不同的是,崔通约离职后,一直与《大汉报》保持着友好联系,经常寄呈文稿。后在上海担任郇光小学校长,并与昔日交好之维多利亚华侨公校教师李淡愚同游西湖,诗歌酬唱,发表于《大汉公报》。② 1930 年还担任了温哥华龚贞信书报总局第六期跨国征联评委。

在中国近代革命史上,崔通约是位有争议的人物。但在近代北美华文报刊发展史,他是一位很重要的报人。1928 年他再次赴美,主持《中西日报》笔政。1929 年出任旧金山洪门致公堂《公论晨报》主笔。1932 年再次回上海,1935 年出版了自传《沧海生平》,1936 年逝世。

(三)临时主笔:陈心存

崔通约离职后,《大汉日报》又公推陈心存为临时编辑,最重要的论说栏则由侨居美国的颜志炎负责寄稿。③ 此种安排,显系权宜之计、临时举措。故仅阅两月,陈心存即被替换。

陈心存,广东台山人。与李淡愚师出同门,称李淡愚为师弟,可见其资历之深。其旧学素养深厚,与崔通约、颜志炎、黄孔昭、许鲁门、李淡愚、林仲坚、朱硕存等知名文人文学交游密切。尽管朋友们纷纷表示"羡君家学有渊源"④,"家学渊源素所钦"⑤,但有关他的生平资料甚少。只有零星资料提到台山中学筹建过程中,陈心存出过力。

---

① 《温埠致公堂饯别崔记者之盛情》,《大汉公报》1915 年 8 月 5 日。
② 崔通约:《李君淡愚与予同留北美加拿大订文字交者四年去年归国任新会平山义塾校长是暑假来申相访邀游西湖赋此赠之》,《大汉公报》1917 年 9 月 27 日。
③ 颜志炎:《我之所以不谈政治》,《大汉公报》1917 年 10 月 15 日。
④ 朱硕存:《和陈心存兄书怀原韵》,《大汉公报》1930 年 10 月 11 日。
⑤ 陈杏典:《送心存家先生归国》,《大汉公报》1924 年 12 月 22 日。

据《大汉公报》刊载的相关信息,他1914年就开始在《大汉报》发表诗歌,与颜志炎、许鲁门、甄雨泉等唱和。但从1916年至1919年,未见该报刊登署名心存或陈心存的作品,应是用其他别署发表。据笔者考证,1917年其署名"窃取轩",在《大汉公报》上发表了重要剧评《加属梨园恨》(连载七期)。具体考证详见本书第三章。其旅加期间,主要从事教育事业,曾与林仲坚一起被崔通约邀请评阅竞存学塾学生期末考卷,与伍嵩翘一起担任函授学校教师,为青年华侨授中文课。1924年前,他主要是在温哥华工作,1924年回国。20世纪30年代,任蒙特利尔华侨公立学校教员、神学学校校长,曾担任温哥华龚贞信书报总局第五期跨国征联评委。[①] 在蒙特利尔任教期间,他曾写诗抒怀寄呈在温哥华的朱硕存、黄孔昭、许鲁门、郑振秀、李石泉等人。

(四)第三任主笔:张孺伯

张孺伯(1876—1916),名泽黎,孺伯乃其号,广东香山人。[②] 其父经商檀香山,挈眷侨居,孺伯遂生于斯。他九岁回粤,读书十余年,诗词讴歌,爱之成癖。楷书尤擅专长,乞书寿屏者,非三四十金不可。时人喜其笔端,有唐人意味,深得其叔父张康仁喜爱。弱冠后,赴京应试,道经上海,因体弱得重疾,未成行。不久其父去世,他返檀香山继承父业而经商,因亏损遂放弃之,专心社会公益。[③] 担任当地《檀山新报》(又名《隆记报》)、《民生日报》主笔,与保皇党之《新中国报》文战剧烈,久久不休。

其叔父张康仁乃清政府公派留美幼童,毕业于美国哥伦比亚大学法律系,是华人在美国担任律师的第一人,1910年至1913年

---

① 《龚贞信书报总局第五期征联揭晓》,《大汉公报》1930年4月21日。
② 冯自由:《革命逸史(中)》,新星出版社2009年版,第760页。
③ 《张孺伯事略》,《大汉公报》1916年9月25日。

被派往加拿大温哥华担任领事,张孺伯随行做记室(秘书)。① 1915年10月,《大汉公报》重组,被聘为总编辑。② 1916年9月因劳累,旧病复发,逝于温哥华。张孺伯集政治家、社会活动家、戏剧家诸身份于一身,社会影响力强。民国成立后,海外华侨政党受国内政党形势影响,纷纷成立新的政党支部。1912年5月,中国共和党在上海成立;6月,加拿大共和党总支部在温哥华成立,正党长是张孺伯,副党长是崔通约,领事张康仁为名誉党长。③ 之前的保皇会则正式建党,改组为中国宪政党。1913年1月,加拿大中国同盟会亦改为国民党,隶属美洲总支部。温哥华华人社会就此形成了国民党、致公党、共和党、宪政党等四大政党并存的局面。共和党和宪政党注重宪政共和,与国民党对立。而温哥华、维多利亚两地致公党则因孙中山之前的承诺未兑现,对其看法发生改变,由主张革命转为主张建设,并于1913年12月获袁世凯政府立案,与宪政党、共和党形成了统一战线,与加拿大国民党展开激烈党争。作为温哥华共和党负责人,张孺伯被聘为致公堂机关刊物主笔,可见两党关系之亲睦。

张孺伯曾担任白话剧社——醒群社总教员,擅长排演戏剧,能编能导能演。④ 编排、参演过《顺天府奇案》《武昌起义》《海国凄风》《顾国耻》等爱国白话剧。⑤ 其社会活动能力强,善于演说。1915年日本强迫中国签订丧权辱国的"二十一条",消息传到海外,海外侨胞一片哗然,深感救亡救国之迫切。加拿大各地华埠纷纷成立救亡会,提出抗议,反对日货,自愿捐款献策。张孺伯率领

---

① 《张孺伯事略》,《大汉公报》1916年9月25日。
② 《本报通告》,《大汉公报》1915年10月12日。
③ 《少年报》1911年8月8日、24日;1912年5月6日。
④ 《醒群社通告》,《大汉公报》1916年9月23日。
⑤ 《何君原函照录》,《大汉公报》1915年1月23日;《醒群社演剧捐助救亡会之可嘉》,《大汉公报》1915年4月16日;《醒群社为救亡会筹常费》,《大汉公报》1915年4月17日;《醒群社演剧助救亡会之实情》,《大汉公报》1915年4月19日。

醒群社辗转各埠进行义演,发表演说。他在岜巴伦同庆戏院的演
说词登在《大汉公报》上,共连载十余天,反响强烈。① 张孺伯主笔
期间,《大汉公报》因财力紧张,版面缩减,诗词之类文学作品都登
于随报纸派送的附张,其发表的诗词讴歌之类,已不可睹,诚为憾
事。他撰写的论说和时评,如《白话剧能感人者深》《告洪门机关新
闻同业者》等,为我们了解当时加拿大的戏剧、新闻发展情况提供
了宝贵资料。

与其他几位主笔不同的是,张孺伯发表作品时,既不以其名
"泽黎"署名,亦不以其号"孺伯"署名,而是"强汉""汉"之类。按照
中国古人取字讲求与名相照应的规律,强汉应是张泽黎的字,"强
汉""泽黎"正好形成互文、诠释关系。在目前所见史料中,未见有
关于张泽黎即强汉的直接记载。但根据《大汉公报》相关资料,可
以推断强汉即张泽黎。

理由一:《大汉公报》1915 年 10 月 12 日头版声明,经过两个
多星期的科员重组,该报从这天开始重新出版;并宣布聘请张孺伯
为总编辑。此日"本馆论说"的题目是《时论》,署名为"强汉"。从
此,署名"强汉""汉"的论说和时论骤增。众所周知,撰写论说乃报
纸主笔之首要职责。从 1915 年 10 月 12 日至 1916 年 9 月病逝,
张孺伯任主笔期间,该报没有出现一篇署名"孺伯"的论说或时论。
这说明主笔有其他署名。

理由二:1915 年 11 月 6 日头版宣布报纸进行重组、改良。从
此日起《大汉日报》改名为《大汉公报》。该期本馆论说《国体变更
利弊说》署名为"汉"。《大汉公报》1916 年 2 月 11 日头版本馆论
说为署名"汉"的文章:《欢迎李淡愚林仲坚两君李月华女士合撰
之广话国语一贯新书》。文内称:

---

① 《张孺伯在岜巴仑演说词》,《大汉公报》1915 年 4 月 9 日。

前阅李淡愚君与林仲坚君及李月华女士合撰《广话国语一贯》（未定稿）合册，先由淡愚君指定广话国语正副发音字九十四个，广话国语正副得声字六百八十六个，通计七百八十字，与月华女士造成广话国语字切，并由仲坚君选出通用字六千，而以约解分注其上，刻为教授侨童读书讲话之用。近与鄙人讨论经旬，对于每字发音得声之原理，确有把握，因劝其刻入本报附张，借以输进侨胞。

文中提到李淡愚"近与鄙人讨论经旬"。该报次日头版本馆论说为署名"淡愚"的《广话国语一贯未定稿序》，文内称：

约得六千字，名曰《广话国语一贯未定稿》，携赴温高华，与张孺伯先生参订，旬日之间，多赖指正，并蒙劝刻《大汉公报》附张，深望海外文人，遇有解释错误之处，投函赐教，借资改良，以期完善。

该段文字明确指出其"与张孺伯先生参订，旬日之间，多赖指正"。两下对照，《大汉公报》署名"汉"的作者即张孺伯。又《大汉公报》1916 年 5 月 12 日第 3 版本埠新闻登载《赠书道谢》，文曰：

昨李君淡如寄赠记者新书，标题为分部分音广话九声字宗，系林君仲坚书签，并有黄君月亭所订廿五音图说，系上海商务印书馆代印，精美之至，敬以道谢，孺伯特识。

这则材料进一步证实了张孺伯即张强汉，其署名有时简化为汉。张孺伯是否有其他笔名，囿于所见史料，目前尚不得知。

他非常重视华侨子弟教育，在其推动下，维多利亚华侨公校教师李淡愚、林仲坚及学生李月华合撰的《广话国语一贯书》在《大汉公报》附张上得以发行、传播,他不仅亲自参与该书的参订,书成之后,还撰写论说进行宣扬。该书作为教材,对促进华侨学生学习北方标准语音,提高与北方人语言沟通交流的能力大有裨益。[1] 报务繁忙之际,每至半夜还坚持解答登门拜访的青年华侨文课问题,疏于休养,引发旧疾,医治无效去世,年仅 40 岁。

据《大汉公报》报道,华人社会各界纷纷为其送殡,路祭者有维多利亚致公总堂与阅书报社、二埠致公堂、温哥华本埠致公堂与大汉报社、共和党、名义堂、香山福善堂、崇义会等。此外送殡者还有醒群社、中华会馆、优界同志社等团体来宾。送葬车辆多达约 50 部,报道称:

> 据华侨老于云埠者谓,向来执绋送殡,以此次人数为最多,尤以致公堂及福善堂门首,中西男女,站立观瞻者为尤多。而西人预在坟场候观者,不下数百人云。[2]

由此可见张孺伯在当地社会影响力之大。可惜英年早逝,在《大汉公报》主持笔政不到一年。倘天假其年,他在报业发展、戏剧创作及表演实践、诗词创作及侨社文化建设方面肯定会大有建树。

（五）第四任主笔：颜志炎

颜志炎（1888—?），原名颜检礼,笔名铁汉、公敌、健者、一孔等[3],祖籍广东台山县海宴镇。其父因家贫在美国俄亥俄州操耕园业,30 岁后才在此地生下他。12 岁时,其父因病去世,他和母亲、弟妹回国,入学,18 岁止,"好学之名,震动穷乡"[4]。其间因世

---

① 淡愚：《广话国语一贯未定稿序》,《大汉公报》1916 年 2 月 12 日。
② 《张孺伯先生出殡纪略》,《大汉公报》1916 年 9 月 25 日。
③ 志炎：《我之所以不谈政治》,《大汉公报》1917 年 10 月 15 日。
④ 颜志炎：《我之不党经历及主义》,《大汉公报》1917 年 11 月 7 日。

乱时危,他辗转在香港、澳门、上海、广东等地避乱。后再返美洲,半工半读,三年肄业于瓦尔帕莱索大学(Valparaiso University)师范专科,在杂碎馆工作了五年。

崔通约主持《大汉日报》笔政时,他就担任该报通信记者,一直给该报寄稿。1915 年,崔通约辞职后,《大汉日报》拟聘请他赴加拿大担任正式编辑。加拿大国民党人"私致书于他,着他不可来",想阻止该报的发展。① 颜志炎因美国商务羁身,未赴任。接任的主笔张孺伯去世后,颜志炎完全接手寄稿业务,行主笔之责。1917 年 12 月正式应聘到温哥华主持《大汉公报》笔政,1918 年 8 月辞职归国。先后在广东台山县海宴启明小学校做教员一年,在那陵小学校任校长两年,在台山县刚纪慎刚德联合小学校任校长两年,在广州、香港办《海宴旬报》两年。该刊物以宣传乡村文化、启发平民知识以期改造社会为宗旨。② 1926 年 1 月由香港出发回美国。1928 年赴古巴担任致公堂机关刊物《开明公报》总编辑十多个月,后长期居留美国三藩市,在学生最多的华侨学校——协和学校任教,担任过《中西日报》总编辑。1945 年 9 月又应聘返回加拿大温哥华,身兼三职:大公义学的教师(后任校长)、《大汉公报》编辑、民治党(即原致公党)驻加拿大总支部秘书长。③ 1947 年 5 月提出辞职,后返美国担任美国轩佛埠中华学校教员等。

与早期其他《大汉报》主笔相比,颜志炎与《大汉报》的渊源最深、联系最密,他对 20 世纪初《大汉公报》的维持与发展、加侨社会文化及教育的建设、华文文学的繁荣等都做出了杰出贡献。但同时,他也是一位被忽略了的重要主笔,甚少被学术界关注、研究。这可能与其不党主义的主张、无党无派的身份背景有关系。前面几任主笔都隶属于某个政党,与辛亥革命、孙中山等有过交集,易

① 观海:《斥杜若之放恣》再续,《大汉公报》1917 年 9 月 17 日。
② 颜志炎:《廿年来元旦日记》,《大汉公报》1917 年 1 月 1 日。
③ 颜志炎:《我到温哥华以后(一)》,《大汉公报》1945 年 5 月 8 日。

被研究革命史者关注。

颜志炎撰写的论说关涉的领域非常之广，从自我身世、思想到美洲华侨社会，中国的政治、道德、文化、教育以及文学革新等，都作了非常详尽又中肯的回顾、反思与阐析。如《主笔先生论》《党报主笔先生论》《坎属华字报当负改良华侨社会之责》《洪门报纸与侨界社会》《本报之职志》《坎属致公堂之改良当自机关报始》等论说，对报纸主笔的职责、洪门报纸应当担负的社会教育功能等都有深刻思考与独特见解。关于教育，他既有对中国教育发展的全局观照，撰写《今后我国之教育》《敬告我国之社会教育家》《我国人士当研究格致述》《艺学为当今之急务》《论图画》《情育说》等；更多的是对华侨的劝勉，尤其是对当地华侨教育的引导，如《坎属华侨当苦习英文》《劝我国外洋学生宜勤习国文》《华侨亟当改良社会教育》等，就是根据侨情，劝告相关华侨。关于宗教、华侨与祖国的关系、美洲华侨社会之进化等，他都曾撰文阐析，思想视野之开阔、立论观点之持平、中西文化之贯通，可谓海外华人翘楚。

在《大汉公报》与《新民国报》激烈、长久的笔战中，他曾试图理性、冷静地进行沟通、交流，撰写了《我之不党经历及主义》《我之所以不谈政治》《痛定思痛》等表明自己的立场，认为"作笔战当以公德而战，不可以私德而战。以私德而战，适足以腐败人心，动摇国本"①。但《新民国报》发表《训〈大汉报〉》，称该报贻羞洪门、流毒社会，并对颜志炎持续展开猛烈的人身攻讦，称之为"餐馆侍仔""牛尾主笔"等。他身为《大汉公报》主笔，应战乃职责所在。随后，他在报上宣称要"布堂堂之阵，树正正之旗"，鞠躬尽瘁，破釜沉舟，以达斩将搴旗、追奔逐北之目的。② 他被洪门人视为笔战总司令③，从 1917 年 11 月 28 日至 12 月 26 日，《大汉公报》连载其长文

---

① 志炎：《痛定思痛》，《大汉公报》1917 年 11 月 10 日。
② 颜志炎：《侨界注意》，《大汉公报》1917 年 11 月 27 日。
③ 《本馆谐电》，《大汉公报》1918 年 1 月 4 日。

《海外笔战之大风云》等，对《新民国报》进行抨击。

与双方笔战的其他人士相比，颜志炎的态度与观点比较温和、客观。他在《大汉公报》1918 年 1 月 5 日第 11 版发表《随笔》，对双方笔战主将言行之不妥处都进行了中肯的指陈、批评。这种立场、态度体现了他一贯之主张：党报主笔不仅要立定政见，还要友爱同业。所谓同业，无论其属于同党或是异党，都在其内。不能因政见不同，加罪于异党主笔先生，造谣、诬蔑、谩骂。颜志炎作为近代新闻从业者，他的言行很好地展示了新闻人的职业素质与伦理道德准则：坚持真实、客观、公正，尊重隐私权和道德原则。

20 世纪 40 年代，他再度服务《大汉公报》时，还和《新民国报》的主笔翁绍裘结为好友，并介绍翁去美国南德州的山安同市华侨公立学校担任校长。那所学校是洪门侨胞创办的。二人一直保持联系，直到颜志炎去世。翁绍裘称颜志炎是很爱祖国的，同时又是一位富有正义感的忠厚长者。①

对于文学之功用与革新之必要，他也发表了系列重要论说：《论白话之功用》《勖我国之文学家》《论文学家之天职》《国文与国民改良》《中国文学革新之必要》《剧本与社会之关系》《戏剧与侨德》等，对语言文字、文学家、文学的功用，文学革新，戏剧教化等多方面发表看法。

尤其值得注意的是《中国文学革新之必要》。此文是对中国国内文学革命运动的响应。1917 年，胡适在《新青年》发表《文学改良刍议》，提出以白话文代替文言文，改革中国旧的文学体裁。1918 年 1 月，《新青年》迁到北京出版，杂志实行改版，不仅改为白话文，还使用新式标点。这期杂志（第四卷第一号）刊登了胡适的新诗《鸽子》，随后该杂志第四卷第二号刊登了陈独秀的《人生真义》。颜志炎敏锐关注到中国国内文学演变的新动态，1918 年 4

---

① 翁绍裘：《我在旧金山四十年》，上海人民出版社 1988 年版，第 30 页。

月在《大汉公报》登载《中国文学革新之必要》。首先对胡适、陈独秀等倡导的新文学运动进行了简要介绍，指出其要义无非是破坏与建设，"对于过去之文学加以破坏；对于未过之文学，加以建设"；该文还引用胡、陈作品原文，对《新青年》使用新标点符号和白话表示赞同、肯定，并对中国书报原来的圈点和辞章进行了分析、批评。他认为：

> 要之二十世纪，乃文化演进之时代，吾人对于文学一道，不宜泥守古人的成法，求其能以发扬国学，先令四万万人皆有普通学识，然后求其专门可也。①

这种提倡普通的国民文学的观点，实际就是对陈独秀《文学革命论》中提出的三大主义的回应。在此之前或之后，《大汉公报》主笔都鲜见对文学革新与发展有如此深切关注和深刻见解者。《大汉公报》新旧文学的转型非常缓慢，以致到了 1945 年，其论说还主要采用文言文。

1945 年，颜志炎再度返回温哥华服务洪门和《大汉公报》，他进行了一系列创新。当时他负责撰述论说和编辑国际新闻，便一改之前该报论说采用文言文的做法，而采用白话文；国际新闻中的人名、地名，采用标准译音，以商务印书馆的《综合英汉字典》和《标准汉译外国人名地名表》等书为根据，减少了侨胞在阅读华文报时产生的歧解。② 此外，担任大公义学的教师时，他发现该校当时的教材、教学方法都非常陈旧。教材是自编的文言，作文教的还是文言的文法，教授法还称作"念书"。大公义学是温哥华洪门 1941 年 8 月开办的慈善类华侨学校，不收取学费。③ 这本是极大之善举，

---

① 颜志炎：《中国文学革新之必要》，《大汉公报》1918 年 4 月 29 日。
② 颜志炎：《我到温哥华以后（七）》，《大汉公报》1947 年 5 月 22 日。
③ 《大公义学开学启事》，《大汉公报》1941 年 8 月 1 日。

颜志炎称,不仅全美洲,甚至全海外都没有第二所这样不收学费的华侨学校。但是无论是招生、教学管理还是教学方法,他都认为存在很大问题。1946 年 6 月担任该校校长后,他便进行了系列改革,汉文教育完全采用国语(白话文)的教科书,并主张进行教材、课程改革,向西校英语课程设置学习,将课程分为生字、文法、读本、写字四类,教科书也编成这四类。教材内容要有适于华侨社会实用的单元,文体方面包括记叙文、议论文、剧本、诗歌和普通应酬文(像华侨报纸的新闻、广告、团体庆典开会情形、社团议事秩序、吉事凶事仪式等)。①

除了论说之外,颜志炎诗、词、谐文、杂文、随笔、诗话等兼擅,在《大汉公报》发表的文学作品数量罕有其匹。他从 1911 年开始就为该报长期供稿,直到 1954 年 2 月,该报还分 56 期刊登了他撰写的长文《美国版图之分野》。此前还分 15 期登载了他的《七律诗话》《七绝诗话》(分上卷、下卷)。彼时颜志炎已年过六旬,但依然活跃在诗坛上,与蒋安翘、司徒英石、薛子襄、李应韶等人唱和。聚焦本论题研究时段,据《大汉报》统计,从 1914 年 8 月 1 日至 1918 年 9 月回国途中,他在该报共发表诗歌 476 篇,论说被登载 346 期(次)。此后至 1919 年年底,因在中国国内,未见其来稿。

颜志炎在加拿大华文文坛上的影响力不仅来源于其突出的文学创作能力和理论造诣,亦应归因于其报纸主笔身份带来的广泛的文学交游,促进了加拿大华文创作的繁荣。他为人忠厚平和,又愿提携人,故崔通约、陈心存、张孺伯、伍嵩翘等四任主笔都和他迭相唱酬,交谊深厚。他主持笔政时,编辑部的同人和其他作者也竞相追和其作品。据统计,仅 1918 年 1 月 4 日(该年报纸首期)至 8 月 8 日,与他唱和酬赠的作者就有 21 人,共 52 首诗作,来自美国、加拿大温哥华、维多利亚及其他华埠等。1918 年,颜志炎回国时,

————————

① 颜志炎:《我到温哥华以后(三)》,《大汉公报》1945 年 5 月 10 日。

其同事李槐卿赠诗赞其"关心海外同忧乐,人间掉臂独往来""君恤侨艰多著述,吾惭客久每徘徊"[1]。可谓真实写照,并非客套虚语。

(六)第五任主笔:伍嵩翘

伍嵩翘,广东台山人。在颜志炎离职后,1918 年 8 月接替主笔之职。发表论说或诗歌等作品时,常署名为伍嵩、嵩翘、嵩、翘等。故有研究资料记述其姓名为伍嵩。他曾任叻呅埠达才阁书报社中文书记,来到温哥华后,担任该埠致公堂中文书记。[2] 其生平相关资料极少,据其自述及与朋友们的诗歌唱酬推断,他家境贫寒,1913 年左右孤身来到加拿大,父母妻子都在中国老家。他生性孤傲,文辞犀利,加拿大华侨称其"一枝铁笔定春秋,褒贬分明善恶俦""伤时每草锄奸檄,愤世痛陈救国谋"[3]。颜志炎主持《大汉公报》笔政时,伍嵩翘未曾与他谋面,唯因文字相交,以诗歌唱酬。起因是颜志炎感于时事,集龚自珍句,以成《美人》(美人如玉剑如虹)八首。伍嵩翘见后,即步其原韵,写了《言志》《伤时》等四首杂诗,并寄到《大汉公报》。颜志炎登载出来,并特意在其诗题后作了说明与评价:

> 予虽未尝与伍君会面,唯读其佳作,则略知其为人之何若。噫,侨德沦胥,其节操能出乎流俗,有如伍君者,曾有几人乎?[4]

伍嵩翘也感激于这份赏识与知遇,以诗酬赠,表达对颜志炎的钦慕与追随:

---

① 李槐卿:《送同事颜君志炎归国》,《大汉公报》1918 年 8 月 3 日。

② 《云埠致公堂长红》,《大汉公报》1918 年 12 月 13 日。

③ 李惠群:《寄赠伍嵩先生》,《大汉公报》1920 年 11 月 18 日。

④ 伍嵩:《言志》二首,《大汉公报》1918 年 4 月 13 日。

纵横笔阵千军扫,阅历尘劳万事忧。骥尾愿随惭未附,鸿仪欲晤志难酬。①

伍嵩翘主笔期间,中国国事多艰,其所撰论说主要与国家局势有关,如《深望中国停战议》《朝鲜独立之感言》《中国之治乱兴亡》《国家不可无自主权》《深望合南北以拒日》《中国已失内外法权》等。

对于孔教、教育、旧学与新学等,伍嵩翘发表了《孔教为立国之基础》《极言孔教之不可废》《世道人心之大防》《人才由教育而增进》《旧学与新学之比较》《言维新者宜保存国粹》等系列论说。其尊孔论说体现了《大汉公报》一贯坚持的立场。从这些论说中,我们亦可发现近代海外华侨对孔教、新旧学的真实态度与心理,察觉其背后的深刻原因。

此时中国国内刚经历了是否尊孔教为国教的激烈争论。1916年至1917年,康有为及其弟子陈焕章、军阀张勋等人发起了立孔教为国教的运动,要求国会将此写入宪法,这一运动虽然看似轰轰烈烈,有一定的社会基础,但亦遭到了各方势力的抵制。其中最激烈的是以陈独秀、蔡元培为代表的新文化运动势力。他们以《新青年》为阵地,猛烈反对"以孔教为国教"。1917年5月,宪法审议会迫于全国舆论,正式否决"定孔教为国教"的提议,宣布撤销1913年"宪法草案"中有关"国民教育以孔子之道为修身大本"的具体条文。

1917年6月29日至7月3日,《大汉公报》论说栏连载了陈焕章的《国会对于孔教之大革命》。陈文谴责国会的否决和撤销,认为这是革了孔教的命,声称此举"使我中国成为无教之国,使我华民为无教之民"②。此后中国国内的孔教运动渐渐式微,陈焕章等

① 伍嵩:《赠颜君志炎》,《大汉公报》1918年5月28日。
② 陈焕章:《国会对于孔教之大革命》,《大汉公报》1917年6月29日。

也将传教重心转向海外。20 世纪 30 年代,《大汉公报》还登载了《美洲孔教会月刊》发刊词及该杂志的其他文章。

海外华人对于孔教、旧学的认可,实则源于对其文化之根——中国传统文化的认同与重视。所以从近代到当代,海外尊孔思想一直有基础。当中国国内因为受到西方思想影响,痛感孔教等旧思想、文化之落后、保守与陈腐时,异域海外华人却认为,孔教为中国文化之中心,"孔教为医中国万应药"[1],关系中国之存亡。[2] 尽管孔教运动后来被视为"发展成复辟帝制的逆流"[3],但在加拿大华人心中,拥护共和与尊崇孔教并不相悖。

20 世纪 20 年代,伍嵩翘主持笔政期间,为加拿大华人反对当局实行"黄白分校"种族歧视政策、发动捐款修建台山中学新校舍等社会活动做出了贡献。

综上所述,《大汉公报》的五位正式主笔,有三位出生于海外,年幼时受过当地教育,年稍长回中国接受传统文化教育,数年后再返回原来的出生地。他们的教育背景和经历非常丰富,大多数身跨报业界、教育界等,身兼数职,在多个行业之间自如地切换。多重身份使得他们的社交面很广阔,增强了社会影响力,促进了加拿大华人社会的文化、教育建设。大汉诗社在 20 世纪 50 年代达到一个顶峰,与之前这些主笔的努力与积累分不开。1957 年出版的《大汉诗词汇刻》是《大汉公报》编辑部有计划、有组织地开展诗词唱和的产物。20 世纪 20 年代之前,《大汉公报》的征稿比较少,且主要是针对救亡救国征求对策。当时的华文文坛主要是依靠报纸主笔、华侨学校教师、各类华人社团领袖等形成文学交游圈,通过实地交游或者异地唱和,创作文学作品。

这些主笔政治背景亦呈现出多样性,冯自由、崔通约、张孺伯

---

① 球:《孔教为医中国万应药》,《大汉公报》1922 年 12 月 1 日。
② 子瑜:《论孔教关系中国之存亡》,《大汉公报》1917 年 6 月 23 日。
③ 张岱年:《孔子大辞典》,上海辞书出版社 1993 年版,第 831 页。

属于革命报人,颜志炎属于疏离政治、持不党主义的中立者,伍嵩翘则是洪门人士。这也反映出《大汉公报》的包容性与开放性。致公堂作为近代加拿大最大的华人社会组织,其"大佬"(管理层)具有战略性眼光,对于机关报功能的定位很清晰:维护组织(政党)利益,开启民智,担负华侨社会教育功能。

《大汉公报》作为洪门机关报,其首要任务是宣扬致公堂宗旨与主张,及时报道洪门各地组织、各类社团如达权社、阅书报社等活动信息,起到沟通、交流、团结、振兴洪门的作用。每任主笔当政时,无论何种身份背景,其撰写论说或组织文艺副刊版面稿源时,都要为此宗旨服务。第一任主笔冯自由在离职后,就因其加入洪门之立场、动机,遭到洪门的挞伐、攻击。1915 年 6 月 30 日《大汉日报》头版登载《洪门宣布冯自由被革之罪状》,斥其"丧心昧良,忘恩背义,专破坏洪门大局",列举其种种罪状:挑拨离间;危害洪门利益;洪门曾为革命积极筹饷,托他向政府寻求认可,在中央立案,他置之不理,等等。

为了实现《大汉公报》担负的社会责任功能,管理层聘请主笔时,往往很看重对方的才学与报界声望,而非拘泥于社会、政治、经济地位之高低。主笔中如颜志炎、伍嵩翘都属于家境贫寒、漂泊无依的做工者。颜志炎少年丧父,后来是靠着半工半读才从美国大学肄业,做过餐馆侍仔等;伍嵩翘在加拿大居留数年,仍是"羞涩旅囊,欲归未得"①。

这些主笔后来离开《大汉公报》,回到中国或迁徙到美国、日本等地,继续从事报务或者教育、社会活动等,仍旧投稿给该报,包括异地诗词唱酬、异域文化介绍等,这些都促进了《大汉公报》与海外华文文学的交流与发展。

---

① 伍嵩翘:《送骆仲约先生归国书》,《大汉公报》1922 年 4 月 12 日。

二、《大汉公报》编辑部其他成员

据《大汉公报》及其他相关资料，曾经担任过该报编辑、记者、译员或访员的有选青、李槐卿、甄雨泉、余观海、巢璧如、阮汉三、宋卓勋等。

选青，撰写过班本《皇帝梦》，也发表过粤讴、古典诗歌，与维多利亚华侨公校教员李淡愚（春华）有过诗词酬唱。据其诗，记述其1916年时已来加拿大侨居六年多。① 选青是谁？是否以字行？其他别署为何？目前尚不清楚。

李槐卿，即李珠明。《新民国报》曾攻击其为荷官编辑，据称为《新民国报》所最痛恨者②，其当时已届知天命之年。③ 1917年时为温哥华埠培英阅书报社成员，担任文牍科员，1919年离开温哥华去往二埠，加入当地致公堂。与颜志炎、林仲坚、林筱唐等人有过诗词酬唱。④ 余观海曾写诗赞颂之：

> 编辑功夫今古通，荷官才学出人丛。倒流三峡词源壮，横扫千军笔阵雄。锄奸惩恶诛凶暴，起懦化顽启聩聋。论说一篇惊敌胆，洪门大义本来公。⑤

但该报作品署名为"李槐卿"或"槐卿"者很少，应该是用了其他别署，目前尚不得知。

甄雨泉，《大汉公报》资深编辑。从1914年8月至1919年12月，《大汉日报》登有署名为"雨泉"或"甄雨泉"的诗歌32首、论说

① 选青：《次韵奉答佩韦》，见《海外嘤鸣草》，1916年铅印本，第9页。
② 镜波：《斥域埠新民国报驻云访员之盲聋》，《大汉公报》1917年10月2日。
③ 观海：《荷官与博士之比较》，《大汉公报》1917年9月21日。
④ 《培英社正式职员》，《大汉公报》1917年11月27日；《谨贺新禧》，《大汉公报》1919年1月4日。
⑤ 余观海：《贺李槐卿君一首》，《大汉公报》1918年1月4日。

3篇。是否用其他别署发表过作品，尚不得知。他与陈心存、许鲁门、林仲坚、颜志炎、马宝兰等诗人多有酬唱。其生平资料甚少，仅从其诗文略知，当时其来加拿大廿年有余，已届残年。① 曾任1917年培英阅书报社文牍科员，自谓"生成傲骨难谐俗，长抱贞心亦自豪"②，心内忧国如焚。其《和志炎君步元韵》云：

> 频年作客晚香坡，有口难言假共和。怀古吟诗徒写怨，愤世拔剑自高歌。中原逐鹿谁人得，大汉争雄健者多。扰攘风云正万状，狐群狗党满山河。③

余观海在笔战中曾称赞甄雨泉："其人也是吟坛之擅场，有掷地金声之雅韵。"并云："记者向日对于吟诗一道，不甚活泼，自与甄、林二君结交后，蒙其来往信札中之指点，借其雨露滋桃李之方，至有今日风云起鹍鹏之功也。"④余观海向来自视甚高，能得其揄扬，可见甄雨泉诗艺之出色。

余观海，曾任《华英报》编辑，乃《华英报》与《日新报》笔战之主将。⑤ 广东新会人，祖居泷水口之沙富村。名佛赍，字中棠，观海乃其业师所改之号，后以号行。⑥ 出身贫寒，未能上学，后在本乡学堂当厨工，每于老师课徒之时，偷学成才。因家计贫穷而来加拿大，已历数十寒暑。初为锯木修铁路之劳工，后成为大商人。有两处生意：一是在卑诗省党近埠，一是在锦碌埠。后因生意冷淡，赊账甚多。因故坐牢，1917年3月始出狱，并从此时开始往《大汉公

---

① 甄雨泉：《有感步志炎宝兰两君元韵》，《大汉公报》1917年4月30日；《培英阅书报社开幕有感》，《大汉公报》1917年12月14日。

② 雨泉：《感怀一首》，《大汉公报》1917年2月17日。

③ 雨泉：《和志炎君步元韵》，《大汉公报》1918年3月25日。

④ 观海：《吟诗鄙劣之趣谈》，《大汉公报》1918年2月26日。

⑤ 余观海：《上洪门昆仲书》，《大汉公报》1917年4月12日。

⑥ 余观海：《尺牍代邮》，《大汉公报》1917年10月6日。

报》投稿。① 转往亚罅八咧省之卡技利埠谋生,为当地致公堂成员、下属达权社发起人。自言操贱役,每日能得工钱1—2元②,具体是何种职业,尚不清楚。1918年曾作为代表参加维多利亚达权总社两周年庆典,并作演说。③ 1919年迁居到维多利亚,成为致公总堂成员。④ 余观海中英文俱佳,尤其是传统文学素养非常深厚,雅俗兼擅,各种文体无不轻松驾驭。他转投《大汉公报》后,与宿敌《日新报》的主笔黄孔昭消除芥蒂,曾写诗称赞之:

> 来稿琳琅文字工,市廛才学出人丛。鋆干解义言辞彻,质赞渊源经史通。腹满珠玑真博士,胸罗锦绣老元戎。五标高竖文坛上,君夺飞龙第一功。⑤

余观海创作力惊人,经常独自撑起《大汉公报》的文艺副刊版面,所寄的稿件即使半个月连载都用不完,是推动《大汉公报》发展的重要作家。他因为不是主笔,故所作论说少,主要撰写谐文、小说、班本和粤讴等。从1914年8月至1919年,《大汉公报》登有署名"观海"的古典诗歌64首,小说5篇、粤讴40篇、南音2篇,还有诸多笔战谐文、杂说等,开辟了一系列笔战专栏,如鸿儒谈笑录、杏坛杂志、一噱录、当头一棒录等。此外还以"灭烛""挖树"等别署发表过系列笔战文章、粤讴及班本。⑥ 其数量与质量在同期作家中可谓首屈一指,在作品内容与形式上都有所创新。他的作品在加拿大华人中也造成了较大影响,详见本书第五章。余观海是否还

---

① 余观海:《论造化》,《大汉公报》1918年3月11日。
② 余观海:《斥杜若》,《大汉公报》1917年10月19日。
③ 《庆典志盛》,《大汉公报》1918年12月4日。
④ 《谨贺新年》,《大汉公报》1919年1月4日。
⑤ 观海:《贺黄孔昭先生咏》,《大汉公报》1918年1月4日。
⑥ 观海:《斥杜若之放恣》七续,《大汉公报》1917年9月22日;《挖树不如拔树之痛快》,《大汉公报》1918年3月18日。

有其他别署，尚待进一步考证。

阮汉三即阮雄杰，自称"生于斯，长于斯，才庸而学浅"，或许为加拿大土生华裔。曾为温哥华中华会馆创办的华侨公立学校高等班学生，当时该校教师是陈树人等。在双方笔战中，陈树人还曾就此进行夸耀。称其学生阮汉三在《大汉公报》上"本社论说"栏目发表的《复辟平议》乃其课程作业，亦是《大汉公报》最好的论说，以贬低《大汉公报》诸编辑，放言称他们皆要投赞其门下受教。① 阮汉三曾发表论说《振兴女学之献议》《培英社开幕之感言》等，持论皆有可观之处。如其论培英社成立之积极意义：

> 夫社会之成立，实为福国利民计，而云埠各种社会甚繁，难以枚举，今余独嘉乎培英阅书报社者何也？盖以各种社会大多存乎党见，且其宗旨错杂，对于侨界利害，如隔靴搔痒，究不如阅书报社之功用……书报社有开民智、培人材、育子弟、导青年等实益。由此观之，书报社在社会中，岂非为一最有裨益之团体者耶？②

其立论虽谈不上高深，但剖析当时温哥华华埠社会团体之弊端，剀切中肯。发表过诗歌《时事有感》《寄怀叶君铁血往英伦求学》。

巢璧如，《大汉公报》译员，1918 年 12 月被推选为温哥华埠致公堂西文书记，1920 年 4 月携眷归国。③ 他是女作家黄篆魂（韫瑜）的夫弟，《大汉公报》所载黄篆魂数首诗词，即其促成组稿，并寄给著名诗家、维多利亚华侨公校教师林仲坚加以点评、赏析。④

---

① 观海：《斥杜若之放恣》三十续，《大汉公报》1917 年 11 月 12 日；黄孔昭：《警陈树人》廿八续，《大汉公报》1917 年 10 月 22 日。
② 阮汉三：《培英社开幕之感言》，1917 年 12 月 13 日。
③ 《云埠致公堂长红》，《大汉公报》1918 年 12 月 13 日；嵩：《送巢璧如同事兄携眷归国》，《大汉公报》1920 年 4 月 5 日。
④ 黄篆魂：《鹧鸪天·闺思》，《大汉公报》1917 年 11 月 17 日。

《新民国报》曾称其在大同阅书报社(国民党人陈树人担任社长)所办夜校读书,但遭到《大汉公报》否认,不知实情究系如何。其余生平资料所见甚少。

宋卓勋,1915 年曾担任共和党干事科次长①,1917 年担任温哥华培英阅书报社社长。② 其以"宋卓勋"或"卓勋"署名发表的诗歌有《闻颜君志炎来游加拿大喜而赋此》《送同事颜志炎归国》《送林仲坚先生归国》《国事伤怀》《时事伤怀》《客中感赋》《即事感赋》等,皆为有感而作,言之有物。兹举其《国事伤怀》为例:

> 回首中原事已非,山河依旧倚斜晖。干戈扰攘残民逞,谁惜人间多苦饥。

> 共和何事被摧残,江北江南仔细看。□□惭无医国术,空流涕泪泣三□。③

其性格从其《咏意》中可见一斑:

> 狂态知难改,雄心剑自横。趋炎余性懒,诗酒乐平生。④

宋卓勋是否用其他别署发布作品,没有确切证据。他曾署名"梅园宋卓勋"发表作品,紧接其后就是署名"梅园荡仙"的作品。荡仙作品风格及交游和其相似,荡仙是否即其别署之一? 尚待进一步考证。

---

① 《追纪共和党祖饯之事实》,《大汉日报》1915 年 6 月 8 日。
② 《培英社正式职员》,《大汉公报》1917 年 11 月 27 日。
③ 宋卓勋:《国事伤怀》,《大汉公报》1918 年 5 月 30 日。
④ 宋卓勋:《咏意》,《大汉公报》1919 年 12 月 23 日。

第三章 《大汉公报》文学资料研究

《大汉公报》的文学资料主要集中在报纸头版、文艺副刊版面或者报纸附张，其他版面如第 2 版、第 3 版等，也会刊登一些文艺资料，透露相关信息，如戏剧演出报道，征联、征诗、征文广告，文学社团、杂志刊物创立宣言以及读者反映与建议等。这些资料给我们呈现了一个完整的报刊文学生成、传播、接受与交流的生态系统。以下将按照报纸版面详细介绍与阐析。

第一节 《大汉公报》头版论说、时评

中国近代报刊一般是由新闻、言论、文艺（副刊）、广告四个部分组成的，言论是非常重要的内容。报学家戈公振曾对中国近代报刊论说的发展与演变进行总结：

> 同光间之报纸，因受八股盛行之影响，仅视社论为例文。经甲午庚子诸变后，康梁辈之"新民""自强"诸说出，始为社会所重视。革命派之报纸，则以社论为主要材料，执笔者亦一时知名人士……民国初元，报纸之论调，虽以事杂言庞为病，然朝气甚盛，上足以监督政府，下足以指

导人民。①

　　论说成为近代改良主义和革命派非常重视的一种体裁,乃笔
战、通下情、开民智的重要工具。

一、《大汉公报》论说基本概况

　　《大汉公报》作为早期加拿大重要的华文报纸、洪门机关报,与
中国有着紧密的联系,其几任主笔都是深受中国传统文化浸染的
知识分子,办报理念深受国内报刊影响。该报在内容结构上也是
由这四部分组成,但在版面的具体安排上,又有差异。20 世纪 30
年代之前,《大汉公报》头版头条安排的都是"论说",其后则是"时
评"。特殊的日子,如每年的第一天,往往都会有多篇论说,不仅占
据头版,还会占据第 2 版、第 3 版。报纸头版的重要性众所周知,
它在各版面组成中具有"首位效应"和"第一印象效应"的作用。②
由此可见其对言论的重视。

　　这些"论说""时评"构成了《大汉公报》言论的主体部分,也是
文学资料的重要组成部分。以往研究《大汉公报》的学者主要关注
该报文学版面以及文学版面之外的文艺报道,如征联、征诗、征文、
戏剧演出和评论等,而头版论说、时评却被忽视了。尤其是 1915
年至 1916 年,由于受欧洲战事牵连,加拿大经济萧条,《大汉公报》
这两年除了新年特刊外,每期只有四个版面,没有文学版面;所刊
载的文学资料仅有论说、时评等,尤显珍贵。

　　《大汉公报》的报首论说主要分为本社(馆)论说、论说、代论等
类型。本社(馆)论说所占比重最大,往往都是报社主笔负责撰写,
如崔通约、颜志炎、张孺伯等人之作最多;论说与代论的来源比较
多元,有的是转载其他报刊论说,有的是其他作者来稿或者社会名

---

① 戈公振:《中国报学史》,上海书店出版社 2013 年版,第 373 页。
② 哈艳秋、刘昶:《新闻传播学前沿》,中国传媒大学出版社 2016 年版,第 221 页。

流、活动家演说词。其内容涉及面广,不仅关注中国政治、经济、文化、教育、文学发展等问题,还对加拿大以及美洲华侨社会、教育、艺术、语言文字、文学、戏剧、华文报的职责及其他国家的华侨生存问题进行评论。

据存世的 1914 年 8 月 1 日至 1919 年 12 月 27 日的《大汉公报》统计,头版和第 2 版共计登载论说篇 1 128 篇、时评 273 篇。本节重点讨论头版论说、时评关于教育、文学与戏剧等方面的内容。

二、关于教育问题的论说

《大汉公报》虽为洪门机关报,但亦自视为开通侨智之机关,非常重视该报对整个华侨社会的教育功能,认为"当求如何勉尽其良好社会教育之天职,免令华侨社会之堕落,及时发挥其纯正之宗旨,设立道德之言论,然后能养成阅者之高尚人格,输进阅者以精密智识"①。为了实施这一目标,他们在报纸内容的安排上有所创新,并针对论说与新闻进行了具体说明,认为当时侨界报纸,甚少对症下药之言论,所以侨民进化迟缓。故该报"特持孤僻之态度,所发之言论,与别家迥殊"。其论说主要包括两大类:

> 一为文化,如宗教、教育之类,无论东西文化,皆引申之,以进侨德,务求其作用有如佛家所谓加持者;二为经济,如工商之类,凡海外华工、国际贸易、内国贸易等状况,皆搜罗之,并参以己见,务求雄厚我国经济殖民之势力。②

其余关于各种实用之科学,如生理、物理之类,亦时有兼及之。由此可见,《大汉公报》成为早期加拿大发行量最大的华文报,与其眼界阔大,致力于侨社经济、文化、教育、文学等发展分不开。

---

① 颜志炎:《坎属致公堂之改良当自机关报始》,《大汉公报》1918 年 4 月 13 日。
② 记者:《本报之职志》,《大汉公报》1918 年 5 月 17 日。

　　《大汉公报》非常重视兴教办学。1915 年 6 月,广东政府派美洲视学员余同信视察维多利亚华侨公校。调查完毕,该报头版头条即刊登了《域埠华侨公学报告册》,报告内容包括校名、校址、校长教员姓名年岁履历、学生班次名额、现时上课人数、教授之状况、管理之状况、校舍设备及经费之状况、应行整顿改良之计划等,非常详尽。① 此外,中国驻加领事、各华侨学校校长(无论其所属党派)关于教育之演说词,亦屡屡登载。② 由此可见《大汉公报》对华侨学校教育之重视。

　　尽管当时加拿大三大华埠维多利亚、温哥华、渥太华都有华侨学校,但因为不免费,故中下等华人家庭大都选择只让子女进西人公立学校接受教育,无法接受华文教育。1915 年,《大汉公报》约请维多利亚华侨公立学校教师黄笏南撰写《加属土生华侨之教养问题》,拟登于年报(该年第一期),因时间匆促,后延期刊发。该文指出,廿数年来,商工界多置家室于加拿大,土生华侨越来越多。土生华侨既然不能同化于彼之社会,受同样一种教养,祖国教育就必不可少。他主张侨童应先读汉文,再读英文。华侨社会还应在学校之外,设立另外机关如青年会,锻炼其为人之方、处世之能。值得注意的是,在该论说正文之前,还要一大段记者按语,即崔通约所撰。按语称:"寄语抱道绩学诸君,倘有鸿文硕画,能为侨胞谋进步者,定当欢迎不置,且感谢不置也。"③

　　该报不仅重视华侨子弟的国文教育,也注意到侨社普通民众生存时面临的语言问题。针对当时加拿大对华人的歧视以及矿工、火柴厂、渔场工人须习英文的提案,1918 年"本馆论说"栏目刊登了《坎属华侨当苦习英文》,认为学习英文不仅"益易于拓展个人

---

① 《域埠华侨公学报告册》,《大汉日报》1915 年 7 月 13 日。
② 《王麟阁领事在域多利华侨公校演辞》,《大汉公报》1918 年 2 月 13 日;《云埠公立华侨学校开学陈树人先生演说词》,《大汉公报》1917 年 5 月 14 日。
③ 黄笏南:《加属土生华侨之教养问题》,《大汉日报》1915 年 1 月 6 日。

谋生之路,且直接间接有补于国家经济之发展"①。这些都是切中时弊、务实中肯之言。

三、关于戏剧、小说等文学革新的论说、时评

总体而言,加拿大华文文学落后于中国国内新文学狂飙突进式的发展,但在后者影响下,对于文学的革新、发展,尤其是小说与戏剧的功用都进行了较深入的思考,并逐渐进行转型,而加拿大华文报刊在此过程中发挥了重要作用。

在海外白话剧发展方面,加拿大华人可谓领风气之先。1912年即演出白话剧《光复中华》。②《大汉公报》的论说、时评与其他版面的演出预告、宣传与效果报道形成共生循环关系,推动了白话剧的发展。

1914 年 8 月《大汉日报》刊载论说《青年学生白话戏作用之关系》,助力此前刊登的演出预告《看看看男女学生之改良新剧》。此次演出的白话戏是由留云中国青年学生会组织,原《日新报》主笔何卓竞排演的文明新剧《海国凄风》。剧情反映 1913 年中华国民在台湾受日本人苛待之遭遇,台湾志士爱国之热诚。其演出目的是"唤起吾人国家主义之精神",并为侨民夜学、学生会筹款。该论说指出,"内地省港白话戏,久已风行草偃",何卓竞抱戏曲改良之志愿,躬亲排演此剧,实为海外移风易俗之先锋。③

加拿大白话剧经数年发展,在救亡爱国、社会公益、开启侨智等方面做出了很大贡献。1916 年,该社主笔张孺伯发表时评——《白话剧能感人者深》,对海外白话剧的兴起与现状进行述评。其内容精警,先是介绍海外(主要指北美)白话剧的兴起:自加拿大醒群社发起,移风社继之(因经济问题,组织完备却未问世),美国

---

① 颜志炎:《坎属华侨当苦习英文》,《大汉公报》1918 年 4 月 12 日。
② 《看看看男女学生之改良新剧》,《大汉日报》1914 年 8 月 13 日。
③ 《青年学生白话戏作用之关系》,《大汉日报》1914 年 8 月 14 日。

三藩市、檀香山各处继起。继而指出白话剧之胜场处在于剧本之善，"从不杂以神鬼幻境，使阅者存侥幸心于脑际"。白话剧本多从最近之事迹串出，情真意切，近于实际，"配以实景，参以歌曲，文以诗辞，和以弦管"，足以怡情悦性。但最后不无遗憾地指出，"白话剧自醒群社演后，亦难乎其为继矣"①。如前所述，张孺伯乃白话剧社醒群社总教员，此文更显珍贵。自 1916 年张孺伯去世后，醒群社就淡出公众视野，《大汉公报》再未有对该社的报道。

但是对于戏剧改革与社会、戏剧与侨德的关系等问题，《大汉公报》一直都在关注。1917 年 5 月《大汉公报》登载了颜志炎《改良剧本与社会之关系》，文中指出与读书、影画、报纸、演说等相比，"演戏一道，最足以警醒人群，为改良风俗之急务也"，认为当时之白话新剧已达到效果。并对新旧戏本、中西戏院做出比较：

> 白话新剧多以时事为戏本，以启发民智为目的，况戏中又有布景之特色，以表其真形，绘其真像，斯实足为鼓吹文明之良法。吾华人之旧戏本，多不改良。所演之戏，泥古不化，毫无效益，且多藏幻想，时露野蛮之举动。种种弊习，难以枚举，今略言其一二，为同胞告焉。他如神仙打救，是为幻景，则启人妄想之心。而《卖胭脂》《金莲戏叔》等，乃最淫之戏，有坏风化。又如问觋引魂，神人指示，则本非有而作有，亦无形而为形，斯最足坏人脑筋，污垢真理。真理既污垢，则迷信随之而生，而风化日下。由此观之，岂能容其长存而不改乎？又吾华人之戏院，物多存古，舆台椅搭等件，类皆不洁，有碍观瞻。彼西人亦时有来观者，不唯碍观瞻，亦失国体。而各同胞之在座观者，喧哗扰乱，吵闹之声，不绝于耳，无规无矩，丑态百出。以视西人戏院中之整齐严肃，何啻天渊之隔耶！

---

① 汉：《白话剧能感人者深》，《大汉公报》1916 年 3 月 7 日。

作者认为,改良社会,普及华侨者,必在首先改良剧本。一切器用,效仿西戏院之布置。"戏曲之有碍风化也则改之,略可警世者,则存之。尤要扩充新戏,插些白话,方能稍有裨补于世道也。"①颜志炎此文在张孺伯时评的基础上,对中国戏剧革新作了进一步的阐释与思考。

1917 年年底,颜志炎自美国来到加拿大温哥华主持《大汉公报》笔政,随友人观看普如意班高薪聘请的名旦张淑勤演出后,撰写了论说《随时》,借观剧之感受反驳《新民国报》记者陈树人讥其为"餐馆侍仔及牛尾主笔"②。随后招来《新民国报》的进一步攻击,登载花边新闻《颜牛尾主笔搅花旦张淑勤》。颜志炎不仅写诗自辩,又撰写《戏剧与侨德》,重申戏剧乃社会教育之利器,剧本感化力深厚,针对旧戏改良路径提出了具体建议。该文有着鲜明的文学史意识,先是引用清代《扬州画舫录》介绍传统戏曲体制角色,继而说明当时中国国内戏剧改良之情形:

> 梨园以副末开场,为领班,副末以下,老生、正生、老外、大面、二面、三面七人,谓之男脚色;老旦、正旦、小旦、贴旦,谓之女脚色;又有打诨一人,谓之杂。此江湖十二脚色,元院本旧制也。即今人所谓旧剧也。然自民国成立后,改良戏剧之声浪,喧于城市,见诸实行者有数;而社会贱视优伶之风气如故,毋亦优伶不知自为变通有以致之耳,因其往往排演伤风败俗,蔽智愚民的旧剧本,全失其感化作用故。

作者将审视的目光由中国移至加拿大,对当地华人居留区的戏剧演出进行批评,"为因时制宜者少,其类诲淫者多",此为侨德堕落原因之一。如何解决此类问题呢? 文章介绍了西方剧本的审

---

① 杰:《改良剧本与社会之关系》,《大汉公报》1917 年 5 月 15 日。
② 志炎:《随时》,《大汉公报》1917 年 12 月 18 日。

查制度及西方悲剧之价值：

> 夫西人各剧场新出之戏目，必先受巡警局之许可，若巡警局认为有伤于风化者，得禁止之。是以法治未纯之国，其未成年人者观剧，必受成人者之监护，以防恶感化波及之故；而英美各国，罕有大人监护儿童观剧者，以法律禁止其与教育冲突之剧目，无他，亦为改良社会进修道德起见。寄语侨界剧场之排演者，当憬然而悟也。
>
> 抑就心理而论，凡感人之深者，喜不如悲，于戏剧更易有效。故西人排演 tragedy（译意悲剧），其旨严肃高尚，或为咏史叙事之诗歌，或专用科白，描摹人生悲惨不平之事故，及罪恶社会之状况，要以不越情理，不失劝惩为准。其歌曲在文学上，最有价值焉。①

作者从法制、观众心理学等角度，分析西方戏剧演出的管理与重视悲剧创作的原因，对中国戏剧的发展是有积极借鉴意义的。

文学革命中最重要的文体——小说，也受到《大汉公报》的密切关注。1915 年该报登载了署名"松笠"的《小说与国民之关系》，"松笠"殆即俞松笠，小说翻译家，曾在《民权报》《民权素》《礼拜六》等报刊发表侦探小说、爱情小说、科学小说译作等。该文似为转载，对当时流行的滑稽小说之风进行了批判，剖析其成因与危害，指出小说与社会发展关系甚大，小说的功用乃"为文学之前导，亦为养性之利器"②。中国国内关于小说与群治之关系、小说之重要功能等论说早已深入人心，此时《大汉公报》刊登此文显然欲引导当地华人社会文学风气之转变。

耐人寻味的是，1917 年 1 月 29 日至 30 日，《大汉公报》头版头条

---

① 志炎：《戏剧与侨德》，《大汉公报》1918 年 6 月 8 日。
② 松笠：《小说与国民之关系》，《大汉日报》1915 年 2 月 4 日。

"本社论说"连续两天刊载了林仲坚的《新小说丛之感言》。文首曰：

> 吾家客星，近与其友，开译泰西小说，定名为《新小说丛》，不远二万余里，征予意见。予虽未见其书，知必有足以餍饫海内观者之目，因泚笔而论之曰……①

从文意看，乃《新小说丛》的创办者"不远二万余里"，向身在加拿大的林仲坚征求意见。林仲坚即林文聪，广东新会名儒吴铁梅门婿，应维多利亚华侨公校之聘，于 1915 年 4 月抵达，1917 年 11 月期满回国。②

但经查阅比对，此文并非林仲坚侨居加拿大后的新近之作，而是十年前一篇旧文的修改稿。1908 年 1 月，《新小说丛》由林紫虹等在香港创办。其创刊号第一篇文章刊登的就是署名"新会林文聪"的《新小说丛祝词》，落款时间是"光绪丁未十月之望"。文首曰：

> 吾家紫虹文学，与其友数君，合组《新小说丛》一书，予尚未寓目及之也，而知其必有以餍饫海内之人望者矣，因泚笔为之祝曰……③

两相对照，《大汉公报》刊登的《新小说丛之感言》刻意加了"不远二万余里，征予意见"之语。后面行文，基本一致，只是在文字上作了细微改动。有些是润饰，有些是依据新时势调整语意，如将《新小说丛祝词》"所可悼者，欧美腾踔"改为"所可慨者，黄白竞争"，是身处加拿大面临种族歧视斗争时的新思考。其核心观点一

---

① 仲坚：《新小说丛之感言》，《大汉公报》1917 年 1 月 29 日。
② 《域埠林西和堂欢迎侨校教员林仲坚先生纪盛》，《大汉日报》1915 年 5 月 7 日；《林仲坚先生归国纪盛》，《大汉公报》1917 年 11 月 24 日。
③ 林文聪：《新小说丛祝词》1908 年第 1 期。

字不差,对我国以往的小说进行批判后,提出自己的观点:

> 小说之作,体兼雅俗,义统正变,意存规戒,笔有褒贬,所以变国俗,开民智,莫善于此,非可苟焉已也。①

二者对于小说功能的概括仅有细微区别,《新小说丛祝词》称小说之善在于"御侮""振武""采风""浚智""博物""绩学",《新小说丛感言》仅将"振武"改为"尚武","绩学"改为"达识",余皆同。由此可见,《新小说丛感言》乃"炒冷饭"之作,但作者数处细微的"翻新",本意还是想结合新的人文地理环境,对加拿大华文小说的发展作引导。将近十年之前的作品,还能被视为引领风气之作,刊登于《大汉公报》以飨读者,可以想见当地的华文文学革新之缓慢。

第二节 《大汉公报》文艺副刊研究

近代加拿大华文报刊很多都是党报、机关报,政治色彩浓厚,对于报纸本身的职责和功能非常重视。但由于要吸引读者,经营文学副刊就成为其主要途径之一。报纸副刊遂成为华文文学的重要摇篮。

副刊作为中国报纸的组成部分,经历了一个演变过程,有过许多历史名称。最早的是所谓"文苑""余沈""丛载""余录";接踵而来的便是"谐部""说部""附张""附章""附页"以及"文艺栏""文艺版""报尾巴"等,乃至"报屁股";最后,则相对稳定为"副张""副镌"和"副刊"。② 名称的演变既反映了人们对其性质认识的差异,也反映了副刊在不同时期的形态与类型。怎么定义副刊?《辞海》将

---

① 仲坚:《新小说丛之感言》,《大汉公报》1917 年 1 月 29 日。
② 冯并:《中国文艺副刊史》,华文出版社 2001 年版,第 2 页。

其定义为"一般指报纸上刊登文艺作品或理论文章的固定版面,每天或定期出版,多数有专名"①。冯并《中国文艺副刊史》在此基础上作了进一步完善,提出"副刊是报纸的具有相对独立编辑形态,并富于整体文化和文艺色彩的固定版面、栏目和随报发行的附刊"②。

20世纪早期的《大汉公报》,其报纸主笔和读者都主要来自中国广东或香港,所以在报纸的版面、栏目的设置与风格上都深受这两地报纸影响。基于报纸版面的变化以及发行策略的考虑,其文艺副刊主要采取了版面和副刊两种形式,交替使用。

1914年,《大汉公报》共有10个版面,文学版面固定安排在第9页,篇幅占整张版面的将近二分之一。1915年、1916年,受一战影响,加拿大经济衰退,华人工商业变得非常萧条,《大汉公报》也捉襟见肘,大幅削减版面至4个,报纸正张没有了文学版面,文艺资料主要刻入报纸附张,随报纸派送。1917年1月4日起,《大汉公报》又恢复了之前的版面数量与具体设置;1917年12月19日《大汉公报》刊登"本社通告",称"唯迩来世界风云万状,而时事亦无凭准,故同人等勉力增加篇幅,多访新闻,务求材料丰富,以饱阅者诸君之眼福,今后每日出纸三大张"。此日起,该报版面扩充为12个,文学版面改为安排在第11页,篇幅略有增加,占整张版面的二分之一。这种情形一直延续到1919年11月23日。1919年11月24日刊登"本报特启",称来稿甚多,限于篇幅不能备载,故又将原来的12个版面扩充为14个,文学版面主要安排在第11页、第13页。第11页的文学内容篇幅占整个版面的二分之一,第13页的文学内容篇幅占整个版面的四分之一,文学副刊的空间明显扩大了。

这几年,《大汉公报》文学副刊的名称也经历了从无到有、不断变化的过程。从1914年8月至1914年12月,《大汉公报》文学副

---

① 《辞海》编辑委员会编:《辞海》,上海辞书出版社1990年版,第214页。
② 冯并:《中国文艺副刊史》,华文出版社2001年版,第4页。

刊并无名称。1916 年 1 月 4 日起,该报文学版面(第 9 页)开始有了固定名称,在报纸的中缝位置,专门辟出一个竖栏,从上到下写着"大汉公报谐部"、中华民国纪年,新闻纸的卷数。该名称一直延续到 1918 年 1 月 4 日。

中国报纸副刊谐部滥觞于香港的《中国日报》,是资产阶级革命报纸文艺副刊常用的名称。著名报人冯自由在《中华民国开国前革命史》谈道:

> 自己未广州一役失败后,孙总理久在日本规画粤事,重图大举,知创设宣传机关之必要,始于己亥秋间派陈少白至香港筹办党报,兼为一切党务之进行机关。是年冬,此报遂发刊于香港士丹利街门牌二十七号,即《中国日报》是也。出版后陈自任总编辑,杨少欧、洪学充、陆白周等辅之。除日刊外,另发行《中国旬报》(《中国日报》的旬刊),卷末附以讽刺之歌谣谐文等类,曰鼓吹录;其后海内外报章多设谐部一栏,盖滥觞于此。[1]

其"鼓吹录"曾先后分设"小说""谐文""史谈""班本""词苑""粤讴""南音"等栏目。《中国旬报》1901 年 2 月停刊后,"鼓吹录"随之取消,其中一些内容移至日报末页。

冯自由本人亦曾于 1906 年至 1909 年主持该报。离开《中国日报》后,其赴加拿大主笔《大汉日报》。从《大汉日报》到《大汉公报》,报纸正张上文艺副刊的栏目数量不断增加,风格也更加多样化,但最基本的栏目还是跟"鼓吹录"相似,包括小说、谐文、史谈、班本、文界、文苑(诗界、词苑)、粤讴、南音、趣致、板眼等类型。

1915 年至 1916 年报纸附张上文艺副刊的形式,虽然因为材料散佚,未能一睹究竟,但从 1916 年的报纸正张新年版(1 月 4

---

① 冯自由:《中华民国开国前革命史(上卷)》,台北商务印书馆 1975 年版,第 160 页。

日）文艺副刊来看，其登载作品乃 1915 年 12 月 29 日附张作品之连载——署名选青的班本《皇帝梦》，题下标明（十一续），可见前面十次的连载都是在报纸附张上完成的。该报 1917 年正张新年版（1 月 3 日）第 11 版登载的"狭义小说《绿林大侠》"题下标明"九四续"，亦是同样情形，附张上的栏目设计估计和此前报纸正张文艺副刊栏目大体相同。

1918 年 1 月 5 日开始，《大汉公报》文艺副刊又改为"《大汉公报》杂录"，此名称一致保留到 1922 年 8 月 5 日。名称的改变反映了编辑部对于文学副刊功能的认识发生了变化，使得副刊内容更加丰富，文体种类更多，包容性更强。

一、诗词曲类

古典诗词作为中国传统文学中的雅文学，最能承载文人雅士的情趣。作诗填词，唱和赠答，成群结社，是旧时文人社会生活、文学生活最常见的一种方式。散曲作为一种新诗体，可以和诗词归为一个大类。表 3－1 是对 1914 年 8 月至 1919 年报纸正张文艺副刊登载诗词曲作品的统计：

表 3－1　1914 年 8 月至 1919 年《大汉公报》文艺副刊登载诗词曲情况

年份	诗（首）	词（首）	散曲（首）	作者数量（人）	登载 10 首以上作品的作者数量（人）	说　　明
1914	170	0	0	26	3	现仅存 8 月 1 日至 12 月 28 日的报纸。
1915	19	0	0	5	1	此年除了新年首期报纸外，报纸正张没有刊登文艺作品，主要是在附张上刊登，现未见保存下来的附张资料。

续　表

年份	诗（首）	词（首）	散曲（首）	作者数量（人）	登载 10 首以上作品的作者数量（人）	说　明
1916	15	0	0	3	1	同上。
1917	787	9	0	56	10	
1918	847	15	0	101	20	作品被登载 10 首以上的作者包括 2 名女性。
1919	439	7	4	95	9	

　　结果显示，相较 1914 年，1917 年、1918 年诗词的总量有了一个快速而稳定的增长，诗词曲三类体裁中，诗歌是绝对主流，且都是旧体诗歌。[①] 从 1919 年开始，诗词数量开始大幅减少，因小说、史谈、谈丛等叙事文学登载的篇幅越来越大，诗词版面被压缩。报纸诗词曲的作者群也在稳定中不断扩大，一方面，创作的主力还是编辑部同人，1914 年至 1919 年，该报文艺副刊上诗词创作数量最多的仍是报纸主笔，1919 年之前，雄踞每年榜首的是颜志炎；1919年，诗词创作数量最多的是伍嵩。另一方面，这几年的作者数量大幅增加，每年在该报发表 10 首以上作品的作者数量也在增加。作者发表作品的数量多少也是衡量其创作成熟度、活跃度的重要标准，这里我们以 10 首作品为标准进行了统计。最为突出的是1918 年，各方面都达到了一个峰值。与此同时，报纸主笔创作的诗歌所占比重也在不断下降：1914 年 8 月至 12 月，《大汉日报》170 首作品中，90 首出自颜志炎，所占比重将近二分之一；1917年，《大汉公报》787 首作品中，229 首出自颜志炎，所占比重将近三

[①] 1914 年虽只有 5 个月的报纸存世，但如果按照目前所存数量的月均创作量再乘以 12 个月，那么数量是 408 首。这个数字虽然可能和实际情况有出入，但误差应该不大。

分之一;1918 年,《大汉公报》847 首作品中,149 首出自颜志炎,所
占比重已不到五分之一;1919 年,《大汉公报》439 首作品中,45 首
出自伍嵩,所占比重只有十分之一。尽管从 1919 年开始,抒情文
学的版面持续被压缩,但作者的数量还是每年稳定在将近百人。
这说明《大汉公报》有了稳定的作者群。

所谓"杂录栏"就是报纸的文艺副刊版面。这些稿件的地域来
源多样,涵盖了北美各华埠、日本、中国大陆、中国香港、中国澳门
等国家和地区,内容也非常广博。有的诗词作品带有较强的叙事
性质,形成组诗(词),描述作者从中国或者其他地域来到加拿大时
一路所见所感,如曹茂森的组词四首:《南浦月·留别南文高等小
学诸子》《忆王孙·留别同事萧晓岩诸君》《菩萨蛮·仲夏渡太平
洋》《深院月·到云埠》[1];有的则记载了从加拿大回中国的见闻,
如颜志炎组诗《民国七年秋由坎拿大归国三渡太平洋舟中遣兴四
首》等[2];有的是"家书"性质,从中国老家寄来表达问候,如林立晃
之女林平意的《劝父还乡祝寿得诗十六首》[3],颜志炎的侄儿颜气
深从台山海宴寄来的《赠检礼家叔三首》等。[4]

这些诗歌继承了中国古代的诗教传统,充分发挥了兴、观、群、
怨的功能。故国暌离之感伤、羁旅漂泊之孤凄、异域谋生之艰辛等
乃诗中常见主题。该报 1914 年 10 月 27 日报纸连登了颜志炎三
首诗:《忧国一首》《侨苦一首》《十年一绝》,可谓典型代表;1918 年
11 月 5 日至 7 日连登署名"易水少年"的十二首《时事杂感》诗。
1919 年中国国内南北纷争,始而议和,最终决裂,加拿大华人亦非
常关注,登载了张慧泉的《伤南北时局》、张大鹏的《闻南北和议》

---

① 曹茂森:组词,《大汉公报》1919 年 10 月 16 日。
② 颜志炎:组诗,《大汉公报》1918 年 9 月 25 日。
③ 林平意:组诗,《大汉公报》1918 年 1 月 3 日。
④ 颜气深:组诗,《大汉公报》1918 年 1 月 30 日。

等。① "诗可以群"的文学社会功能也得以彰显。文化人士、优界名伶等离埠返乡,侨社精英回国办实业、办学、经商,常引发大型诗词唱和。如李淡愚、林仲坚、颜志炎、女伶张淑勤等人约满回国,著名商人李燮南回国办实业等。友朋之间的小型唱和,更是连绵不断,这些都促进了华文文学的兴盛。

《大汉报》有着很强的文学阵地意识,以编辑部为核心,以维多利亚、温哥华等地华人教师,其他文人、名流为辅翼,形成了一个比较固定、人数众多的大汉诗社群体。1917 年,该报辟有"本社骚坛"栏目,专门刊登这些人诗歌。颜志炎、林筱唐、林仲坚、甄雨泉、黄笏南、周家职、林礼斌、马香谱等人的诗歌都曾在这个园地发表。

值得注意的是,维多利亚华侨公校、温哥华华侨学校等培养的年轻一代诗人也开始崭露头角,如阮汉三、宋瑞年、林普庆、宋卓勋等。更加难能可贵的是,出现了一些文学家族群,如维多利亚华侨公校校长李梦九家(其女李月华、李丽华,其妻弟司徒英石)、富商林礼斌家(其女林月颜)、温哥华培英阅书报社社长林立晃家(其女林平意、林碧荷,其子林普庆、林普盛)等。这都得益于加拿大华埠对华文教育的高度重视,使文学传统得以延续。

该报文艺副刊还呈现了女性诗人群的文学交游活动。以黄篆魂(韫瑜)为核心的小型诗人群,曾活跃过一段时间。黄篆魂共发表 20 首作品,其中 13 首是词,可谓 20 世纪 20 年代之前活跃在《大汉公报》上的最出色的女词人。她与达生、扶波、寄芳等友人经常联句作诗。林仲坚曾评其诗词:

> 读之,言言似玉,句句皆金,其命意遣词,尤不失温柔敦厚

① 张慧泉:《伤南北时局》,《大汉公报》1919 年 4 月 3 日;张大鹏:《闻南北和议》,《大汉公报》1919 年 8 月 20 日。

之本旨。予观古之才女,虽或汉侈楚艳,而间因感遇成吟,不无轶思,繁华流荡,君子弗钦,能如女士之发乎情、止乎礼义者,斯真近日闺阁中吟咏之圭臬也。譬如君将刊登报端,嘱志数言,以谂观者,使知吾国闺秀固大有人在。而览观此诗词,知非一切艳情绮语所能冀及,则为善读诗词者矣。①

其引用《文选》所录《与嵇茂齐书》中"繁华流荡,君子弗钦"一句②,称其诗词乃金玉之声,品格质朴、深沉,发乎情、止乎礼义,绝非艳情绮语所能比。兹举其《鹧鸪天·闺思》,可证其言不妄,词曰:

> 强是无愁倍是愁,久无清兴事春游。半生尘海谁青眼,一枕华胥易白头。　　情悄悄,思悠悠。逢花逢月懒临流。炎凉味透诗肠冷,触绪茫茫感不休。

又如其《春风袅娜·清明感怀次翰非韵》,才力深沉,颇有迁客骚人之悲愤、英雄失路之凄凉。词云:

> 听年年笛弄,恨惹东风。烟淡荡,雨迷蒙。正棠梨含露,风吹柳絮,江南江北,两地情同。迁客魂销,骚人肠断,无限羁怀万里中。嘶骑踏残芳草绿,吟鞭拂落杏花红。　　惆怅流光如驶,凭谁系住,莫教紫翠总成空。怜乳燕,恼鸣虫。鹧鸪声里,泪洒英雄。树色凄迷,斜阳芳冢。青衫红袖,恨煞天公。重来崔护,怕蕉心似我,春愁黯黯,密寄新桐。③

① 《佩贤谨识》,《大汉公报》1917 年 11 月 7 日。
② 赵至:《与嵇茂齐书》,见《昭明文选》第 5 册,华夏出版社 2000 年版,第 1711 页。
③ 黄篆魂:《春风袅娜·清明感怀次翰非韵》,《大汉公报》1917 年 11 月 7 日。

二、小说、戏剧文学

小说、戏剧作为中国文学革命最受重视的两类文学,以其通俗性、普及性、善教化见长。囿于文体属性,小说与剧本两类文体在《大汉公报》文艺副刊所占分量是不同的。小说作品数量繁杂,种类多样;剧本不到 20 篇,主要分为粤剧班本和白话剧本。

(一)《大汉公报》登载的小说作品

1. 小说的概念界定及中国国内小说发展情况

小说作为中国古代的一种文体,对于其概念的界定,历来众说纷纭。众所周知,"小说"之名最早见于《庄子·外物》,此后《吕氏春秋》、张衡《西京赋》、桓谭《新论》、班固《汉书·艺文志》等书籍都出现过"小说"之名,对后世产生了重要影响。但所谓"小说"在当时并不是一种相对划一的"文体",而只能被看成为一个内容庞杂、范围宽泛的"文类"。中国最早用"小说"作为书名的是南朝梁《殷芸小说》,此时的小说是指有别于正史的野史、传说。唐宋两代对这种观念进行了充分的阐释与继承,宋人笔记中大量出现的有关"小说"的记载大多是指这些有别于正史的野史笔记。宋代说话艺术兴起后,"小说"又指说话艺术的一个门类。至明代,更演化为"小说者,正史之余也"的观念。① 同时,"小说"专指虚构的故事性文体的概念基本确立了。

正如国内有学者指出的:

> "小说"既是一个"历时性"的概念,即其自身有一个明显的演化轨迹,但同时"小说"又是一个"共时性"的概念,"小说"观念的演化主要是指"小说"指称对象的变化,然而这种变化

---

① 笑花主人:《今古奇观序》,见抱瓮老人《今古奇观》,上海古籍出版社《古本小说集成》影印本,第 1 页。

并不意味着对象之间的不断"更替",而常常表现为"共存",如班固《汉志》的"小说"观一直影响到清代,《四库全书总目》对"小说"的看法即与《汉志》一脉相承,《总目》所框范的小说"叙述杂事""记录异闻""缀辑琐语"和明清以来的通俗小说在清人的观念中被同置于"小说"的名下。①

到了晚清,尽管梁启超倡导"小说革命"后,受域外小说影响,中国近代小说开始转型,但并未彻底完成,对于小说的定义与分类仍是驳杂的,与中国古代小说演变过程中存在的诸种观念与分类存在纠缠不清的关系。中国古代小说的四种文体:笔记体、传奇体、话本体、章回体等不论在小说的创作还是选编上,都并行不悖。如近代影响较大的文学期刊《新小说》《月月小说》《小说林》都曾对小说进行分类。1902 年,《新小说》社的广告《中国唯一之文学报新小说》将小说分为历史小说、政治小说、哲理小说、军事小说、冒险小说、探侦小说、写情小说、语怪小说、札记体小说、传奇体小说等十类②,前八种是按内容划分,札记体小说、传奇体小说(按,这里的传奇体小说是指戏曲)则是按文体,文体上是新旧兼容。而《小说林》《月月小说》也都按照内容对小说进行了分类,数量和种类都大同小异,在文体上亦是新旧并蓄。

2.《大汉公报》逐年登载小说的数量变化

从 1914 年 8 月至 1919 年《大汉报》共刊登了 146 篇标明为"小说"的作品。③ 此外,其他以"谈丛""谈乘""瀛谈""笔记""鸿儒谈笑录""技击谈(余闻)"等名称出现的叙事类作品 200 余篇,其中大部分也属于小说。具体统计如表 3 - 2:

---

① 谭帆、王冉冉、李军均:《中国分体文学学史 小说学卷 上》,山西教育出版社 2013 年版,第 4 页。

② 黄霖:《中国历代小说批评史料汇编校释》,百花洲文艺出版社 2009 年版,第 767—771 页。

③ 1915 年、1916 年文艺副刊以附张形式发行,现已不可见,故无法统计。

表 3-2　1914 年 8 月至 1919 年《大汉公报》登载小说情况

年　　份	登载小说篇目数	以"谈丛""瀛谈""笔记""技击谈""清史拾遗"等名称出现的其他叙事类作品	连载的作品篇数/次数	标明"小说"的作品连载篇数/次数
1914(8 月至 12 月)	13	49	4/10	0/0
1917	21	13	24/162	15/94
1918	32	48	38/160	27/111
1919	80	95	52/218	50/214

　　结果显示,从 1917 年至 1919 年,《大汉公报》每年刊登的小说作品数量都在逐年提升,连载的作品数量和次数也都在不断增加。1914 年的报纸目前只保留 5 个月,按照这 5 个月的数量推算,该年作品小说总量大概在 30 篇。目前所见的该年 8 月至 12 月登载的 13 篇小说,都是每期单独登载完毕的短篇作品。由此可以推断,1 月至 7 月的作品大概率亦篇幅短小,不须连载。所以,尽管从小说作品的绝对数量来看,1917 年比 1914 年可能要少,但从连载篇目数和次数来看,小说在报纸版面上所占的分量仍在不断提升。

　　3.《大汉公报》登载的小说种类及特点

　　《大汉公报》刊载的小说类型,亦日趋丰富,呈现出多样性。1914 年 8 月至 12 月,标识出的小说类型有短篇小说、侦探小说、滑稽小说、义侠小说、神怪小说等 5 种;1917 年标识出的小说类型有 10 种:侠义小说、惩淫小说、哀艳小说、神鬼小说、哀情小说、警世小说、纪事小说、滑稽小说、新说海、短篇小说;1918 年对于小说的分类更加细化,除了痛时小说、勇武小说、侦探小说、近事小说、艳情小说、义侠小说、庆祝小说、札记小说、新小说等 9 种外,又将短篇小说分为 3 种:家庭短篇、记事短篇、警世短篇;1919 年,标识出的小说类型除了庆祝小说、社会小说、纪实小说、述异小说、新说部、勇武小说、清代轶闻小说、爱国小说、哀情小说、技击小说、近事小说、奇情小说、家庭小说等 13 种外，又有家庭短篇、短篇勇武小说、侠情短篇小说、纪事短篇小说等 4 种。

从其分类来看，主要以内容为标准，但是每次都有短篇小说这一特殊类别。从作品具体情况看，有的分类比较随意，标明"短篇"的小说，篇幅并不短小，往往也要连载数次；而未标明"短篇"的小说，篇幅也比较短小，并不比"短篇小说"篇幅长。如 1919 年 8 月 12 日刊载的勇武小说《高有恒》仅 400 余字，一次载完，同年 1919 年 8 月 2 日刊载的"短篇勇武小说"《小拿破仑》则有十章内容，2 400 余字，连载三期才完毕。《高有恒》乃转载自《神州日报》，原本标"短篇勇武小说"，《大汉公报》的标识就简写为"勇武小说"。这些分类说明，《大汉公报》转载其他报刊的小说种类愈加多样，痛时小说、爱国小说、近事小说、庆祝小说等贴近时代、社会的新小说类型，在娱情遣兴之余，也激励着读者的爱国精神。

1919 年之前，《大汉公报》刊登的小说，无论外国翻译小说还是时事小说、近事小说、新说海、新小说、新说部等，使用的语言都是文言，1919 年，开始出现细微变化，登载了 3 篇白话小说，皆为外国翻译小说：武林魏易译的《美人计》《宝镯记》和未署名的《小拿破仑》。此类风向标显示，受国内新文学运动影响，该报开始有意识地引进白话小说，培养读者新的阅读趣味。

(二) 粤剧班本和白话剧本

中国戏曲成熟于宋元之际，作为一种平民艺术，历来受到普通民众的喜爱。正如蔡元培所言：

> 戏剧之有关风化，人所公认。盖剧中所装点之各种人物，其语言动作，无一不适合世人思想之程度。故舞台之描摹，最

易感人。且我国旧剧中之白口,均为普通语言,听之者绝无隔膜之弊。未受教育之人,因戏剧而受感触者,恒较为敏锐。①

远渡重洋、侨居加国的华工华商,对祖国充满眷恋。他们大多数都来自广东,观看粤剧,就成了消遣闲暇、排解乡愁的主要娱乐方式。随着中国国内白话剧的兴起,加拿大一批华人志士也开始排演爱国剧、时事剧,如《海国凄风》《汪精卫刺杀摄政王》等。在很长一个时期,粤剧和白话剧成了加拿大华埠流行的主要剧种。

1. 粤剧班本

与白话剧的革新相比,粤剧演出剧目基本是因循守旧,许多戏甚至被诟病为淫剧,如《金莲戏叔》《送寒衣》《卖胭脂》《卖马蹄》等。有识之士曾批评道:

> 夫优伶自古不禁,为其能假优孟之衣冠,作社会之良导,以感发其忠孝勇烈之气,而警其奸邪。故善用之,可为社会教育之助,今识此者鲜矣。况而愈下,大长淫风,此而不更,则社会之日即于颓靡,吾未见其能止也。②

由于《大汉公报》负有开发民智、改善华侨社会的责任,除了利用论说、剧话等文学批评形式对戏剧艺术进行引导外,还注重刊载时事班本、新剧本来推动戏剧改良,关心民瘼与国事,并充分发挥报纸"三千毛瑟"的作用,以"班本"作为笔战武器,与国民党的喉舌《新民国报》展开交锋。

班本最初是特指戏班的演出剧本,后来逐步衍变成为剧本的代名词,成为一种写作"文体",涌现出大量仅被当作案头读物的时事班本。所以,在广府地区,"班本"不仅仅指代粤剧戏班的剧本,

---

① 蔡元培:《在北京通俗教育研究会演说词》,《东方杂志》第14卷第4号。
② 阮子蔚:《蓬窗零墨》,《大汉公报》1919年10月13日。

更包括了晚清以后出现的以粤剧班本形式撰写的案头剧本。①

从 1914 年 8 月至 1919 年,《大汉报》共有 35 期刊登 19 部剧本,其中 18 部属于粤剧本,仅 1 部戏属于天然戏(改良戏)。但这些粤剧班本内容丰富,具有时代性、现实性与政治性,乃旧瓶装新酒。其题材可分为社会问题剧、时事政治剧、宣扬《大汉报》与洪门剧、笔战剧等四大类。

(1) 社会问题剧

这类班本涉及的社会问题比较广泛,包括反映连年天灾人祸给粤地百姓带来的痛苦与不幸、中国社会变革引发的教育制度创新对旧社会教育从业者带来的冲击以及劝诫加拿大华人戒烟毒的社会剧。

① 反映粤地灾民苦难的时事惨剧

20 世纪初期,广东频遭兵燹,火灾水灾不断。背井离乡的海外华人非常关心祖国家乡的境况,这些社会问题也成为班本题材。

1914 年 8 月刊载的时事惨剧《灾民泪》反映了粤地百姓饱受盗贼抢掠、兵勇横行与水灾祸害,流离失所、家人失散的惨状,而富人不仁,政府坐视不管。② 同年 10 月,《大汉日报》又连登 2 篇以灾民为题材的班本。其一《班本》题下标明主旨:"灾民惨受苦,拖儿带女呼。倡办善后路,七级胜浮屠。"③该剧一方面继续大声疾呼要赈济灾民,另一方面又呼吁同胞齐心协力,疏浚河道,以绝后患。另外一篇时事班本《妓女脱险》,则叙述了粤地两名妓女火灾中仓皇逃难,又遇兵匪拦路抢劫,最后设法脱险的故事。这些时事班本从点、面等不同的角度描述了乱世灾后粤地触目惊心的惨状,可谓惨怛痛呼,哀民生之多艰,具有强烈的现实主义批判性,发扬

---

① 周丹杰:《晚清报刊中的粤剧班本及其创作群体探考——以〈时事画报〉为主要考察对象》,《中华戏曲》,文化艺术出版社 2019 年版,第 155 页。

② 击秦生:《灾民泪》,《大汉日报》1914 年 8 月 6 日。

③ 砺廷:《班本》,《大汉日报》1914 年 10 月 5 日。

了近代粤讴特有的斗争精神。

② 反映私塾改良、塾师培训的教育问题剧

1905 年,中国废除科举后,各地兴办新式学堂,私塾教育受到一定冲击,从民间到政府,开始了私塾改良运动。民国成立后,教育部发布了整理私塾的政令,重视对塾师的培训和资格检定。塾师须经过一定的培训,达到要求,经考试合格才能执业。此政令颁布后,各地实施情况如何,给私塾教师队伍会造成何种影响?

1917 年,《大汉公报》登载的班本《塾师畏考》就生动地描摹、刻画了广东佛山一个塾师在新政实施后的真实心态。广东佛山遵照教育部命令进行私塾改良,于 1916 年设立县立第一师范讲习所,要求塾师报名赴考师范讲习所,一年毕业,"以为培养小学师资之所"①。剧中这名叫陈辅仁的资深塾师,自称幼承庭训,家道贫寒,不大喜欢新学,看到公布的讲习所章程后,左右为难:

> 倘若是报名迟,仍怀观望。定然是,实行干涉解散、当堂。好一比,那大石,把蟹、责硬。说道是,承上官遵部令要把私塾、改良。想至此,不由人,心中、凄惨,心中、凄惨。〔转二流板〕不知我时运当衰,定然他的逞强。想我等文弱书生,怎能抵抗。若还是投考不录,几咁羞惭;倘若是不理于他,恐遭解散。想到了魁星卷起,托足何方。忍不住珠泪一腔,高声叫喊。〔收板〕怨当年,全不晓,游学东洋。②

这部剧可谓是对民国初年塾师阶层面临制度变化时仓皇应对的真实写照。尾句"怨当年,全不晓,游学东洋",恐不无影射、讥讽之意。因为此年,《大汉公报》正与《新民国报》激烈笔战,《新民国报》记者陈树人曾留学日本,其日本留学经历与文凭曾遭讽刺。

---

① 冼宝干:《民国佛山忠义乡志校注本上》,岳麓书社 2017 年版,第 483 页。
② 大声:《塾师畏考》,《大汉公报》1917 年 4 月 5 日。

③ 劝诫加拿大华人戒烟毒的社会剧

作为加拿大洪门机关报,开启华人民智,关心侨社民生,一直是《大汉报》的重点内容。第一次世界大战后,加拿大经济衰退,工情冷淡,物价飞涨。尽管如此,有些华人却不顾禁令,身染烟毒,不能自拔,或遭罚款,或被监禁数月。该报 1914 年 10 月 6 日刊载的《班本》,就是针对此现象进行规劝。

(2) 时事政治剧

20 世纪初期,第一次世界大战爆发,许多国家卷入其中,国际局势波诡云谲。此期间,积贫积弱的中国内政外交非常复杂。《大汉公报》立足世界,聚焦中国,用多种文体形式表达了自己的关注和立场,班本也是其中之一。该报 1916 年首期登载班本《岁神训诫》。所谓"岁神"又称"太岁",道教称六十甲子各有岁神,每岁轮值,为值年太岁,掌握本岁的人间祸福。该剧以岁神的口吻对前数年中国与世界的整个局势进行了点评,祈祷新春和平、金融稳定,告诫华侨矢勤矢慎,勿被乱党蒙骗。作者署名为"选",推断即该报编辑选青,因该日同版面还刊载了署名为"选""青""强""汉"的四首粤讴,分别题为《初一》《初二》《初三》《初四》,从内容看应为编辑所写。《大汉公报》署名常见有这种将作者名字拆开分署的现象。

1914 年刊载的剧本《张人骏洒泪回京》写第一次世界大战爆发后,日本进攻占领青岛的德国军队,隐居于此的晚清封疆大吏张人骏被迫返京;班本《皇帝梦》写 1915 年袁世凯倒行逆施、妄图称帝事;班本《学生愤殴章宗祥》则生动刻画了 1919 年"五四运动"爱国学生痛打三大卖国贼章宗祥之情形。这三部时事政治剧,体现了《大汉报》对祖国政治形势的密切关注。其中,班本《皇帝梦》的作者是《大汉日报》编辑选青,篇幅较长,连载 11 期,体现出较高的艺术水平。

(3) 宣扬《大汉报》与洪门

《大汉报》除了运用论说等文体宣扬办报宗旨与目的之外,还

以"班本"这一群众喜闻乐见的通俗文体进行宣传。1914 登载的
班本《记者登台》清楚地阐明了《大汉报》的创办宗旨:"问宗旨,持坚
着,民生、人道、弱拯、危扶。开民智,三个字,算不得人群福造,振民
权,伸民气,誓要复我大汉舆图。"然后一一介绍该报各栏目之功用:

> 〔转中板〕"论著"门,春秋褒贬,不论经文、略武。这"时
> 评"斧钺史笔,吓煞了民贼、独夫。"特电"栏,中外寰球,灵通、
> 捷报,有"调查"与"纪载",访员、密布,岂敢糊里、糊涂。"小
> 说"部,振发人思,不啻提神、醒脑。看"谐文"和"杂著",是讽
> 是劝,足作针砭良谟。编成了"学说""史传",令人沉思、往古。
> "谈丛"中,杂俎里,大都是有益、人曹。"滑稽谈"嬉笑甚于怒
> 骂,不可作为捧腹。登舞台,狂歌当哭,聊胜作徒噢、呜呼。或
> "剧本",或"弹词","粤调""南腔","板眼""龙舟",琵琶、曲谱。
> 休小觑,"花调巧语",未必民困、其苏。"文艺"中,包括着诗
> 词、歌赋。最特色,蛇神牛鬼,"丹青"妙手,绘出了尉垒、神荼。
> 庄与谐,别类分门,阅者敢夸、不负。①

报纸栏目内容可谓丰富多样,庄谐兼具,立意高远,皆为褒贬
社会,有益人曹。

新班本《义薄云天》连载 10 期,是《大汉报》较为罕见的长篇班
本。该剧讲述洪日兴、洪日昌去温哥华致公堂祭祀先烈后,拜见诸
位大佬,众人联诗,有人献唱粤讴。剧情主要是歌颂洪门为辛亥革
命、民国成立所做出的贡献,批判袁世凯谋帝制,赞扬黎元洪肯定
洪门贡献、批准洪门建立先烈祠。

(4) 笔战剧

由于政见不同、利益冲突,《大汉公报》与《新民国报》长期笔

---

① 《记者登台》,《大汉日报》1914 年 8 月 19 日。

战,双方都通过报纸媒介,运用不同文体互相攻击,班本也是攻击利器。

20世纪20年代之前,《大汉公报》现存的19部班本中,有7部是为了笔战而作,占了三分之一以上,且主要集中在1917年至1919年。这些作品,除了少量的外来稿源,大多数乃该报编辑创作。这类作品主要是讽刺、抨击加拿大国民党及其党报《新民国报》的编辑、记者,详见本书第五章。

2. 白话剧本

尽管加拿大温哥华、维多利亚两地的白话剧演出风行甚早,也曾经非常兴盛,但《大汉公报》登载的白话剧本甚少。目前所见仅1914年登载过一部反映中国"内国公债"发行、购买情况的白话爱国剧,即新剧本天然戏《内国公债说明书》。

从1914年11月10日至11月13日,《大汉公报》共分4期连载该剧本。所谓天然戏是指"变形的演说",即将宣讲与戏剧相结合,进行社会教育的改良戏剧。编者称该类戏"既非如旧戏之有声有色,亦非如新剧之布景言情,唯暮鼓晨钟,取其发人深省而已"[1]。"内国公债",又称"民三公债",是民国首次成功发行的国内公债,其背景是欧战爆发和对外借款困难,发行事项由特设的"内国公债局"负责。[2] 1914年8月北洋政府发行"内国公债"计划,北京通俗教育委员会仅用一个多月时间就写好了剧本,排练完毕,并于同年9月20日在庆升茶园进行首演,此后又上演了3次。[3]

该剧共分十幕,第一幕为"倡内国公债会之发起",后面第二幕至第九幕以富家翁金家五兄弟对待公债的不同态度及转变为主

---

[1] 章桂升:《天然戏内国公债说明书》,《大汉日报》1914年11月13日。
[2] 刘晓泉:《近代中国内国公债发行研究(1894—1926)》,哈尔滨工程大学出版社2008年版,第82页以下。
[3] 《内国公债天然戏说明书及速记录》,见《提倡内国公债会第二次报告书》,"民国史料丛刊"419册,大象出版社2009年版,第69页。

线,并以劳动者的爱国心作对比。其中第八幕"湖广会大开演说会",实写在湖广馆集合的各界代表宣讲内国公债之好处,并安排有幕外大演说家之演说,以丰富表演形式。该幕集中体现了天然戏为"变形的演说"之特色。最后一幕(第十幕)"实写国民争购公债踊跃之情形",剧情完满结局。上海《申报》曾于 1914 年 10 月 4日、5 日 13 版"剧谈"栏目连载天然戏《内国公债说明书》,不知《大汉日报》是否转载自此报,还是另有资源。

内国公债的发行能否成功,关乎政府信用、国民爱国,也是影响中国独立发展的重大问题。《大汉日报》对此给予紧密关注,1914 年 10 月 1 日头版"论说"栏刊登的就是署名愚的《论第二次内国公债续召之必要》。时隔一个月后,又在文艺副刊登载天然戏《内国公债说明书》。论说与戏剧的紧密结合,形成了互文对照,可见《大汉日报》之良苦用心,意在培养海外侨民的爱国心。

三、文赋类

《大汉公报》还以"谐文""谐谈""一噱录""当头一棒录""文界""杂录""北堂雅颂录"等栏目为载体刊登了许多谐文、杂文、祝词和贺文等。其中谐文数量最多,种类丰富。

(一) 谐文

《大汉公报》文艺副刊最初取名"谐部",就是受《中国日报》等省港报纸影响。《中国日报》的附属刊物《中国旬报》辟"鼓吹录",专刊小品文、歌谣、谐文等。它的宗旨,"是以游戏的笔调,对清廷大加讽刺,并申述革命的主张,很为阅者所爱读。后来省港各报,多仿此而设谐部"①。

《大汉公报》的谐文专栏,登载的文体并不仅限于狭义的"文

---

① 亚穆:《港报副刊考》,转引自王文彬编《中国报纸的副刊》,中国文史出版社 1988年版,第 9 页。

章"，而是包括一切与庄重、严肃相对立的以谐谑为风格的文学。本书重点讨论"谐文""谐谈""一噱录""当头一棒录"等栏目。

以文为戏，追求谐趣是中国古代文学史上一个绵延不断的创作传统。有学者认为：

> 我国文学史上破土而出的俳谐文，实由先秦之讽刺、戏谑歌谣与倡优滑稽言辞而来，在汉魏南北朝时期确立起了与之相应的体制，并随着时代的迁移，逐步铸就了它们应对各种题材的文章结构完形。①

古代的俳谐文，按其不同的俳谐方法，大致可以分为拟体俳谐文、假传类俳谐文、假托鬼神类俳谐文等类型。

所谓拟体俳谐文，就是通过戏拟或者戏仿某种文体，达到诙谐、幽默或者讽刺的效果。一切文体都可以成为它戏仿的对象，尤其是公文体和其他实用文体最常被仿用。"诙谐作家有时喜欢使用或摹仿某种实用文体，而出之以戏谑的内容，通过文体与内容的不协调，营造或增强文章的喜剧效果。"②《大汉公报》登载的拟体俳谐文，仿效的文体有禀词、批词、谢表、檄文、祭文、书、记、说、铭、赋以及广告、章程等。

乾隆年间，"禀已正式成为公开使用的上行文种之一，并归入卷宗"。所谓禀词就是写在禀帖上的请示。③《大汉报》刊登的几篇谐文禀词、批词都与当时中国国内的社会局势、经济、文化、教育等密切相关。

1914 年 8 月广东大水，省港澳救灾公司呈请在广州举办"救

---

① 陈允吉：《论敦煌写本〈王道祭杨筠文〉为一拟体俳谐文》，《复旦学报（社会科学版）》2006 年第 4 期。
② 徐言超：《汉魏六朝诙谐文研究》，复旦大学博士学位论文，2003 年，第 71 页。
③ 刘运国、梁式朋：《公文大辞典》，电子科技大学出版社 1992 年版，第 366 页。

灾善后有奖义会",以 3 个月为期,七成开彩,半成作为办公费,两成半赈灾①,广东都督龙济光开放赌禁,抽取赌饷,祸害百姓。《大汉日报》1914 年 9 月 24 日登载的禀词《戏拟赌魔鼋龟贪等呈请阎王准予在地府开赌禀》就是对这一饮鸩止渴的荒唐行径的讽刺。文中称应将"有奖义会"改为"冇想异会",所云冇想者,"是表示冇思想也,借赌赈灾,直是前门拒虎,后门进狼,稍有思想者必不出此";所云异会者,"是异端之异,借抽赌而办正事,亘古所未闻,环球所未有"。该文后面附有"附批",亦是仿效"批词"文体,对此进行了驳斥。②

1916 年 11 月,黎元洪总统下令广东水灾善后有奖义会停办,指其"是直假慈善之名,行赌博之实,两年以来,流弊滋多"③。1917 年 2 月《大汉公报》连续两期登载拟体谐文对此予以呼应。一篇是《戏拟有奖义会乞免禁闭呈》④,一篇是《戏拟驳斥有奖义会批词》⑤。呈词与批词的对应,增强了讽世、幽默的效果。

其余数篇,《拟被炸冤鬼请阎王严拿乱党禀》是以无辜遭受战乱的冤死鬼口吻对军阀混战、乱党横行进行控诉⑥;《拟女班请不解散禀》是替遭受歧视,被迫解散的粤剧全女班发声⑦;《代半改良私塾先生请免入讲习所禀词》则反映教育新政下,半改良私塾老师面对进讲习所观摩一年的要求逃避的心理。此文抓住"半"字做文章,半改良私塾先生自诩:

① 肇庆市政协文史资料编辑委员会编:《肇庆文史》第 21 辑,2007 年,第 41 页。
② 驾:《戏拟赌魔鼋龟贪等呈请阎王准予在地府开赌禀》,《大汉日报》1914 年 9 月 24 日。
③ 中华民国史事纪要编辑委员会:《中华民国史事纪要初稿 中华民国五年(1916)正月至十二月》,中华民国史料研究中心 1982 年版,第 685 页。
④ 一叶:《戏拟有奖义会乞免禁闭呈》,《大汉公报》1917 年 2 月 9 日。
⑤ 扁舟:《戏拟驳斥有奖义会批词》,《大汉公报》1917 年 2 月 10 日。
⑥ 《拟被炸冤鬼请阎王严拿乱党禀》,《大汉日报》1914 年 12 月 12 日。
⑦ 铁:《拟女班请不解散禀》,《大汉公报》1919 年 2 月 4 日。

半古之人，不过教育后生，半期辄止。比之最优学级，尚
缺一半课程；例之最劣行为，已多一半见解。有时半面，读高
头之讲章；差幸半年，得满门之桃李。此半改良私塾，所由高
挂招牌也。①

这些拟禀词、呈词文体庄严，行文嘲谑，风格诙谐。其内容针
砭现实，生动、真实地反映了当时社会变革中出现的许多现象，立
场、态度大都是积极、进步的，显示了悲天悯人的情怀。

谢表是臣僚感谢皇帝恩惠的文章，《宋代官制辞典》称"凡官员
升迁除授、谪降贬官，至于生日受赐酒醴、封爵追赠等等，均有谢
表"②。《大汉报》登载的《拟新知事谢恩表》写一位复获起用的新
知事，自曝买官、求官之种种丑恶行径，并表示"异日官囊告满，水
源与木本难忘"，充满强烈的讽刺意味。③

檄文，原为军事讨伐发布的文告，《文心雕龙·檄移》称其"震
雷始于曜电，出师先乎威声"④。《大汉公报》登载的拟体檄文，诙
谐风趣者如受鲁褒《钱神论》等影响的《讨金钱檄》⑤、仿骆宾王《讨
武曌檄》作的《为娘子军讨薄情郎檄》⑥，也有针砭现实黑暗者，如
《讨恶侦探文》等。⑦

其仿效祭文之谐文，则一反吊唁祭文怀念逝者、寄托哀思之文
体用途，用来嘲讽、奚落那些虽生犹如已死者，如《吊卖国贼文》《祭
旧总理落箱文》(讽刺中华会馆总理曾石泉)等。⑧

---

① 阿三：《代半改良私塾先生请免入讲习所禀词》，《大汉公报》1919 年 12 月 1 日。
② 龚延明：《宋代官制辞典》，中华书局 1997 年版，第 626 页。
③ 驾：《拟新知事谢恩表》，《大汉日报》1914 年 8 月 15 日。
④ 刘勰：《文心雕龙·檄移》，浙江古籍出版社 2001 年版，第 111 页。
⑤ 鹤鸣：《讨金钱檄》，《大汉日报》1914 年 10 月 22 日。
⑥ 凤：《为娘子军讨薄情郎檄》，《大汉公报》1918 年 5 月 8 日。
⑦ 《讨恶侦探文》，《大汉公报》1914 年 11 月 17 日。
⑧ 《吊卖国贼文》，《大汉公报》1919 年 10 月 24 日；观海：《祭旧总理落箱文》，《大汉公
报》1917 年 8 月 24 日。

此外,《大汉公报》还充斥着戏仿古代书、序、记、说、铭、赋等文体名篇的谐文,如仿李白《春夜宴桃李园序》之《戒游妓院序》、仿陶渊明《桃花源记》之《夜花园记》、仿欧阳修《醉翁亭记》之《枉死城记》、仿周敦颐《爱莲说》之《官瘾说》、仿柳宗元《贺进士王参元失火书》之《贺北京第一舞台失火书》等。尤以仿刘禹锡《陋室铭》者最多,1917 年,《大汉公报》余观海就有五篇此类铭文,或用以笔战,如《大汉公报铭》《会馆铭》;或讽刺社会不良现象,如《烟馆铭》《花酒铭》《娼寨铭》。其他如《伟人议员铭》《局部铭》《梁木铭》等,则讽刺了中国国内争权夺利、欺世盗名之乱象。其中《梁木铭》堪称典型之作,文曰:

> 品不在高,能文则名。计不在深,得钱则灵。斯是梁木,厕板同馨。卖国一心黑,媚洋两眼青。括地赍盗粮,投虎抽壮丁。可以紊三纲,灭八经。是郭开之代表,是张松之现形。押赴断头台,请上剥衣亭。国人云,何酷之有。[①]

文章讽刺那些所谓国家栋梁之木,实则等同于厕板,心地肮脏,祸国殃民,就跟历史上卖国卖主求荣的郭开、张松同一行径,应当被押上断头台,下冥界受苦。

四书五经中的《论语》《孟子》《周易》《春秋》等亦常被仿效。如仿效《周易》卦体的《贼卦》《新钱卦》等,很有特色,一则讽刺贼,另一则讽刺议员靠钱来贿赂运作。

除了以上古文文体之外,效仿新时代之应用文体者亦多。效仿广告者,如《发卖异味私烟之新广告》《卖戒官瘾药粉广告》;效仿章程、规则者,如《戏拟纳妾税新章》《拟官吏函授学校简章》《拟设人面保险公司章程》《特别消防队新章》《戏拟谄媚学校规则》《男女

---

① 苇翁:《梁木铭》,《大汉公报》1917 年 6 月 2 日。

实行平等会简章》等，都是以滑稽之内容消解文体之本来用途与意义。

《大汉报》仿体诙谐文的第二个类别就是假传体。所谓"假传"，指的是：

> 作者在写作的时候借鉴史书当中人物传的描写手法，用拟人的手法，以生活中的器物等作为描写对象，把为人们所用且不具有任何情感的器物当作人来写，同时在文中寄寓了作者一定的创作观念以及人生社会理想的一种文体。①

"假传"文体滥觞于韩愈的《毛颖传》，自其问世后，仿效者甚多，描写对象亦从文房四宝不断扩大为世间诸物。

《大汉公报》登载的此类谐文大都寓有讽刺、批判之意，如《咸水妹传》就是以盐为传主，讥讽当时的民国政府借外债，以盐税为抵押，使得盐政为外国人控制。②《公公传》则批判社会无公可言。该文写传主"公公"生有三子：公理、公德、公法。公理主持公道，却被逼逃至九霄云外，"盖公理之不在人间，自兹始矣"；公德因社会自私，成为对垒之公敌而被排陷，抑郁而死；二子一去一死，唯余三子公法。公法"颇为强者所用"，称"公法乃强者应有之权，优胜劣败，天演之公例"，文末故云"公之见忌于世界上也，久矣"③。

《大汉公报》谐文还有一类文体，即假托鬼神类俳谐文。这种文体通过拟托鬼神来嘲笑、戏谑人生的一些不足与缺憾。在表现手法上：

> 它主要是沿袭了扬雄《逐贫赋》、韩愈《送穷文》、柳宗元

---

① 俞樟华、娄欣星：《古代假传和类传研究》，黑龙江人民出版社 2015 年版，第 3 页。
② 公：《咸水妹传》，《大汉公报》1919 年 5 月 9 日。
③ 《公公传》，《大汉日报》1914 年 12 月 9 日。

《乞巧文》等的构思，凭空臆造出穷鬼、富神等形象，然后以人鬼之间主客问答的形式，将本来严肃、深刻的讽刺主题喜剧化。①

　　谐文《祛睡魔文》《送秋文》《送冯夷吾君远去文》等都属此类。而《拟玉皇大帝任和合二仙为调和南北使者》则对此类文体传统主题有所拓展，关注的是时事政治。1918 年，中国国内的形势是南北政府对峙，出现了"南与南不和，北与北不和，南北复不和"的局面②，各省军阀割据一方，不断混战。社会各界呼吁南北和谈，和平统一。苏督李纯因"坐镇东南，形势便利"，兼之"内得冯氏信任，外有西南之推崇"，遂为各方观瞻所系，被视作南北调和的关键性人物。③ 段系军阀却恨之入骨，与日本签订《中日军事协定》，不惜牺牲国家重大利益，以达其借巨款参战之目的。该文即以玉皇大帝的口吻，对此事进行谴责，以戏谑的笔法嘲讽诸军阀的荒唐、可笑行径：

　　　　本大帝不忍不教而诛，是用主张调和，免生灵再受涂炭。此虽下策，然为息事宁人，故不得不尔。念昔之以和事老称者，实为鲁仲连，唯此人志节高尚，断不肯为今日官吏奔走驰驱。查天国之内，尚有和合二仙等，以异姓之人，而恩如骨肉，此其中已有大过人处；且赋性和易，笑脸迎人，世之夫妻反目，得彼融和者，已难屈指数。今南北之争，其儿戏之状，与床头打交，床尾讲和者无异。若委之以调和之任，行见化玉帛为干戈，南北要人，一团和气矣。中华民国诸大国民，倘不以本大帝之言为河汉，盍试用之，俾观后效。谨修寸楮，伫候覆音。④

----

① 刘成国：《宋代俳谐文研究》，《文学遗产》2009 年第 5 期。
② 《王芝祥致国务院电》(1918 年 1 月 14 日)，《1919 年南北议和资料》(《近代史资料》专刊第一号)，中华书局 1962 年版，第 8 页。
③ 《和战形势之京讯》，上海《民国日报》1917 年 11 月 28 日。
④ 戏：《拟玉皇大帝任和合二仙为调和南北使者》，《大汉公报》1918 年 5 月 2 日。

作者批评南北之争如儿戏，如夫妻打架，鲁仲连都不屑于调停，只能请和合二仙来调停。和合二仙在民间传说中是婚姻和合之神。

(二) 杂文

《大汉公报》杂文数量亦夥，基本每期都登一到两篇。杂文多紧扣社会现实，宣扬进步观点与科学知识，如《论中国妇女缠胸之害》《侨胞当知海上旅行卫生晕船之原因》。用于笔战武器者亦甚多，后面章节会有专文涉及，此不赘述。

(三) 祝词、迎宾词、答谢词

从 1917 年至 1919 年，《大汉公报》常设有"北堂雅颂录"栏目，主要用来刊登加拿大各地致公堂、阅书报社、达权社等成立、周年纪念、庆典的祝词，有时也会先登载一些迎宾词、答谢词，属于一种堂务性的礼仪活动。该栏目取名"北堂雅颂录"，大概是表明要继承《诗经》"雅颂"祝颂纪念之义。这些祝词一般有序文，交代祝贺缘起；正文以四字句为主，语句典雅，节奏和缓。有以团体名义作祝词者，也有个人名义表祝贺的，形式不拘。作为一种应用文，从文学的角度而言，价值可能不大，但是从社会学、历史学的角度来看，为后世研究海外华人社会、美洲致公堂及其附属的社团提供了宝贵的资料。

如 1917 年 12 月，域埠达权社成立周年庆典，先在《大汉公报》发表"答谢来宾词"，随后该报一连十几期都刊登社会各界关于这次活动的祝词；1919 年 12 月下旬，维多利亚致公总堂召开恳亲大会，12 月 22 日先刊登欢迎来宾词，接下来的几期报纸刊登的都是社会各界、美洲其他国家致公堂同人祝词，包括域埠华侨公立学校、美洲金山致公总堂、墨国网自里埠、墨国顺省毛矢右致公堂、美国纽约致公总分堂等机构祝词。

四、说唱文学类

自古以来,广东地区说唱文学发达,屈大均《广东新语》曾记载:

> 粤俗好歌,凡有吉庆,必唱歌以为欢乐……其歌也,辞不必全雅,平仄不必全叶。以俚言土音衬贴之,唱一句或延半刻,曼节长声,自回自复,不肯一往而尽。辞必极其艳,情必极其至,使人喜悦悲酸而不能已已。[1]

发展至近代,其种类主要包括木鱼、龙舟、南音、板眼、粤讴等。作为一家有着鲜明粤文化色彩的华人报纸,《大汉公报》刊登了大量的粤调说唱文学。

与诗词类雅文学相比,这些说唱类俗文学的内容更加广泛、鲜活,成为华人抒发背井离乡之情、讽刺批评现实、表达滑稽幽默的一种得力工具。表3-3是1914年8月至1919年,《大汉公报》登载说唱文学的相关情况统计:

表3-3 1914年8月至1919年《大汉公报》登载说唱文学情况

年　份	粤　讴		南　音		龙　舟		板　眼	
	篇数	期数	篇数	期数	篇数	期数	篇数	期数
1914（8月1日开始）	29	29	3	3	2	2	0	0
1915（该年首期）	0	0	0	0	0	0	0	0
1916（该年首期）	4	4	0	0	0	0	0	0

---

[1]　屈大均:《广东新语》,中华书局1997年版,第358页。

续　表

年　份	粤讴		南　音		龙　舟		板　眼	
	篇数	期数	篇数	期数	篇数	期数	篇数	期数
1917	82	82	2	2	2	4	17	71
1918	95	95	2	9	1	1	1	2
1919	115	115	12	43	2	8	0	0

　　结果显示,《大汉公报》登载的说唱文学主要是粤讴、南音、龙舟和板眼,没有木鱼。其中粤讴是登载篇数和次数最多的,从数据来看,也在逐年增加,所占分量越来越重。

　　粤讴,又名越讴,别称"解心",是以粤言粤乐歌粤事粤物的短调歌体①,纯用广东土语,鲜用典雅辞藻,多为抒发感情而作,叙事简略。可以清唱,也可以合乐。多以琵琶、洞箫、扬琴伴奏,旋律悲凉沉郁,节奏舒缓,很适宜表现春怨秋思、别绪离愁。其字句要求是:

　　　　唱词以七字句为主,间以十字句。单句的格律要求很严,若有一字拗口,平仄韵脚不合,便不成讴;但句与句之间的韵脚要求较宽。每段末了,常用感叹词或代词作呼格,以加强感情色彩。②

　　早期的粤讴作品内容比较狭窄,主要写男女之情,尤其偏重反映妓女的悲惨生活。清末民初,粤讴写作题材与内容有了很大突破,更加贴近现实,关心时事,针砭社会。

---

① 谭元亨:《广府寻根　中国最大的一个移民族群探奥》,广东高等教育出版社2003年版,第336页。
② 叶春生、施爱东:《广东民俗大典》,广东高等教育出版社2010年版,第165页。

与国内粤讴现实主义精神一脉相承,《大汉公报》登载的粤讴,作品题材广泛,有延续传统内容者,如《留春》《又惊秋》《秋残》《沾泥絮》《离别苦》等;有反映赌徒、烟民悲惨生活,劝戒赌、戒抽鸦片者,如《赌徒自叹》《讲起话赌》《睇吓中国近事》等;有写社会变革后,妇女追求自由,向往新生活,反封建礼教束缚者,如《奴要电面》《奴去睇戏》《尼怨》《你禁男女同坐》(为警察禁影戏院男女同坐讴也)等;也有鼓励在加华人积极参加夜校教育者,如《唱之不尽》(半夜学堂)。尤其值得注意的是,大多数作品感时伤乱,哀叹民生,抨击时弊,具有鲜明的讽喻色彩。

民国初期,中国面临着巨大的内忧外患,一方面国内天灾人祸不断,广东水灾频发,百姓流离失所,而军阀为了一己私欲,打着革命旗号,长期割据混战,专制强权,鱼肉百姓;另一方面,世界列强环伺,共谋欺凌中国,非法侵占利益,尤其是日本强迫签订的"二十一条",几令中国陷于亡国境地。《大汉公报》不仅通过报纸最犀利的武器——论说,表达严重关切和强烈主张,还利用粤讴等通俗文学进行呼吁、批判、请命。

20 世纪初,广东水灾频发,《大汉公报》一连发表《奴要刺绣》(刺绣水灾图)、《赈灾》、《好兄弟》(有五千个穷民受惠)等作品,大声呼吁要重视救助灾民,做好善后工作。

面对盗贼横行、战祸连绵、政治势力纷争以及官僚丑态百现的社会、政治现象,《大汉公报》更是登载了大量作品,用来揭露讽刺与批评。许多作品在题下直接点明主旨,如《伤今》(交涉叠起,寇深矣,可奈何)、《唔着吵》(为内乱讴此)、《唔反目》(为南北均派代表会议和平讴也)、《情性不定》(为和议决裂讴也)、《随处劫掳》、《残忍到咁样》(报载湖南兵匪惨劫,种种不法行为,读之令人发指……),等等,不胜枚举。也有讽刺军阀、官僚虚伪贪婪与专制的《捞革命》(安得黄金落满山,赐尽我国伟人皆欢颜)、《谣言》(读陆督军拿办造谣开摊之饬文)、《有乜好争,争做公仆》等。

在抵制日货、声援爱国运动学生方面，粤讴也发挥了其号角与宣传作用。如《又试话抵制》《亡国恨》《由佢簸弄》(簸某国也)、《胶州失》等，批评抵制日货不彻底，痛陈亡国危机，呼吁同胞振刷精神。1919 年"五四运动"爆发后，进步学生被拘禁，《大汉公报》登载了《争啖气》(为拘禁学生讴也)，文曰：

> 争啖气，哭一句同人。你为爱国情深，拚不爱身。今日咁样子情形。旁一个唔动公愤，怪不得你联群一志，去不回轮。唔通我地同人，还未受尽苦困。所以重加磨折，等我地有日舒伸。佢自家但唥分肥，唔晓得人家肉紧。唉，须发奋，大众都难忍。边个系卖国元凶喇，要将佢化骨扬灰，变作纤尘。①

粤讴亦是《大汉公报》笔战的主要武器，在与《新民国报》笔战时，或直接点名攻击，或暗里讽刺，这部分作品也占了相当大的比重，详见本书第五章。

南音，也是一种用广州方言演唱的说唱文学，乃粤剧、粤曲常用曲牌，在吸收外省曲调的基础上而形成。其抒情、叙事兼擅，音乐性比木鱼、龙舟强，便于专业演唱。② 早期主要在文人雅士中流传。南音字句比较文雅，每篇有一故事为主题，故篇幅比粤讴长。其体例为"起首有或短或长的两句，或直用七言句，每奇偶句叶仄平韵，但亦可只于偶句押平声韵，奇句仄声无韵"③。

根据目前所见资料统计，从 1914 年 8 月开始至 1919 年底，《大汉公报》共登载 19 篇南音，分 57 期刊完。其中 13 篇是连载 2 期及以上，最长者《英雌婚约》连载 6 期。即使有的作品当期一次刊完，篇幅也较长，如《国民哭中立》有 800 余字。

---

① 意：《争啖气》，《大汉公报》1919 年 8 月 25 日。
② 谭元亨：《"理论粤军"名著：广府人史纲》，中山大学出版社 2016 年版，第 213 页。
③ 简又文：《广东民间文学概说(下)》，中国曲艺出版社 1981 年版，第 118 页。

这些作品中,有 2 篇与加拿大华人有关:一是 1917 年 12 月 17 日登载署名为观海的南音解心《培英社开幕》,为温哥华培英社(致公堂设立的阅书报社)开幕所作;一是 1914 年 11 月 2 日刊登的署名为达羞的《南音》,抒发远渡重洋、漂泊在加国的华工谋生之难与离乡之苦。其他作品基本是同情中国民生疾苦、反映中国社会变化、鞭挞讽刺中国政坛黑暗之作。

其中妇女题材依然受到关注,如反映底层妇女悲惨命运的《生理婢女》《老妓从良》《掳掠私娼》《柳絮随风》等;也有反映新时代女性追求爱情、婚姻自由的,如《大汉公报》从 1918 年 8 月 19 日至 8 月 26 日连载署名为"缔"的《英雌婚约》。"缔"应即崔通约,因作品中作者自云:"鄙人沧海也曾经,四海交游来到贵境……咁就买舟回沪暂别羊城。"崔通约笔名为沧海,作者履迹也与其相似。此篇南音以当时中国女权运动风云人物沈佩贞的故事为原型进行创作,充分利用了南音便于叙述的长处。剧情婚约里提到的约法三章,表达了新时代女性对于理想婚姻生活的追求:男女平权,共享权利,一夫一妻,体现出时代进步性。①

南音《水灾难》以灾民的口吻,描述广东这几年频发的水灾与兵祸给人民带来的痛苦与不幸:"遭水潦,夹烽烟,今日兵戈来了又遇凶年。生做人民真正命贱。"控诉政府有钱来作战,却无钱治河、疏通水道。

而《商界促和》《索诈清宫》《钱能训主战》《徐娘告退》《穷途短计》《省长争潮》《东堤官宴》等主要是揭露军阀专权、连年内战、派系倾轧、官场腐败现象的时事讽刺之作。《商界促和》刻画了饱受内战之苦的社会商界的真实心态,企图通过不纳税断绝军阀军费,终止战争;《索诈清宫》讽刺军阀试图诈骗逊帝,取得清宫宝物;《钱能训主战》《徐娘告退》《穷途短计》三部作品则主要叙述北洋政府

---

① 缔:《英雌婚约(六续)》,《大汉公报》1918 年 8 月 26 日。

内部徐世昌、段祺瑞的争斗,以夸张谐谑的手法、典型场景的塑造,生动反映了以段祺瑞为首手握军权的主战派之跋扈嚣张,以徐世昌为首手无实权、被人钳制胁迫的主和派之软弱卑微。民国初期,广东政局混乱,省长如走马灯换。《省长争潮》《东堤官宴》两部作品以此为背景,刻画各种势力用尽手段争夺广东省长之位的丑态。

《大汉公报》登载的南音作品中,《高丽人遇雪》《国民哭中立》《黄瞻鸿叹监》等属于爱国题材。报纸特意将《高丽人遇雪》标为"醒世南音",作品讲述高丽亡国后,做了亡国奴的一家高丽人被迫逃亡,长途跋涉,经过俄罗斯,最后得以在中国奉天安居。唇亡齿寒,兔死狐悲,作者以邻国悲惨经历警示中国人万勿做亡国奴。《国民哭中立》可谓长歌当哭,哀诉弱国无外交,受尽欺凌之屈辱:"无能自立遇强梁,其中苦楚怎为他人道。"

《黄瞻鸿叹监》则是以 1919 年"福州黄案事件"为素材进行创作的。1919 年"五四运动"后,福州学生响应抵制日货运动,派代表到福州商会会长黄瞻鸿的恒盛布店调查囤积日货情况,被黄瞻鸿等陷害围殴,并诬告学生为劫匪,当局镇压、逮捕了学生,引起福建和全国人民的坚决抗议。在社会各界抵制压力下,福建督军最后拘押了黄瞻鸿及其兄黄瞻鳌。

《大汉公报》登载的南音作品尽管数量上不如粤讴,但由于其篇幅长,可曲尽人情,发挥其自身优势,内容更深刻。从作品来源看,粤讴的作者数量多,比较分散;而南音 19 部作品,除了未署名者,作者只有 4 位,相对比较集中。

龙舟是来自珠江三角洲民间的口头创作,有自己独特的唱腔,以珠江三角洲一带的民歌如《咸水歌》《渔歌》等曲调为基础,旋律相对稳定。节拍自由,字多腔少,属于只用锣鼓断句的清唱。演唱时以特制的龙舟鼓敲击伴奏,不用乐队。① 龙舟演唱时,因为有锣

---

① 中国曲艺志全国编辑委员会、《中国曲艺志·广东卷》编辑委员会:《中国曲艺志·广东卷》,中国 ISBN 中心出版社 2008 年版,第 231 页。

鼓伴奏,容易引起群众注意,常被用来做宣传。清末民初,出现了所谓"社会龙舟"(或称"政治龙舟"),用来宣扬革命。

1914 年 8 月至 1919 年年底,《大汉公报》共刊登了 7 篇龙舟,分 15 期刊完,都紧贴现实生活,反映诸多社会问题。如控诉兵戈水灾后,奸商居奇抬高米价、官府只顾抽捐剥削百姓的《灾民叹米贵》,批评社会贫富悬殊、不公平,官府不作为的《寒天即景》(富者重裀叠褥,贫者短褐未完),讽刺议员选举作弊的《乡愚投票》等。

板眼,也是广东民间歌谣的一种,其唱腔谐趣幽默、轻松活泼。旋律比较简单,但富有跳跃感,多为丑生、彩旦等行当使用。①1920 年之前,《大汉公报》登载板眼作品主要集中在 1917 年,共登载了 17 部作品,分 71 期载完。其中 15 部作品署名为"斌",1 部作品署名为"父",1 部作品署名为"斌父"。根据《大汉公报》作者署名的习惯,斌、父疑即斌父的略称。也就是说,这些板眼作品大概都是同一个作者,目前尚无法考证出其为何人。

从其发表作品看,擅长粤讴、板眼、小说,而且与《大汉公报》关系比较紧密。这些作品前都冠以"趣致板眼",所谓"趣致",即广州方言中"有趣,逗人喜欢"②之意。作品整体上体现出诙谐幽默的风格,对当时社会形形色色的人物进行了嘲弄、讽刺,单从作品名称就可见其端倪,如《近视佬睇飞机》《神经友睇影画戏》《迷信妇睇相遇骗》《摸窃匪自叹》《落私胎自由女被骗》《壶里糊涂》《大食懒偷笑》《长衫佬办蟹》《大粒烟请折芙蓉城》《箍大蔑买追风膏药》等,对有生理缺陷之近视佬,疯疯癫癫过分敏感者,痴迷封建迷信者,小偷,因私情怀孕想私自打胎的年轻女性,淫医,好吃懒做者,故作风雅、伪作上等人之长衫者,嗜食鸦片之瘾君子等都进行了生动刻画,充满揶揄、嘲讽的意味。

《大汉公报》1918 年刊载了一篇趣致板眼《真屎人与龟公舞嗌

---

① 《端州区曲艺志》编辑组:《肇庆市端州区曲艺志》,1995 年版,第 23 页。
② 《新华方言词典》,商务印书馆 2011 年版,第 777 页。

交》，署名为"挖树"，这是《大汉公报》的一篇笔战文章，讽刺《新民国报》的主笔李公武与记者陈树人。1914 年至 1917 年，《大汉公报》未见刊登板眼，可能此文体较之粤讴、南音，平时运用得较少，故能者少。

五、话体文学批评

《大汉公报》的文艺副刊经常设有"杂俎""谈丛""谈屑""随笔""丛谈"等栏目，登载一些随笔类、漫谈式文章，有的写文人情趣、生活，记录逸闻轶事，如《灯窗琐记》《松坡遗札》等。但其中有一部分是诗话、词话、曲话、联话等话体文学批评资料，值得注意。

所谓话体文学批评，有学者概括其基本特征：

> 就是既有别于传统文学批评中诸如序跋、评点、书信、论诗诗、曲谱、词谱、单篇文章等其他文体，也有别于现代有系统、成体系的文学论著，其主要表现形态为笔记体、随笔型、漫谈式，凡论理、录事、品人、志传、说法、评书、考索、摘句等均或用之，其题名除直接缀以"话"字之外，尤在民国期间往往用"谈""记""丛谈""闲谈""笔谈""枝谈""琐谈""谈丛""随笔""漫笔""卮言""闲评""漫评""杂考""札记""管见""拾隽"等名目，也给人以一种"散"的感觉。①

本书采用这种标准，对《大汉公报》上的话体文学批评资料进行分类介绍、研究。囿于本书结构，为便于叙述，将一部分剧评文章也纳入此部分，和剧话一起进行分析。

（一）诗话、词话

《大汉公报》登载的诗话有 20 余种，除了以"滑稽诗话""谐诗

---

① 黄霖：《应当重视民国话体文学批评的研究》，《复旦学报》2017 年第 2 期。

话"的名称出现外,大都以"诗屑""谈丛""杂俎""新闻屑"等名目出现。这些诗话虽都以文言写作,以旧体诗为谈论对象,但题材多样,关注的对象超出了古人范畴,有许多都是记述近代诗人生平事迹,收录、品评其作品者,体现出了"现代性"。如 1914 年 8 月 17日刊登的《诗话》就是关于近代诗人易顺鼎的事迹。易顺鼎字实甫,又号哭庵,素以诗名,尤好为香艳之作。该诗话讲述民国年间,北京女子敦谊会(家庭教育改良会)为给贫儿院筹款,举办音乐慈善会,入会女士皆为社会名媛、贵妇,易实甫参加该盛会后,又去妓院饮酒听曲,赋诗戏谑之,标题为《四月三拾日,即新历五月廿肆日,观女子音乐慈善会,其夕饮酒听曲,共赋六绝句以纪事》,并付《亚细亚日报》刊登,一时哗然。众女士到报馆兴师问罪,报社最后道歉谢罪,此事乃息。

《大汉日报》1914 年连续两期登署名"亚光"之《诗屑》,共 6 则诗话,其中 2 则是用近人诗句寄寓自己感慨,原文如下:

> 倾轧成风,自古已然,虽曰好胜之心使然,观夫占小善、名一艺者亦不见容于人,排挤不遗余力。读近人刘秋舫句,"纵使红颜真个好,旁人也说是胭脂",可谓于邑。
>
> 余昨岁漫游澳洲,彼都多佳丽。偶忆老兰句,"归舟若许容西子,共看南冥万里山",可谓先得我心之所同然。①

第一则是用刘秋舫《老少年诗》之句表达对社会上倾轧成风的现象的愤慨。第二则是用老兰之诗句抒发游历澳洲之感想。老兰疑即南社成员潘飞声,其别号老兰,早岁游历西欧,晚年侨寓申江。另外四则都是用如杜甫、苏轼、陆游等古人之诗句抒发对时局风气的看法,古为今用。

---

① 亚光:《诗屑》,《大汉日报》1914 年 12 月 9 日、10 日。

《大汉公报》刊登的诗话中，尤值得注意的是旅居美洲的两位文人创作的诗话。一是《大汉报》主笔颜志炎撰写的《辛亥诗话》，一是加拿大维多利亚华侨公校教师林仲坚创作的《诗律卮谈》。

《辛亥诗话》发表于 1917 年首期，诗话开头曰：

> 今届民国六年，而回顾辛亥年时，实有低徊凭吊之感。盖专制之局，终于辛亥；共和之基，始于辛亥。兹选录辛亥时之诗，便知国人对于辛亥年之感情为何如也。①

其选录三位诗人辛亥年之诗作，即南社成员金燕（字翼谋）《辛亥秋日题壁》四首、羽云在美国金门所作《辛亥残年感咏》数首、直志辛亥所作绝句五首。

《诗律卮谈》是《大汉公报》比较少见的长篇、系统性诗话。从 1917 年 7 月 13 日开始登载，至 9 月 8 日结束，连登廿七期。每期文艺副刊的一半版面都是留给这篇诗话，足见编辑部之重视。这部诗话，对诗歌起源、句法、炼字（虚字、实字）、格律、风格、立意等作了全面、深入的阐述。

作者先摆明观点，作说明，再举例阐析。所举诗例，从远古歌谣至晚清诗作都有涉及，包括陶渊明、王维、李白、杜甫、苏轼、汪楣、王士禛、洪昇、查慎行、赵翼、林琴南等诗人之作，尤以杜诗示例最多。林仲坚被加拿大华人视为"著名诗家"，后来又作为华人诗人群的核心人物，对当地华文诗歌的创作、发展，后辈诗人的培养都起到了重要作用。在他即将回国的最后一年，《大汉公报》陆续登载了其关于小说、诗歌创作等方面的理论批评材料，期待对加拿大华文文学的发展作理论上的指引，可谓用心良苦。

相较于诗话，《大汉公报》1920 年之前登载的词话不多，寥寥

---

① 　志炎：《辛亥诗话》，《大汉公报》1917 年 1 月 3 日。

几则。1914 年 10 月 14 日在"杂俎"栏目登载的《词曲考证》,主要考证了《添字昭君怨》《湘妃怨》《遐方怨》《伤春怨》《春云怨》《谪仙怨》等 6 种词牌曲子的来历。此外,1914 年 10 月 16 日"杂俎"栏目登载的 5 则内容,其中 4 则是词话,对《怨朱弦》《怨回鹘》《无愁可解》《归朝欢》词牌、曲牌之来历作了说明。

(二) 联话

加拿大华人爱作对联,报纸常年刊登有奖征联广告,不仅有加拿大本土文学社、游艺社的广告,还有美国金山大埠等地馆社的广告。《大汉公报》也刊登了一些联话。主要包括滑稽联话、佳联赏析、佳联待对、时事讽刺联话等。

滑稽联话延续以往此类联话特点,采用自嘲或他嘲的方式,营造幽默风趣、诙谐讽刺的风格。如 1918 年登载的《滑稽联话》嘲笑历史教员讲汉高祖史事,将刘邦误作刘拜、北谷城山下黄石误写为北郭山下黄石,其友作联嘲之:

> 济城添北郭名山,黄石点头云:此真所谓孺子可教;刘拜为留侯高足,赤帝怒目曰:是焉得称王者之师。①

佳联赏析则以名胜古迹中文人雅士所作之联为主,如介绍广州城观音山五层楼之对联:

> 万劫危楼尚存,问谁摘斗摩星,目空今古;五百年故侯安在,使我凭栏抚剑,泪洒英雄。②

报刊媒体亦利用信息便利优势,开辟佳联待对栏目,引发各地

---

① 《滑稽联话》,《大汉公报》1918 年 8 月 26 日。
② 《联语》,《大汉公报》1919 年 2 月 13 日。

读者兴趣，加强交流与阅读。《大汉日报》1914 年《佳联待对》转录美洲檀香山某报之佳联内容如下：

> 昨有某君，投函檀山某报，所作佳联甚多。惜有未属对者，不能割爱，摘录数比，以实篇幅。某君倘有自行属对，再函告我，自当为之续登。倘有能为之属对者，函告本报，亦即刊之，唯必与原作工力适敌，方不负某君之苦心也。

> 一比无属对者如下：

> 父乞炮，女打炮，子担炮，党魁车大炮，炮响连天。炮屎、炮烟、炮架、炮弹，色色俱齐，谁谓此奴无本领。①

这则征联信息透露出《大汉公报》与檀香山当地的报界联系紧密，互通消息，以促进文学交流。

《大汉公报》联话中最具特色的是关注时事政治的讽刺联话。"谈屑"栏目登载的《政事堂联注》，就总统府勤政殿旁的政事堂楹联进行评点，原文如下：

> 总统府近于勤政殿旁面建筑政事堂。已拟就一十六言楹联云：天视民视，天听民听；人溺已溺，人饥已饥。出比本《泰誓》，对比本《孟子》。《泰誓》者，武王伐殷，师渡孟津时做作也，其曰"天视自我民视，天听自我民听"者，谓天之视听，恒以民之好恶为标准，民所好者，天必佑之；民所恶者，天必诛之。殷纣者，民之所恶者也。已民之所好恶者也，天之必灭殷而兴周，昭昭然矣。总统府政事堂联引此，其殆以殷纣比孙文，以周武自比乎？然而孟子与万章论舜，于居尧之宫逼尧之子是篡也，非天与也，句下亦尝引《泰誓》此二语以明之。总统恒自

---

① 《佳联待对》，《大汉日报》1914 年 9 月 1 日。

谓其位系受之于清太后,不屑提孙文,则此联出比,又是以尧
之子比宣统,以帝舜自比也。比彼比此,都有其恰合之点,大
总统真可谓合舜武为一人,并揖让、征诛为一局者哉!①

此联语讽刺袁世凯借楹联美化自己,丑化孙文,谓其楹联典出
自《尚书·泰誓》《孟子》,乃是以帝舜、周武自比,却忘了二者的行
径——揖让与征诛,是相互矛盾的。故联话结尾反讽道:"比彼比
此,都有其恰合之点,大总统真可谓合舜武为一人,并揖让征诛为
一局者哉!"以彼之矛,攻彼之盾,可谓犀利!

值得注意的是,作者投稿中出现了关注加拿大华人社会政治
的作品。《大汉公报》1919 年登载署名林一多的《联话》共三则:第
一则讽刺前清两广总督周馥督粤时,因政绩劣甚,被送对联登报讽
刺之;第二则记述孙中山 1917 年领导护法运动,在广州成立军政
府,孙任军政府大元帅,后被逼离粤,时人所送对联;第三则写中国
国民党被解散于加拿大之事,文曰:

> 客岁某党被散于加拿大,一时论者吊之,今闻恩蒙再造,
> 亦有联祝之者,联云:民贼纵横,卷土重来侨叫苦;国家危急,
> 死灰未绝祸仍延。②

总之,《大汉公报》登载的联话除了少数与中国政治、时事之类
相关外,大多呈现出浓厚的地域色彩,主要反映粤地风土人情,成
为华人解颐之余的感情寄托。

(三) 曲话、剧话等戏剧批评资料

看戏是 20 世纪早期加拿大华人的重要娱乐活动,在温哥华和

---

① 《政事堂联注》,《大汉日报》1914 年 11 月 19 日。
② 《联话》,《大汉公报》1919 年 9 月 13 日。

维多利亚两地都长期有粤剧戏班驻扎演出，这些戏班还间或到其他各华埠巡演。当地的华人知识分子也组织剧团，进行戏剧革新，排练白话剧演出，宣扬革命、改良侨社。这些活动都丰富了华人的业余娱乐生活。评戏、论戏亦是《大汉公报》所关注的内容。除了在头版论说、时评栏发表了相关论说、时评之外，还在文艺副刊"瀛谈""剧评""琐话""杂录""丛谈""菊部趣评录"等栏目登载了一些戏剧批评资料。

评论内容包括演员表演、剧本编排、道具布置以及观众看戏心理与态度，所论范围主要以中国戏剧为主，但也涉及中西观众看戏态度与环境之对比。品评的伶人主要是在加拿大演出过的女伶。其中最值得关注的剧评是《大汉公报》1917 年登载的窃取轩《加属梨园恨》和品三的续作《忠告排戏者》，共连载 13 期。

1.《加属梨园恨》《忠告排戏者》之评戏、论戏

这两篇剧评作者为挚友，志趣相投，"公余暇暑，兀坐无聊，联袂直抵该院看剧"[1]。品三是读了《加属梨园恨》之后，继起而作《忠告排戏者》。故《大汉公报》以连载的形式，将二者编排，序号相续。《加属梨园恨》主要评价女伶表演，《忠告排戏者》则着眼于剧本编排，在内容上存在紧密的逻辑联系。

《加属梨园恨》起首说明其写作缘起与目的：

> 远游加属，闲览报章，见《金门报》，则有《珠江梨唱录》；上海、北京报，则有《鲍庐谈戏》《天籁轩剧谈》《北京剧界竞争观》《菊影室顾曲谈》《观剧记》，与夫《评笑舞台之〈恨海〉》《燕尘菊影》之记载，并《歌场新月》等等时评，多出报界文人暇暑之笔。足征提倡社会改良之用心，见闻必录之天职也。

> 唯云域两埠，报馆有二：曰大汉报，曰新民国报也。戏院

---

[1] 窃取轩：《加属梨园恨（十一续）》，《大汉公报》1917 年 4 月 2 日。

有四：曰上海戏院、高升戏院、升平戏院、域多利戏院也。班主班名，往过来续，营业主人，幸不缺本者有之，缺数千元者有之，缺万余元者亦有之。生旦净丑，男女包头，屡聘来演者，不下百人。如相思欢、银飞凤之女旦，则年金数千元；金好之女旦，则月金二百七十元；蛇王苏之女旦，月金三百八十元；苏州妹之女旦，月金四百三十元。合中西人氏，除大使廉俸外，凡受食于人者，工值之高，莫如做戏，虽粉墨庸流，而艺已可贵，吾人观剧，亦理当品题也。乃报界诸公，全不褒一辞、贬一字，是为何故？真诚恨事矣。意者，戏云无益，可以不论不议置之乎？抑报存忠厚，自重纸贵乎？不知劝善惩恶者，戏之情；赏善罚恶者，报之责。不赏善，何以顾善者之工良？不伐恶，何以迪恶者之过改？正不美子都，子都亦讶无目矣。此匏庐诸君子，有见及此，不惮叠叠而谈之也。同人旅加，暇读匏庐之谈，窃有取匏庐之意，更愿诸君，共法匏庐之法矣。

作者乃爱好戏曲之人，旅居加拿大后，对加拿大温哥华、维多利亚两大华埠的戏班及演出非常熟悉。因感于美国、中国京沪等地剧谈、剧评风行，而加拿大华文报界却无人品题，故效法匏庐写剧评，赏善罚恶，以期改良华侨社会之风气。

正如论者所言："民初剧评的兴盛一方面源于晚清'花谱'文化的流风遗韵，在品评内容、品评效应、表面动机等方面明显地承袭了晚清的'花谱'创作。"[①]而且，在作者署名方面，也跟清末很多"花谱"创作者一样，"既希望自己在世俗娱乐的圈子里出头露面，过一把瘾；又不愿意舍弃自己在文人士大夫圈子里的高雅身份，不想招致讥弹。使用室名别号就是解决两难、变通的法子"[②]。《加

---

① 张芳：《民国初期戏剧理论研究(1912—1919)》，吉林大学出版社 2013 年版，第 153 页。
② 幺书仪：《晚清戏曲的变革》，人民文学出版社 2006 年版，第 330—331 页。

属梨园恨》的作者就未使用真实姓名,署的是室名"窃取轩"。窃取轩为何人,目前尚未见直接的史料记载。因窃取轩乃《忠告排戏者》作者品三的挚友,故可从品三的交游着手进行考察。

"品三"为何人？根据相关资料,曾旅居加拿大,并在《大汉公报》上发表过诗歌等文学作品的有两位"品三"。

一是朱品三,即朱金裘,广东台山海宴人。清末民初,曾主持广州"九大善堂"之一的"惠行善院"。所谓善堂,虽然是社会慈善机构,但其有赠医、施药、赈灾职能,又聘请省城内外著名中医义诊,为中医临床教学重要场所。① 其叔祖朱钊昌曾创办瑞庆书舍,朱金裘大约于 1913 年来加拿大。② 他与华人名儒维多利亚华侨公校教师朱硕存(国英)、担任过《大汉公报》编辑的陈心存相友善,1917 年至 1920 年曾诗酒交游,往来酬唱。③ 1917 年 4 月在《大汉公报》论说栏发表《中西医源流说》④,1924 年去世,陈心存曾写悼诗《哭故友朱金裘》二首,其一有诗句"从此云城东郭外,荒凉宿草目黄昏",其二云:

> 落拓江湖志未伸,怜君今竟老风尘。一杯已掩泥中玉,十载徒劳海外身。人到穷愁知命薄,谁从道义写天真。回头文酒留连日,独对寒灯愈怆神。⑤

悼诗再次证实了朱品三是 1913 年左右就来了加拿大,主要是在温哥华活动。

另外一位是叶品三,从 1925 年至 1933 年,在《大汉公报》陆续

---

① 刘小斌、郑洪:《岭南医学史(中)》,广东科技出版社 2012 年版,第 575 页。
② 台山海宴朱品三:《寄怀遇文周先生》,《大汉公报》1917 年 6 月 30 日。
③ 硕存:《云城与品三心存君夜饮写兴》,《大汉公报》1920 年 4 月 24 日;朱品三:《奉和硕存兄夜饮写兴》,《大汉公报》1920 年 5 月 5 日。
④ 品三朱金裘:《中西医源流说》,《大汉公报》1917 年 4 月 19 日。
⑤ 陈心存:《哭故友朱金裘》,《大汉公报》1924 年 10 月 31 日。

发表诗歌,1925 年曾为温哥华的首富叶春田(叶生)写过祝寿诗;与同源会成员黄文甫、培英阁书报社职员郑若鲁有文学交游。①

由于生活变动、屡有迁徙等原因,《大汉公报》作者投稿常呈现"井喷式"集中现象,即在某一年或者某几年持续发表作品。根据朱、陈二人作品发表时间线,朱品三为《加属梨园恨》续作者的可能性更大一些。1917 年是他在《大汉公报》发表作品最多的一年,从诗歌、论说到剧评,都有涉猎,而叶品三则是从 1925 年开始发表作品。

笔者推断,所谓窃取轩即朱品三好友陈心存。理由有三:一是朱、陈二人交谊深厚。除了前面提到的《哭故友朱金裘》可证外,《大汉公报》1920 年 4 月 24 日还登载了朱硕存与品三、心存交游唱和诗,描述三人深厚友情。陈心存与朱品三都为台山人,1923 年同时当选为台山余庆堂职员。② 二是朋友与他的唱和中,曾提到其品评伶人之事。1924 年年底,陈心存回国,叶荫予作送别诗二首,诗曰:

> 久作怜香合比邻,骊歌甫听触愁新。品题花谱曾同调,吹聚萍踪若有因。明月清风空属我,苍葭白露想伊人。阳回万象都生色,梦入罗浮脱俗尘。

> 驰骋艺苑早知名,养到文心意自平。喜听吟梅谐翙凤,翻怜折柳啭娇莺。拾年话雨三春梦,一赋停云万里情。故国莼鲈风味好,骚人应结酒诗盟。③

第一首,明确提到了"品题花谱曾同调"。正如前述,这里的品题花谱乃专有名词,即为品题伶人之意,亦即品题梨园花谱。久作

---

① 品三:《无题和黄文甫》,《大汉公报》1929 年 4 月 19 日;叶品三:《送郑若鲁君回国》,《大汉公报》1933 年 11 月 4 日。
② 《台山余庆堂职员名单》,《大汉公报》1923 年 10 月 4 日。
③ 叶荫予:《送陈君心存先生归国》,《大汉公报》1924 年 12 月 26 日。

怜香亦为其关注女伶之意。而窃取轩剧评名为《加属梨园恨》，二者是可以对应的。第二首首句称赞陈心存驰名艺苑，文学造诣深。"喜听吟梅谐翙凤，翻怜折柳啭娇莺"，亦指其品题女伶事。梅、凤或分指林绮梅（苏州妹）、黄小凤，柳啭娇莺乃形容歌喉之动听。

朱硕存在与陈心存、朱品三酬唱诗中称，"吟香有句留鸿爪，兴动云城几度梅"[①]"曲谱梅花正断魂，论文惊动大乾坤"[②]，也应是指陈、朱二人联作剧评之事。

陈心存在《李君石泉以云城写怀见寄爰次原韵以奉答之》中也回忆道：

> 最是牵情同折柳，几时得意复吟花。曲翻金缕知无补，品重连城岂有瑕。

"曲翻金缕""品重连城"亦应是指品题名伶事。伶人一旦得到文人品题，往往声名大噪，身价倍增。此外，陈心存性豪放，淡名利，长期从事报业、教育事业，具备作《加属梨园恨》之条件。

陈心存来加拿大甚早，《大汉日报》1914年便登有他和颜志炎、李淡愚、许鲁门等人的唱和诗。他长期在温哥华从事报业和教育事业，故报刊、书籍浏览甚多，视野开阔。《加属梨园恨》品评之九名女伶，只有一名是维多利亚戏班的，其余八名都是在温哥华戏班演出，这说明作者应是长期住在温哥华。这一条件，陈心存也符合。流连、痴迷戏曲者，多情性之人。朱硕存曾称他潇洒出尘，"功名身外豪怀侠，湖海情深豁俗人"[③]。他亦曾自白："宦迹名心我独

---

① 朱硕存：《云城与品三心存君夜饮写兴》，《大汉公报》1920年4月24日。
② 朱硕存：《夜醉蒙品三心存兄送归有感》，《大汉公报》1920年4月24日。
③ 朱硕存：《送陈心存先生归国》，《大汉公报》1924年12月22日。

无,半生文酒足清娱。风帘雪案吟红豆,驿路河桥忆绿芜。"①

综上所述,窃取轩应为陈心存之室名、别署。其所欲效仿之匏庐,即杨尘因(1889—1961),名道隆,号雪门、烟生,安徽全椒人。著名戏剧评论家,早年留学日本,毕业于早稻田大学,并在日本加入同盟会。后任《申报》副刊等编辑、华东戏曲研究院编剧。他曾在创刊于上海的《中华新报》上发表《匏庐谈戏》,在《民权素》连载《梨香社剧话》,并"裒集其平生所为戏剧文字,名曰《春雨梨花馆丛刊》,内分剧本、剧评、剧话三类,立言决艺,不落空谈"②,是当时著名的戏曲理论家。

《加属梨园恨》共连载七期,以"小传"形式,对相思欢、银飞凤、金好、蛇王苏、苏州妹、赛玉婵、桂花九、赛玉莲、碧霞犀等九位女名伶,从色艺、才情、品格、擅演剧目等方面一一进行品评,此外对演员之姓名、籍贯、年纪、所属戏班等都有涉及。其评价客观、专业,文采斐然,乃早期加拿大华人戏曲评论的重要作品,为我们了解20世纪20年代之前粤剧女伶海外演出、发展情况提供了宝贵资料。

由于封建社会礼教束缚,很长一段时期,粤剧男女同台演戏是被禁止的,演出形式主要是全男班或全女班。1912年,广州才成立了第一个真正的男女班——"共和乐"粤剧戏班。这个戏班由名武生金山润、小武金山茂、女小生东瓜、男小生新沾、男丑水蛇容和豆皮元、女花旦走盘珠和相思欢等担纲。但演出十个月后,就被广州警察厅厅长陈景华下令禁演。③ 关于省港粤剧全女班出现的时间,众说纷纭,有1919年之说,有的则认为最早可追溯到清雍正年间:

---

① 陈心存:《李君石泉以云城写怀见寄爰次原韵以奉答之》,《大汉公报》1928年12月9日。
② 高语罕:《高序》,见谯北、杨尘因:《春雨梨花馆丛刊(第一集)》,民权出版社1917年版,第7页。
③ 徐续:《岭南古今录》,广东人民出版社1992年版,第407页。

　　自清中叶时起广州就有女班演出,而且比男优更受观众的欢迎。只是由于文献的缺失,在此后很长一段时间里,几乎看不到女班活动的足迹。①

　　尽管由于史料阙如,全女班出现的具体时间暂时存疑,但民国后,从艺的女伶大量增加是确凿的,而且有许多女伶远赴南洋、美洲等地演出、学艺,为20世纪20年代中国国内粤剧全女班的鼎盛奠定了坚实基础。

　　根据《加属梨园恨》的记载,广州第一个粤剧男女班的著名女旦相思欢曾于1916年赴加拿大温哥华,在新国民班演戏年余。她演艺成熟,作者称赞之曰:

　　　　女旦中全材也,举凡文戏、武戏,风情戏、夫人戏、小姐戏、丫环戏、贫家戏,无一不能之。虽徐娘半老,丰韵犹存,声线既不有余,板腔仍非不足,尤善于装脚,纤纤莲瓣,直与缠足妇人无异……更以演风情戏为最佳。②

　　其演出剧目《酒楼戏凤》《金莲戏叔》《湖中美》《贵妃醉酒》等,都堪称绝妙。在论者心目中,其文戏堪称当时旦角第一。因其与银飞凤聘金属于最高档位,年数千金,故首作介绍。

　　接下来介绍银飞凤,笔墨不多,只是介绍其能文能武,歌喉无袅娜之音但余韵绕梁,擅演《卖马蹄》《打软鞭》等剧目。

　　在评价女金好、蛇王苏两位女伶时,作者用了对比法,"好则如环之肥,苏则如燕之瘦。好则白口简而文,趣而雅;苏则白口快而捷,利而佞"。认为金好之武戏,可与桂花九比;蛇王苏之文戏,可与相思欢比,可推为相思欢第二人。并着重介绍了蛇王苏的精湛

———————————

① 黄伟、沈有珠:《上海粤剧演出史稿》,中国戏剧出版社2007年版,第125页。
② 窃取轩:《加属梨园恨》,《大汉公报》1917年3月14日。

演技及现场感人效果：

> 唯苏演崔子弑齐君，神情做手之妙，尤不可以言语形容。好演《七贤同眷》，在监牢时，幸儿子金童骤见，叫我地姣儿一句，声泪俱下，大有乐极生悲，苦从中来之况。殊令见者怦动于中也。此二人者，真如铁中之铮铮者矣。醉伶客有赠蛇王苏联句云：歌舞场中，最好神传半面；芙蓉帐里，曾真笑值千金。又诗云：秀骨珊珊总出尘，翻疑飞燕是前身。娇娆婀娜知无匹，傲睐秋波最可人。①

文中未介绍二人之所在戏班。据《大汉公报》相关报道，金好受聘于温哥华国太平班，蛇王苏则受聘于维多利亚祝华年班。粤剧界著名男花旦蛇王苏的有关史料保存较多，但关于女旦蛇王苏的资料却非常少。《加属梨园恨》对女蛇王苏的介绍弥补了这方面的缺憾。

《加属梨园恨》还对当时年龄尚幼的李雪芳、声名鹊起的苏州妹之演艺情况进行了记载与评论，为我们了解这两位日后享誉剧坛，在上海争奇斗艳的著名花旦的成长过程提供了珍贵史料。

粤剧著名的四大女班——"群芳艳影""镜花影""金钗铎"和"琼花艳影"——的台柱花旦李雪芳、苏州妹、张淑勤、黄小凤等都曾于20世纪初在加拿大演出。这段经历为四位女伶日后的演艺发展奠定了重要基础，但囿于所见史料，研究者甚少留意。因张淑勤与黄小凤来加拿大演出的时间要晚于《加属梨园恨》的发表时间，故该文未予论及。

作为"群芳艳影"的正印花旦，李雪芳1919年赴上海演出时，盛况空前，甚至有"北梅南雪"之说，被视为能够比肩梅兰芳。但关

---

① 窃取轩：《加属梨园恨（续昨）》，《大汉公报》1917年3月15日。

于她早年的资料却甚少。有研究者在对粤剧"全女班"重要史实进行质疑和梳理时,专门梳理了李雪芳、苏州妹的史料,并作如下论断:

> "群芳艳影""镜花影""金钗铎"和"琼花艳影"是1920年代最有影响的粤剧四大女班。而李雪芳和苏州妹则是早期粤剧"全女班"当仁不让的头牌,她们二人的舞台影响力,在一两年间迅速地从省港辐射至上海,以及后来扩展到海外,其中尤以李雪芳为最。①

这段论述需要修正的是,李雪芳和苏州妹是在海外学艺成名后,再返回省港发展的,进而将舞台影响力辐射至上海,然后又赴海外发展。研究者囿于史料所见,没有发现两位女伶20世纪初在海外演出的记录,故对其演艺踪迹的描述有误。如其关于李雪芳的介绍:

> 李雪芳到加拿大演出的记载,最早见于1920年代初期,李雪芳(疑当时已是正印花旦)以"醒侨班"的名义,和牡丹苏、白蛇莲等在温哥华和维多利亚等地演出了《瑶池醉舞》《龙宫斗法》《夕阳红泪》等剧目。在此之前,并未见有李雪芳在加拿大的演出记录(或因为次要角色)。②

其实,1917年《大汉公报》登载的《加属梨园恨》,文内已经提到了李雪芳在加拿大演出、学艺的经历。该文在介绍赛玉蝉时写道:

---

① 胡叠:《对粤剧"全女班"重要史实的质疑和梳理》,《中国戏曲学院学报》2020年第1期。
② 同上。

黄蓉镜,小字日初,化号赛玉蝉也。才非咏絮,字识之无。
师从曲部,艺操梨园。留声机筒,有其遗音,歌喉之妙,不言可
知矣。民国四年,就聘本埠庆丰年班,亦学而已。唯其聪明天
授,声入心海,每点一戏,素未习知者,先学数日,便可出台。
至登台谱演,无不入神入妙……然已来本埠做戏,方学戏者多
矣。求与玉蝉之速进步而并驾齐驱者,唯有李雪芳。①

文中提到赛玉蝉擅演大戏《春娥教子》《里奚会妻》《翠云吊
影》,详细分析其精彩处,其后附有《咏玉蝉》诗。该剧评为何未对
李雪芳作专门介绍? 由于目前所见材料少,理由无从得知。但很
有可能是当时李尚年幼,未独挑大梁。此外,在《大汉公报》1915
年 7 月 24 日刊登的本埠新闻《请解囊看戏助赈》中,列出了担当义
演的演员名单,其中武生为培均光,女旦是赛玉蝉、雪芳、碧霞犀。
此处的雪芳应即李雪芳,武生培均光即架子培,教李雪芳学戏的师
傅。粤剧老艺人雪影鸾(架子培之女)在《粤剧口述历史调查报告》
曾谈到,李雪芳生于 1903 年,14 岁时曾随谊父架子培到加拿大温
哥华演出。按照《加属梨园恨》和《大汉公报》的这条记载,李雪芳
到加拿大演出的时间要早于 1917 年,至迟在 1915 年。

在《加属梨园恨》最后部分,还专门介绍了碧霞犀:

碧霞犀,优界女伶中之最能通情达理,认真守职,不弃责
任者也。民国三年,聘演在国太平班。初登舞台,艺甚平常
耳。唯其专心好学,日进月异,精益求精,自三年十月登台,五
年十一月回国,剧场中之文武戏,俱有可观。苦情戏更妙。②

这条评论印证了李雪芳确实在加拿大与赛玉蝉、碧霞犀同时

① 窃取轩:《加属梨园恨(三续)》,《大汉公报》1917 年 3 月 19 日。
② 窃取轩:《加属梨园恨(十二续)》,《大汉公报》1917 年 4 月 3 日。

演出。三人都处于学戏阶段，同在义演时担任过女旦。李雪芳何时离开加拿大回国，目前尚未得知。

苏州妹，即林绮梅，广东番禺人。20 世纪 20 年代成为镜花影台柱旦角，名扬上海，与李雪芳有"梅李争春"之誉。其生平资料亦极少，《加属梨园恨》生动描述了其早年在加拿大演出时的真实状态。作者先是介绍其家乡及年龄，称赞其才艺，文曰：

> 苏州妹，系出西河，桃根侧产。小家碧玉，小姑无郎也。及笄之年，今增其五。十八来云（按，指云哥华埠，现译为温哥华），献艺于国太平班，果是闭月容华，歌喉秀曼，有此天赋之厚，更从做手关目传神处讲求，无难力争上游，为优界女伶中之卓者也。

然后又对其恃才傲物、任性的性格表示惋惜，并记录了观赏者的咏诗和联句：

> 惜也，聪明误用，自恃太过。或因小故而全班不睦，或因负气而动不登台，旷职弗顾，东人气煞。唯子喉好，生喉好，声色见长，以唱为工，能令顾曲周郎，乐听不倦，赋诗不置也。诗云："梨园优界苏州妹，疑是广寒被谪来。莲舌樱唇谁得似，花颜蓉面独占魁。丰姿袅娜含娇媚，声调清脆妙剪裁。最好反串这一曲，悠扬余韵满楼台。"又句云："剧场快睹苏州妹，果似太真再世来。虽唱生喉能与匹，我推女貌独占魁。怡情歌曲原新妙，夺目绣裳合度裁。可掬笑容为婀娜，移人最是此登台。"醉伶客又联句云："有时效楚舞秦歌，声容第一；设身处花前月下，袅娜无双。"①

---

① 窃取轩：《加属梨园恨（再续）》，《大汉公报》1917 年 3 月 16 日。

据此文,苏州妹生于 1897 年,1917 年届 20 岁,1915 年来温哥华,献艺于国太平班。据此推算要比李雪芳大 6 岁左右。其演艺已很成熟,当时身价已高于金好和蛇王苏等名旦。维多利亚华侨公校教师李淡愚曾为温哥华苏州酒楼撰写对联:

> 苏州妹称一个绝代佳人,有时眼去眉来,侑酒鸣琴,南京南词成绝调;
> 州府客有多数著名豪侠,记得茶余酒后,联盟立会,中国中兴第一功。①

可见当时苏州妹已经享誉加拿大华人剧坛。后世有论者曾误以为联中苏州妹指李雪芳,误矣。这段海外经历就很好地解答了先前研究存在的困惑,前述研究者曾结合香港太平戏院的相关史料,对苏州妹 20 世纪 20 年代赴上海之前的演艺经历作过推论,并提出质疑:

> 1920 年左右,太平戏院亦拥有两个全女班,分别是"太平艳影"和"镜花影"。据太平戏院第三代主人源碧福所述,"镜花影"的台柱苏州妹是其祖父、太平戏院创始人源杏翘亲自到省城聘请来港组班的。② 这个说法如果准确,那么,苏州妹在"镜花影"任正印花旦之前,应是在广州演出。但这一说法,又不免和陈非侬所言,"民国八年前,粤剧艺人全是男性"的说法相背离。从情理推之,苏州妹如果当时没有相当的艺术水平或名气影响,又怎能引来大资本家的组班邀约?而 1920 年代左右,省港报刊业发达,许多重要的粤剧演出都会通过报刊进

---

① 黄天冒:《对联故事拾趣》,岭南美术出版社 1990 年版,第 120 页。
② 容世诚:《戏园红船影画——源氏珍藏"太平戏院文物"研究》,香港文化博物馆 2015 年版,第 111 页。

行广告宣传,但事实上是,在 1920 年之前,没有任何关于苏州妹的演出记载。历史研究中,"实物为重、典籍次之、推类又次之",因此,源氏后人的口述,只能留存备查。①

据前所述,可知 20 世纪初《大汉公报》有关于苏州妹的海外演出记载。那么离开加拿大温哥华后,被聘请去香港太平戏院之前,这中间的一段时间里,苏州妹又在哪里发展呢?上述论者称 1920 年之前,省港报刊都未见有任何关于苏州妹的演出记载,但《大汉公报》1919 年"丛谈"栏目有对苏州妹演出的记载与评论,填补了这个空白。文曰:

前有往西关戏院,观苏州妹演吊秋喜剧。初时满拟观者必多,不知及入场时,座客不及三分之一。尚以为时间太早耳,直至终场,而人数尚不加多。则真觉耳闻不如目见,天下事大抵如斯也。夫以妹伶之声价,誉之者动辄以卖座一空,为其有声有色之铁证。乃曾几何时,冷淡若此。岂天时人事之不齐,抑亦有今昔盛衰之感耶?记者最不主张此等过情之誉,若其色艺诚有可观,则虽无人过问,亦不失为好角。苟不然,则虽趋炎附势者,纷至沓来,亦未足使不舞之鹤,顿增声价也。唯是夕观妹伶所饰之秋喜,始终并无动人之处,只有处处矜持作态耳。声线本不甚高,白口又复少顿挫抑扬之致,仅差强人意者。颇似雏妓初出接客,尚存些小羞涩态耳,除外则未见有若何特色耳。至于衣服之妖冶,电灯之装饰,斯真俗不可耐,无批评之价值矣。②

---

① 胡叠:《对粤剧"全女班"重要史实的质疑和梳理》,《中国戏曲学院学报》2020 年第 1 期。
② 真:《评苏州妹之吊秋喜剧》,《大汉公报》1919 年 4 月 3 日。

　　文中苏州妹的表演场所西关戏院,位于广州西关多宝桥外河边,乃清末光绪年间仿上海戏院修建。① 近代演剧场所取名为"西关戏院"者,还有 1925 年建于广西南宁者。由此可知,1919 年,苏州妹显系在广州演出,当时已经盛名在外。作者评论持贬斥之意,主要认为其被过誉而名不副实。至此,20 世纪初至 20 年代初期,苏州妹的演出经历就比较清晰了:加拿大—广州—香港—上海。

　　诸女伶中,《加属梨园恨》对朱桂九的介绍最为详细,因其颇具特色。文曰:

　　　　朱桂九即桂花九,新会丹灶人。父箕庆,经商南洋,南洋土生也。善音律,娴武艺,优界女伶中之最好洋琴者。曾就聘新国民班,武戏能,文戏亦能。以言武戏,《大闹飞鹅洞》,全用九色真军器,对仗拆架,最难能也,功夫稍疏者,不敢为之,桂九则以之为首本。《淫鼠戏贞娘》,文也,桂九去贞娘,见淫鼠相戏时,演触动春心之神情做手,形容毕肖,真能文,又能武也。不但此也,又《杜十娘之怒沉八宝箱》,至船泊瓜洲江口,对月散闷,演耍洋琴。始则双竹背琴而操,歌《一匹绸》;再则双竹正琴而操,歌《客途秋恨》;三则单竹打琴,单手打板,歌《岭南即事》、何惠群著之《叹五更》《客途秋恨》,一千一百余字之多。以《叹五更》,四百六十六字之多,皆能字字行行,一句不紊。更夹来檀板,不疾不徐;打起洋琴,有声有色。正李颀诗云:言迟更速皆应手,将往复还如有情。世之所谓打洋琴,而拨三两下,唱四五句者,何敢望其项背也。真令听者倾耳,闻者爽心矣。并未沉宝之先,自恨双眸不炯,李甲不仁。甲面向杜,杜忽然喜;甲背向杜,杜忽然悲。乍喜乍悲,诈喜真悲,三喜三悲,曲写贤妇从夫,以顺为正之道,与徒唱几句为好戏,

---

① 　黄佛颐撰,钟文点校:《广州城坊志》,暨南大学出版社 1994 年版,第 316 页。

不知戏情、不明戏理者,不啻天壤云泥之别,间能于此剧中,应有之趣味,惟妙惟肖者,舍桂九其谁?惜到数月,未满聘期,竟散班回国,恰比黄鹤一去,不把徽弦常拂,以遂周郎爱顾之意耳。踵后,或有胜于桂九者乎?吾正拭目以俟之。看演杜娘咏句云:联朋看剧破无聊,静听琴音百感消。恨遇杜娘人不淑,怒沉八宝咽江潮。又咏桂九句云:衡评月旦品琼花,武艺擅长自可嘉。最好瑶琴传艳曲,悠扬声调总无瑕。①

全文 600 余字,不仅交代了桂花九之籍贯、家世,还对其最擅长的武戏《大闹飞鹅洞》,文戏《淫鼠戏贞娘》《杜十娘之怒沉八宝箱》等剧目演出实况进行了精彩生动的描述,宛如眼前。值得注意的是,该文还原了当时粤剧演出与广府说唱文学如南音《客途秋恨》《叹五更》等有机结合的情景,从中可见传统剧目之创新性和时代性。桂花九回国后发展如何?笔者目前所见资料似都无记载。如此出色的一位名伶,幸赖此文保存史料,使其不至湮没无迹。

此外,《加属梨园恨》还对温哥华庆丰年班所聘女旦赛玉莲进行了品评。文曰:

赛玉莲,庆丰年班聘来之女旦也。年逾花信,貌仅中人,声调寻常,艺学颇可,唯工狐媚,善冶容,演《贵妃醉酒》《金莲戏叔》《棠姜通齐君》种种妖冶艳剧,皆有可观。②

《加属梨园恨》之品评,涉及温哥华三个戏班:国太平班、新国民班、庆丰年班;维多利亚一个戏班:祝华年班。这与当时两埠华人戏班的演出情况是相符的。20 世纪初,温哥华取代维多利亚成为加拿大最大的华埠,曾出现过四个华人戏院:国太平戏院、上海

---

① 窃取轩:《加属梨园恨(四续)》,《大汉公报》1917 年 3 月 20 日。
② 品三:《加属梨园恨(十一续)》,《大汉公报》1917 年 4 月 1 日。

戏院、高升戏院、升平戏院,而维多利亚只有 1 个戏院。品评顺序
从身价最高、资历最深的相思欢开始,至资历最浅的碧霞犀结束,
作者是经过思索安排的,比较公允。品评的内容受清代品题花谱
影响,但对象与趣味发生了变化,由过去的男伶转为女伶,不再有
狎邪、戏弄的意味,而是注重艺人的学习主动性、表演时情感的投
入度、技艺的高超等。总之,是一篇不可多得的剧评精品。

品三续作的《忠告排戏者》共连载六期(从五续至十续),文章
起首曰:

> 读窃取轩剧评《加属梨园恨》,正法春秋寓褒贬之意,华衮
> 含斧钺之严,深合乎鲍庐谈戏之旨矣。至评之是非,恨之当
> 否,我可不辩。我唯愿梨园之名,更思梨园之义,尤有感于戏
> 之为戏,不顾名不思义,而忠告于排戏者焉。①

接下来述梨园、优界之得名,戏曲之由来演变,提出要向宋朝
学习,精于戏,要有益世道风化。此剧评所作背景是广东省省长朱
庆澜推行改良戏曲,禁演妖冶启淫之戏,唯准演英雄节烈戏。作者
认为英烈戏亦为历史戏,并提出历史剧本创作的原则:

> 唯演历史之戏,定要事据历史,而串以情中应有之过场,
> 令观者生古人后,思古人事,知过去之英俊豪杰,若者流芳百
> 世,若者遗臭万年,如写如绘于舞台之上。是睇古戏者,如读
> 稽古书,方有裨益于社会之法古、人群之进化也。②

第六续至第十续针对《朱买臣》《梁山伯》《汉武帝重见李夫人》
《昭君出塞》《苏武牧羊》《邹衍下狱》(《六月飞霜》)等英烈戏,提出

---

① 品三:《忠告排戏者》,《大汉公报》1917 年 3 月 24 日。
② 同上。

剧本改良的具体意见。就历史剧而言，其观点颇有可取之处，如批评《昭君出塞》《苏武牧羊》之排戏者罔顾基本史实，居然把苏武和王昭君放在同一个时期，编撰"进昭君，赎苏武之剧情"，其文曰：

> 苏武，汉武帝三十五年出使，至昭帝始元元年回国。王昭君，元帝二年出塞，由武帝、昭帝而宣帝、元帝，是昭君与苏武，相去四皇帝。武帝五十四年，昭帝十三年。宣帝二十五年，元帝十六年，核计武帝三十五年而至元帝二年，出塞与回国之日，相隔有四十年。乃前排是戏者，以毛延寿贬逃匈奴，心怀不德，进昭君之容图于单于，单于强索昭君。元帝是命刘文龙进昭君，赎苏武。殊令见者非笑矣。况汉史已肆延寿于市，胡妇原非猩女。此剧即当改良，忠告排戏者。①

但是对于像《梁山伯》这样的民间传说戏，其观点就有方凿圆枘之嫌，把传说等同于历史，视文学为实录，否定虚构和浪漫想象。其文引鄞县马廉隅卿著《传》，把传说坐实。先介绍梁山伯登门拜访祝英台后，故事之发展：

> 山伯慕英清白，归告父母求婚，英台已许字马鄞城，婚事不遂，父母惜之。山伯叹曰：男儿生当封侯，死当庙食，区区者，不足论也。后文帝举贤良，郡以山伯对，诏为鄞令。

然后批评排戏者将梁山伯形象塑造得很失败：

> 按，男儿生当封侯，死当庙食，区区不足论之言，可想见山伯为人，伟然男子，圣贤自任，不纳于邪。杭州三年习学，不知

---

① 品三：《忠告排戏者》，《大汉公报》1917 年 3 月 30 日。

> 英台是女者,信其有之,乃演是戏者,有吞书毙命一场,实枉屈
> 山伯英雄慷慨矣。夫吞书致死,登徒子当且不为,何况山伯
> 乎? 观此隅卿传,是剧当改良,忠告排戏者。①

在作者看来,为情所死,非英雄之举,连登徒子都不如。这样
的情节有损其伟男子形象,建议改良。结合其文首创作主旨:让
观众看古戏者,如读稽古书,有益于社会法古、人群进化,作者这样
的观点就不让读者觉得奇怪了。其用心虽好,但主张未必正确。

2. 其余剧评资料

1919 年 6 月,张淑勤合约期满,将回国,《大汉公报》"菊部趣
评录"栏目登载《赠张淑芹女士》,序文称其"海国驰名,久为阅者所
称许"。赞曰:

> 淑芹女士,优界之良。声色兼备,神情巧装。悲欢离合,慷
> 慨激昂。喜怒哀乐,落落大方。《癫妇寻子》,是其首本;割肉奉
> 姑,是其擅长。有梁夫人击鼓之威武,有谢道韫咏絮之文章。②

这条材料提供了张淑勤演出曲目的一些情况,对其演出魅力
作了具体描述。据史料,张淑勤离开加拿大后,1920 年就赴上海
进行演出,被誉为"全粤第一女花旦",成为金钗铎全女班的正印花
旦。加拿大的这段经历无疑为其演艺生涯助力不少。

《大汉公报》一直关注戏剧对社会道德建设之影响。1919 年,
在粤剧演出繁荣、女伶声价奇高的情形下,"琐话"栏目登载《蓬窗
零墨》,批评年来女伶声价高,在于其风流本性及淫荡戏表演。认
为优伶要继承优孟衣冠的传统,作社会之良导,社会教育之辅

---

① 品三:《忠告排戏者》,《大汉公报》1917 年 3 月 27 日。
② 洪人:《赠张淑芹女士》,《大汉公报》1919 年 6 月 6 日。

助。① 同年开辟"新道德论丛"栏目，刊登《看戏》：

> 西洋之戏场，尤为整肃。入其场者，皆敦礼仪，而无取厌之举动。伦敦巴黎、柏林之有名剧场，入观者常数千人，接近舞台之人，身着礼服，肃然不怠。官吏平人，既入座者，见有淑女名士入，即侧身让之。而当开幕演技之时，数千观客，齐沉默，无喧言哗语者。出入之人，谨身局促，唯恐妨他人之视线，扰他人之听机。演技之时，无敢饮酒谈话者。盖其国俳优之品位甚高，学问甚深，技艺甚精巧，无卑鄙下流之习气。②

这也是该报首次刊登专篇谈论观剧礼仪之文，该文虽未对中国观剧之不良习气直接进行批评，但春秋褒贬之义昭然可见。尽管将西方观剧之良好氛围，归因为其国俳优之高品位、深学问、精巧技艺，似嫌片面，但重视观剧之礼仪，对提高戏剧及演员地位是有裨益的。

《大汉公报》主要关注粤剧发展，但京剧名角梅兰芳的演出及履迹亦被报道。1919 年"杂录"栏目转载了上海《时事新报》登载的《品评梅兰芳》，评论梅兰芳在日本的演出，对其妆容、布景、舞台技巧等进行了点评。③

第三节　《大汉公报》其他版面
文艺资料研究

《大汉公报》头版登载的论说，文艺副刊登载的班本、咏剧诗等

---

① 阮子蔚：《蓬窗零墨》，《大汉公报》1919 年 10 月 13 日。
② 丁福保：《看戏》，《大汉公报》1919 年 5 月 3 日。
③ 《品评梅兰芳》，《大汉公报》1919 年 9 月 27 日。

为我们提供了加拿大华文戏剧产生、发展以及接受情况等史料。但是,若要全面、充分了解其传播与接受情况,还须依赖其他版面登载的戏剧演出广告与报道等材料。

一、戏剧演出广告与报道

李东海《加拿大华侨史》曾指出:"加拿大侨胞对打'工夫'(国技)及唱'班本'(戏曲),百年以来此风甚为流行。"并分析其原因:"虽此道与健身自卫及娱乐有关,但笔者以为与咸丰年间会党小武李文茂之渊源更深。"①《大汉公报》登载的这方面资料非常丰富,可谓宝库。

戏剧的传播接受主要涉及剧本、表演、观众、批评家、戏班主人等多个层面,还涉及"各种声腔剧种的传播与交流,多种演剧形态和场所的竞争与交流,多种传播方式的兴替与共存"②。其中,剧本与表演的传播属于戏剧本体的传播,余者属于外延信息的传播。

(一) 戏剧本体的传播

《大汉公报》作为一种纸质大众传播媒介,对戏剧本体的传播主要体现在两个方面:一是登载剧本、介绍剧目;二是反映戏剧的表演传播现象。关于剧本登载情况,已经在文艺副刊部分作过介绍与阐述。下面主要阐析其他版面的戏剧演出广告、剧目报道与介绍以及其他反映华文戏剧表演传播的内容。

1. 中国剧目在加拿大的演出情况

《大汉公报》文艺副刊登载的班本皆为时事班本,大都未被搬上舞台,仅以文本形式加以传播。其他版面的演出广告与报道则对当时舞台表演的剧目进行了真实反映。19 世纪末 20 世纪初,在加拿大上演的中国剧目主要分为粤剧和白话剧两类。

① 李东海:《加拿大华侨史》,加拿大自由出版社 1967 年版,第 67 页。
② 赵山林:《中国戏曲传播接受史》,上海人民出版社 2008 年版,第 1 页。

① 1920 年之前演出的粤剧剧目

由于部分材料散佚,我们无法全面了解 20 世纪 20 年代之前在加演出的粤剧剧目。不过,除了文艺副刊上文学评论透露了一些剧目信息之外,《大汉公报》其他版面的戏曲广告和文艺演出报道,亦留存有部分资料。

1914 年 8 月至 12 月,《大汉日报》未见刊登此类资料。1915 年至 1917 年 1 月,主要是"本埠新闻""加属新闻"等栏目在报道戏班赈灾义演、重要节假日演出消息等,没有戏班在报纸正张专门刊登演出广告。1915 年至 1917 年报道中的剧目等情况统计如表 3 - 4:

表 3 - 4　1915 年至 1917 年《大汉公报》报道中的剧目情况

戏班名称	演出时间	演出地点	演出剧目	演出目的	演　员
琼天乐班	1915 年 5 月	维多利亚	《英雄大会》《进琼花》	为致公总堂陈近南先生纪念日祝庆	小武:英雄秋、荣德;女旦:雪芳、白蛇苏;小生:德泮、树成;扎脚胜、嫦娥满等
优界联合	1915 年 7 月	温哥华国太平戏院	《四美跳花鼓》《六美闹洞房》《石狮流血泪》《拯救乱中人》	演剧筹款,资助赈济广东水火灾民	武生:培均光小武:荣光保小生:辉杞、贤顺、奕流总生:富泮田大花:肥元男丑:恒法俭男丑:树庄、文祥、奇彬槐女旦:赛玉蝉、雪芳、碧霞犀
	1916 年 4 月		《三英战吕布》《王允献貂蝉》《凤仪亭诉苦》	资助优界社员吴贤医费	

续　表

戏班名称	演出时间	演出地点	演出剧目	演出目的	演　员
国太平班	1916年2月	温哥华国太平戏院	《喜出望外》《纱衫大送子》《荷池影美》《断桥追夫》	商业演出	女旦：金好等
			《蝶恋花》	免费送戏，以表感谢	
	1916年2月	温哥华升平戏院	《蔡中兴建造洛阳桥》《仕林祭塔》	商业演出	
庆丰年班	1916年2月	温哥华高升戏院	《酒楼戏凤》	商业演出	女伶赛玉莲
祝华年班与维多利亚优界联合	1916年4月	维多利亚华人戏院	《仕林祭塔》《柴房相会》	为致公总堂陈近南先生纪念日志庆	蛇王苏、扎脚胜、李英、关锡、蔡龙、谢智、白蛇苏等
瑞丰年、国太平合班	1916年12月	温哥华皇家戏院	《荷池影美》《汉武帝重见李夫人》《金莲戏叔》	商业演出	女伶蛇王苏
	1917年1月		《五代同堂》《荷池影美》		
永康年班	1917年1月	升平戏院	《五代荣封》《牡丹被贬江南》	商业演出	

　　表3-4显示，20余个演出剧目中，《荷池影美》《仕林祭塔》是演出两次以上的经典剧目，其他许多剧目则多是应年节、庆典等场合而演。《酒楼戏凤》《金莲戏叔》既是常见剧目，亦被视为淫戏，遭人诟病。维多利亚、温哥华的戏班通过优界社平台曾几次联手演出，或赈灾，或堂庆等。

从 1918 年 9 月 3 日至 1919 年 4 月 12 日,常驻温哥华的祝升平班在《大汉公报》长期刊登演出广告,为我们提供了珍贵的剧目史料。此期间除了受西班牙疫情影响停刊一个月之外,前后共 6 个多月时间,登载了 140 余次演出广告,共 153 个剧目。

其演出广告刊登的剧目主要包括三类:正本戏、成套戏与出头戏。所谓正本戏,即整本戏、全本戏,"其情事联串,足演一日之长"①。其故事完整、头尾齐备,一般多为武生、小武担纲的历史戏。加拿大的粤剧演出,一般在特殊日子才会安排日场演出,如农历正月初一至初五、赈灾演出、致公堂重要活动等,其他日子都是只有夜场演出。

成套戏,最初原属于武剧,但是《大汉公报》登载的成套戏还包括《黛玉葬花》《金莲戏叔》《淫鼠戏贞娘》《丁七娘下山》等文戏。成套戏日场、夜场都可演出,晚上演出更多。出头戏即折子戏,专为夜场演出,多属名演员首本的唱工戏。② 有时演出两折分"头场""尾场",如 1919 年 3 月 5 日广告"新出头:头场《红拂私奔》,尾场《夜送寒衣》"。夜场演出时,除了单演"出头""成套"戏外,有时还将二者结合起来,如 1919 年 3 月 10 日演出广告是"头场成套:包公封相""尾场出头:佛祖寻母"。1919 年 3 月 18 日则为"头场出头:《酒楼戏凤》尾场成套:《王允献招蝉》"。

这时的戏班已经形成演员中心制,其演出广告呈现两个特点:第一,内容、形式都突出宣传名伶,尤其是女伶。如女旦"月琼""秋月梅"等,都是用大幅广告单独宣传,并在剧目单注明是其首本。而男伶宣传仅在剧目单注明,如小武周瑜祥、武生外江田、小生太子祥等。一般宣传 7 天至 14 天左右,其中,秋月梅是个例外,注明

---

① 俞洵庆:《荷廊笔记》,见王利器:《元明清三代禁毁小说戏曲史料(增订本)》,上海古籍出版社 1981 年版,第 153 页。
② 中国戏剧家协会广东分会、广东省戏剧研究室:《戏剧艺术资料 2》,1979 年,第 118 页。

其首本或参演的广告多达 22 天；第二，戏班的广告宣传节奏和版面、内容设计，根据市场反应和观众接受规律而灵活调整、变动。祝升平班 1918 年 9 月 3 日首登演出广告，此日演出剧目是“新成套”《金莲戏叔》《武松杀嫂》，9 月 5 日演出广告开始宣传：“新聘到靓女旦月琼登台，新出头《望乡台访妹》”，9 月 9 日的演出广告即用大量文字渲染、介绍（见图 3－1）：

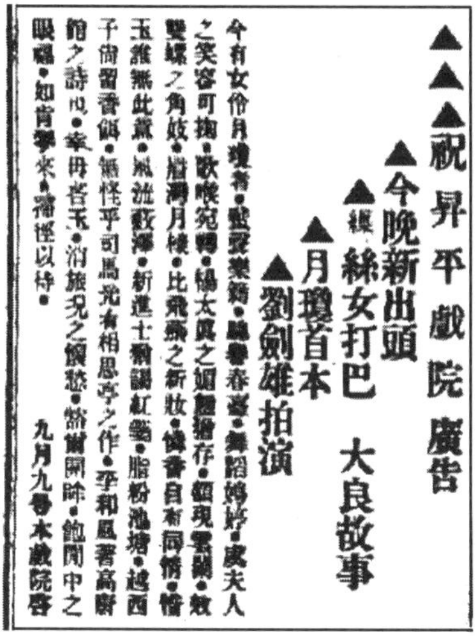
▲▲▲祝昇平戲院廣告
▲今晚新出頭
▲絲女打巴 大良故事
▲月瓊首本
▲劉劍雄拍演
今有女伶月瓊者·蜚聲樂籍·馳譽春臺·舞蹈娉婷·虞夫人之笑容可掬·歌喉宛轉·楊太真之媚態猶存·額現雲鬟·效雙螺之角妓·眉灣月樣·比飛燕之新妝·憐香自有同情·惜玉誰無此意·風流藪澤·新進士猶謁紅箋·脂粉池塘·越西子尚留香餌·無怪乎司馬光有相思亭之作·李和風著高唐館之詩也·幸毋吝玉·消旅況之懷愁·豁爾開眸·飽閒中之眼福·如肯琴來·掃徑以待·
九月九號本戲院啓

广告内容：

今有女伶月琼者，蜚声乐籍，驰誉春台。舞蹈娉婷，虞夫人之笑容可掬，歌喉宛转，杨太真之媚态犹存。额现云阑，效双螺之角妓；眉湾月样，比飞燕之新妆。怜香自有同情，惜玉谁无此意。风流薮泽，新进士犹谒红笺；脂粉池塘，越西子尚留香饵。无怪乎司马光有相思亭之作，李和风著高唐馆之诗也。幸毋吝玉，消旅况之怀愁；豁尔开眸，饱闲中之眼福。如肯琴来，扫径以待。

九月九号本戏院启

图 3－1 1918 年 9 月 9 日祝升平班演出广告

对声誉、舞蹈、歌喉、体态、相貌等方面进行渲染介绍，广告用语引经据典、富艳典雅，应为饱读诗书之文士所作。接下来两天的演出广告，则未附有上文这段文字宣传，只是介绍“新聘到靓女旦月琼登台”，后面介绍剧目：“新成套”《大闹双凤山》《黛玉葬花》（见图 3－2）。《黛玉葬花》是粤剧经典十八本戏之一，也是最考验旦角功力的文戏，所以戏班新到某地或新聘名旦，往往会上演此戏，显示实力，吸引观众。

9 月 12 日至 9 月 18 日的演出广告，又连登关于月琼的广告宣传，且将文字宣传与剧目介绍结合起来，形成图文对照，增加了吸引力。见图 3－3：

图 3－2　1918 年 9 月 10 日、9 月 11 日祝升平班演出广告

图 3－3　1918 年 9 月 12 日祝升平班演出广告

祝升平班的系列宣传,显示其剧目安排及广告设计上的慎重。因西班牙大流感影响停演一个月后,1918 年 11 月 20 日,又开始恢复演出广告。从演员阵容来看,又从中国新聘了一批名角。第一个宣传的就是秋月梅,演出剧目是《琵琶恨》。第三天(11 月 22 日)即演出《黛玉葬花》。一星期后,开始刊登大幅文字广告宣传秋月梅,但该广告其实是借秋月梅名声引出对该戏班其他演员的介绍,用以造势(见图 3 - 4)。文曰:

> 本班聘有女伶秋月梅者,乐府早耳其名,伶部罕伦其匹。高唱绝妙,既不等下里巴人;态度雍容,更不逊荆艳楚舞。大抵曲弥高者,和弥寡。唯本班赓同调者大不乏人,邱雪霞与黄小凤、月琼、蛇王恩、刘剑雄、马蹄苏,亦秋月梅之伯仲也。调赋清平,响彻彩云。雉尾妆成,巧样鬓低。新月蛾眉之斯人者,联袂登场,正梨园之特色也。不日更有小武周瑜祥新到。诸君子公余偶暇,曷不借此以遣兴乎?

图 3 - 4　1918 年 11 月 29 日祝升平班演出广告

祝升平班的演员阵容及其更新情况,在加拿大华人戏班中是很突出的。除了上述广告里出现的名角外,班主后来还聘请了著名武生外江田、小生太子祥等加盟。这些演员所属的行当多样,每一个名角都有自己的一批首本戏,这样就造成了戏班演出新戏不断、丰富多样的繁荣景象,能更好地吸引各类观众。

从加拿大粤剧剧目题材看,主要是历史演义(如三国剧),英雄传奇(水浒、杨家将、薛家将系列),爱情婚姻戏(包括风情戏),如《黛玉葬花》《牡丹亭》《拜月记》《西厢记》《琵琶抱恨》《卖马蹄》等。又有根据时事改编的剧目,如 1918 年 9 月 9 日广告剧目是《缫丝女打巴》,标明"大良故事";1919 年 2 月 19 日登载的广告"新出头:《咸水妹问吊》"就标明"湖南省故事";1919 年 3 月 19 日登载的广告"新成套《卖怪鱼圭山起祸,鲁总督三司会审》",标明"东三省故事"。演出较多的剧目有《金莲戏叔》《夜送寒衣》《贵妃醉酒》《黛玉葬花》《酒楼戏凤》《卖马蹄》《蝶梦花》《四美跳花鼓》等。这些演出的剧目中有许多属于大排场十八本或粤剧"八大曲本",也就是名角才能胜任、擅长的戏。

② 1920 年之前演出的白话剧目

根据《大汉公报》关于白话剧的演出广告或报道统计,1920 年之前演出的白话剧剧目情况如表 3-5 所示:

表 3-5　1920 年之前《大汉公报》所见的话剧剧目

序号	剧　目	类　型	演出机构	演出时间	报纸刊登期数、版面
1	《顺天府奇案》	时事政治剧	醒群社	1915 年 1 月 22 日	1915 年 1 月 22 日,第 3 版
2	《社会镜》	社会剧	醒群社	1915 年 2 月 14 日	1915 年 2 月 16 日,第 3 版
3	《父母泪》	教育剧	醒群社		

续　表

序号	剧　目	类　型	演出机构	演出时间	报纸刊登期数、版面
4	《武昌起义》	时事政治剧	醒群社	1915 年 4 月5 日	1915 年 4 月16 日,第 3 版
5	《海雨凄风》	时事政治剧	醒群社	1915 年 4 月18 日	1915 年 4 月17 日,第 3 版
6	《顾国耻》	时事政治剧	醒群社		
7	《父之过》	教育剧	醒群社	1915 年 4 月25 日	1915 年 4 月23 日,第 3 版
8	《贫儿宴》	教育剧	长老自理会	1915 年 12 月17 日	1915 年 12 月16 日,第 3 版
9	《猛回头》	时事政治剧	中华基督教会	1916 年 2 月26 日	1916 年 2 月19 日,第 3 版
10	《皇帝梦》	时事政治剧	中华基督教会		
11	《洪门揭义》	时事政治剧	维多利亚致公总堂阅书报社	1916 年 4 月22 日	1916 年 4 月25 日,第 3 版
12	《海珠会议》	时事政治剧	游艺社	1916 年 6 月11 日	1916 年 6 月13 日,第 3 版
13	《汪精卫行炸摄政王》	时事政治剧	现象社	1917 年 3 月16 日、17 日	1917 年 3 月14 日,第 3 版

　　醒群社是海外白话剧发起最早的剧社之一,比美国三藩市、檀香山还要早,其成立宗旨是"用以引导社会进步,开通群伦智识"①。该社成立了醒群钟剧团,经常在温哥华、叻呅、二埠、峀巴

———————————

① 《新剧家第一次登舞台》,《大汉日报》1915 年 1 月 20 日。

伦埠巡演,是近代加拿大华人剧社影响最大、成就最卓越者。据《大汉公报》记载,其演出剧目最多,有七个;其次是中华基督教会,致公堂下属的游艺社、现象社等亦曾献演。

这些白话剧之胜场处在于剧本,"多从最近之事迹串出,中虽不无点缀,然皆情真理确,总不离乎实际者近是"①。主要包括时事政治剧、社会剧、教育剧等。如1916年4月,龙济光以广东各界代表名义在广州召集海珠会议,讨论广东独立善后及各路军队停止进攻广州的问题,却枪杀各省护国军代表,又称"海珠惨案"。两个月后,加拿大致公总堂下属的游艺社就排演了《海珠会议》(共十幕)。这些白话剧演出与相关报道桴鼓相应,对警醒华人同胞、改良社会、鼓吹革命、唤起爱国之情起到了重要作用。与《大汉公报》文艺副刊上登载的大多为"案头之作"的班本相比,这些白话剧目所引起的社会反响要大得多。

2. 中国戏剧表演在加拿大的传播情况

作为一家辐射面很广的华文报纸,《大汉公报》比较全面地反映出了中国戏剧表演在加拿大的传播情况,包括表演传播环境、传播场所、表演形态与传播效果等。

① 传播环境。1919年前,广州还没有出现粤剧全女班,女伶登台演戏受到严格限制。这些女伶大都为下南洋或远赴北美者,充实了加拿大的中国戏剧表演力量。此时最严苛的禁止华人入境的排华法案(1923年颁布的"四三苛例")尚未出现,20世纪20年代以前,加拿大的传播环境还是比较宽松的。

与国内白话剧社相比,加拿大的中国白话剧社有更多向西方话剧直接学习的机会和实践经验,温哥华的哥林比亚西人戏院就经常在《大汉公报》上刊登演出广告,招徕华人观众。这些白话剧社常租用缅街皇家西人戏院进行表演,所面向的观众较粤剧观众

---

① 汉:《白话剧能感人者深》,《大汉公报》1916年3月7日。

更为多样化,经常会有西人。醒群社的白话剧家孙锡元因演技精湛,懂西语,被布林西亚戏院主特聘之为中西杂角(西剧以能杂角者为尚),待遇颇丰。1916 年 3 月,醒群社在二埠西人大戏院演出,"西人亦谓华人剧家,有如此美观,诚足惊异"①。由此说明,当时活跃在加拿大的中国白话剧受到了西人一定程度的关注和欢迎,白话剧的传播环境较国内更为多元。

近代加拿大的中国戏剧表演以温哥华、维多利亚为中心,进行较长时间的驻埠演出;同时以巡演的形式,辐射整个加拿大。戏班在某个戏院驻演,有时会因为剧情或者伶人的表演,引发观众不满而遭受攻击。1916 年,庆丰年班在高升戏院演出时,就多次遇到这种情况:1 月 12 日,女伶赛玉莲在高升戏院演《卖胭脂》时,观众用苹果袭击其面部,致其口鼻受伤;一个多月后,该班演《酒楼戏凤》(正德皇帝戏),观众又扔臭鸡蛋袭击。不过,该埠演出环境较金山大埠好,没有在戏院发生堂斗、枪击事件。

戏班在外埠巡演,遇到的情形就更复杂。如国民钟社 1916 年 4 月发布启事,称"侨居加拿大东方之同胞素乏观剧之乐,即有观者亦欧美之声,格格不入,谅必以一睹此为快。本社因不惜车费浩大,用特沿埠游演"②。其巡游计划是从温哥华出发,先到卡尔加里埠开演,次则温尼辟,继沿各埠直至满多伦多、蒙特利尔。结果,在甘碌、卡尔加里的演出都很顺利,但是在温尼辟,因违反当地条例,星期日日夜开演,遭华人举报,班主被警局罚款 20 元。1916年 5 月庆丰年班由温哥华到冚巴伦演戏,竟然遭到数名华人盗劫,损失财物上千元,光是班中名角赛玉莲失去的金刚钻戒指就值500 元。由此可见,中国戏剧巡演之途充满诸多风险。

② 传播场所。当时的表演场所主要是戏院和教会。无论商业还是慈善性质,粤剧演出一般都在华人戏院,20 世纪初,在《大

① 《二埠观白话剧热闹》,《大汉公报》1916 年 3 月 13 日。
② 《国民钟社启事》,《大汉公报》1916 年 4 月 24 日。

汉公报》上出现过的温哥华华人戏院有 4 个：国太平戏院、上海戏院、高升戏院、升平戏院；维多利亚 1 个：域多利戏院；亩巴伦 1 个：同庆戏院；纳乃莫 1 个：名字不详。当时粤剧戏班也很多，维多利亚有 3 个：琼天乐班、祝民安班、祝华年班；温哥华先后出现过 7 个：新国民班、庆丰年班、瑞丰年班、永康年班、国太平班、普如意班、祝升平班。华人戏院供不应求时，戏班也会租用西人戏院，如 1916 年 12 月，瑞丰年与国太平合班，由维多利亚返回温哥华，租赁缅街的皇家戏院开演；其时白话剧社亦颇活跃，据《大汉公报》统计，温哥华有 4 个：青年学生会、醒群社、国民钟、现象社，维多利亚有 1 个：致公总堂阅书报社游艺社。这些白话剧社演出场所乃西人戏院和华人戏院并重，盖因观众主要是华人，华人戏院已成为华人社区活动的重要场所。大凡重要事情宣讲、演说，都会选择华人戏院。但是新剧排演者也注意到，"我国旧戏只有意而无景，近日香港上海新戏盛行，意景兼备"，所以，他们租用华人戏院时，也会"依仿西人戏院规模，参与本国剧界样本，取长补短，分幕配景，炫耀可观"①。此外，白话剧偶尔会在教堂开演，因为华人基督教会举办圣诞庆典活动时，会组织慈善演出吸引华人观众。这样的演出场所，座位容量比戏院小，如长老自理会就只有 200 多个座位，而华人戏院座位都在千余以上。

　　③ 表演形态。无论新白话剧，还是传统粤剧，其表演形态都呈现出一定程度的新旧杂糅。白话剧作为加拿大华人社区新出现的剧种，报端称之："乃吾粤进步之戏本，亦近日少有知识者，所欢迎也。"②在语言上，以粤语为主。其产生与发展受国内白话剧影响，不仅在戏院布置、戏本创作上加以仿效，在表演形式上，也能看出其学习模仿之痕迹。如长老自理会 1915 年 12 月 17 日演出《贫儿宴》，就采用国内许耐庐的剧本，由崇德太郎译为粤语。同国内

---

① 《醒群会社今晚开台》，《大汉公报》1915 年 1 月 22 日。
② 《中国基督教会演白话剧之小启》，《大汉公报》1916 年 2 月 23 日。

早期白话剧一样,此时加拿大华人社区的白话剧并不等同于现代意义上的话剧。"早期话剧是在改革戏曲的基础上接受了日本新派剧的影响而逐步形成的。"①彼时上海的白话剧多同京剧存在诸多联系,而加拿大的白话剧则多同粤剧进行糅合。这种糅合以多种方式进行:新剧、旧剧联合演出,这主要体现在一些白话剧社组织的演出场合:有的前面演白话剧,后面演粤剧,如醒群社1915年1月22日在温哥华高升戏院第一次登台,就采用了这种形式,先是白话剧《顺天府奇案》,末场加演庆丰年班京戏;有的是白话剧换幕时,掺杂粤剧演出,如同年4月5日,醒群社在瓦巴伦演白话剧《武昌起义》,"每换景时,必在幕外加锣鼓,唱班本"②。新剧、旧剧演员联袂登台演白话剧,发扬粤剧艺人唱腔的优势。1916年6月12日,维多利亚致公总堂为庆祝关羽诞辰,其属下的阅书报社游艺社排演白话剧《海珠会议》,登台排演的粤剧名伶有小生德、太子辉、风情辉,女伶蛇王苏、赛玉蝉、奶妈旺、白蛇苏等。③当时的白话剧表演不仅仅依赖语言和动作,还部分保留了传统戏曲的唱情做手。正如国内那些具有传统戏曲功底的白话剧演员经常在演出中来一段京剧演唱,加拿大的白话剧表演也经常会将班本、南音、龙舟歌、洋琴小曲混合表演。醒群社在国太平戏院演出《社会镜》《父母泪》等社会剧、家庭剧时,演员汤百福"以'内地盗贼猖獗,水陆阻梗,日本破坏中立,在山东潍县苦我百姓,及其野心勃勃,无理要求,誓要结合人心,力谋对待'等词,著成龙舟歌,自行唱演,听者精神为之一振"④。这些新旧糅合的方式主要是为了同时吸引新旧观念不同的观众,确实起到了较好的效果。

受白话剧影响,粤剧也认识到"欲改良社会,当自家庭教育始,

---

① 丁罗男:《二十世纪中国戏剧整体观》,百家出版社2009年版,第29页。
② 《醒群社第二次获赏》,《大汉日报》1915年4月5日。
③ 《域埠致公总堂庆祝关圣诞之盛》,《大汉公报》1916年6月13日。
④ 《醒群会社今晚开台》,《大汉日报》1915年1月22日。

故凡剧本,尤贵含有家庭教育之性质也",不仅新编剧本,还吸收了白话剧中"演说"的特点,尝试在表演中加入名伶演说。如普如意班开演子牙八新串剧本《家庭教育》,子牙八扮演张泽民,"尤为特色,在途中演说,略将士农工商之要点,大发伟论"①。无独有偶,祝升平班登演出剧目《咸水妹问吊》广告时,特意加入"秋月梅演说"②。

④ 传播效果。《大汉公报》以演出广告、本埠新闻、加属新闻、戏班启事、剧评等形式,对戏剧表演进行绘声绘色的宣传、描述和评论。从 1918 年 10 月至 1919 年 4 月,《大汉公报》曾长期刊登升平戏院祝升平班的演出广告,大力宣传新聘女名伶,如秋月梅、黄小凤、月琼等。白话剧社不仅在开演前预告宣传,表演后还常有深入跟踪报道。这些报道津津乐道三方面:剧情、演员的表演、观众的反应。如 1917 年 3 月 16 日、17 日,中华会馆筹办学经费,现象社串演白话剧《汪精卫行炸摄政王》,提前一周在《大汉公报》进行宣传,介绍大致剧情及八幕剧的分幕内容。演出后,《大汉公报》评赞"其中神情做手,慷慨激昂,虽汪精卫真身在场当亦仰天而三叹。陈璧君则时喜时悲,时悲时喜。满洲奴则陆离光怪,野番成性,令观者无不色舞神飞,哑哑笑言"。《大汉公报》还以《戏剧感人之速力》为题报道了醒群社在纳乃莫演白话新剧《国耻勿忘》(顾国耻)时,邻近小埠侨胞,均皆临观,座无余位。"演至某国公使身带二十一条款,强我外交部长承认时,互相雄辩,强硬拒绝。座位中有梓里某君,观至入神,深印脑海,忽然跃起,握拳擦掌,大声呼杀,想登台打装扮某公使,邻座数人,合力制止,某君怒气始行稍平。"③演出之成功,可想而知。

---

① 《新剧本出世》,《大汉公报》1918 年 1 月 11 日。
② 新出头:《咸水妹问吊》,《大汉公报》1919 年 2 月 19 日。
③ 《中华会馆办学演白话剧筹捐》,《大汉公报》1917 年 3 月 17 日。

（二）戏剧外延信息的传播

戏剧外延信息亦属戏剧传播的重要内容，有助于我们了解演员的生存环境与社会活动、戏班公司与伶人行会的组织与运作等。

1. 演员的生存环境与社会活动

粤剧伶人多为职业演员，名角多从美国金山或者祖国引进。每个戏班的规模较国内小，一般只有 30 多人，须一人身兼数角。由于伶人引进不需要交 500 元人头税，但须戏班或者商号担保，约满期止，就必须离境，否则没收保证金，故伶人们的行为遭到一定监管。女伶赛玉莲、白苏醒就因"停演不登台，日以冶游为事，致被移民局侦悉"，差点被遣送回国。① 吸食与贩卖鸦片、赌博、嫖妓，是当时男女比例严重失衡的加拿大华埠三大丑恶现象。有的戏班竟然铤而走险，卷入其中。《大汉公报》转发多伦多 1917 年 11 月 3 日电报，称一个华人戏班，约 35 人，由满地可（蒙特利尔）坐车至多伦多，抵站后，警察搜查行李，竟然有 9 人携带鸦片，被控藏烟。伶人作为一种特殊行业，人们并不因此而放低对他们的行为道德要求。由于日本的侵略及其所提出的"二十一条"不平等条约，激发了加拿大各地华埠侨民的强烈爱国心，他们自发组织了救亡会，制定具体条例，主要内容是禁止购买日人商店货物，不得雇用日人等，强制当地华人执行，违反条例者会被处罚。1916 年 3 月，由温哥华到卬巴伦巡演的庆丰年班子弟何保携同女伶翠玉莲、白苏醒往游日本人货仓，购买商品，违背当地救亡会条例，被华人举报，由救亡会评议会按照相关条例给予罚款。伶人们的私生活处理不当，有时也会酿成社会事件，女伶们的风流韵事尤其令人关注。庆丰年班的女伶赛玉莲"工狐媚，善冶容"②，私生活不检，因与华人男子雷家廉发生感情纠葛，引发同班男演员飞天恒干涉，结果引发命案，雷将飞刺伤。当然，有关伶人们社会活动的消息不全是负面

---

① 《女伶冶游招忌》，《大汉公报》1916 年 6 月 22 日。
② 窃取轩：《加属梨园恨（十一续）》，《大汉公报》1917 年 4 月 1 日。

的,正面、积极的居多。加拿大华人社团组织繁多,影响力较大的有洪门组织致公堂、中华会馆、救亡会等,还有各种氏族、地域会馆,这些侨团组织经常举办各种公益演出与募捐活动,从《大汉公报》历次公布的信息来看,粤剧伶人们经常参加这些社会公益活动,送戏捐款。

白话剧社或以改良社会、辅助教育,警醒国民为宗旨,如青年学生会、国民钟社、醒群社等;或为慈善而设,如现象社、游艺社等,对开启民智、激发人心、推动教育和爱国运动,起到了重要作用。班中男演员的戏份往往比女演员更重,表演也更出色。醒群社1915年登台演出,在温哥华、那乃莫、冚巴伦连得三次赏标,与男演员张孺伯、欧清湖、汤百福的出色表现分不开。有些社员能导能演,如醒群社何卓竞、欧清湖、张孺伯、汤百福、赵屏山等。他们大都亦是社会活动家,身兼多种组织领导或成员角色,如欧清湖既是醒群社社长,又担任温哥华达权支社(致公堂辅翼组织)社长,还是温哥华中华基督会青年会的副会长、救亡会劝诚科科员。何卓竞既负责排演戏,又是华侨救亡会的总务科科长。而张孺伯、汤百福、欧清湖在冚巴伦同庆戏院作爱国演讲,听众达千余之多,直接促成了当地救国会的成立。

2. 戏班公司与伶人行会的组织与运作

《大汉公报》有关中国戏班公司组织与运作的资料并不多,不过凭借零星、分散的一些信息,我们还是可以管窥一斑,推知一二。以祝升平班和普如意班为例,两个戏班皆由股东联合投资经营,具体演出事务由班主负责。这些戏班班主都是当地著名华商,普如意班班主是利源号老板李世璋、乾丰号老板马大谆。利源号经营名贵药材,代理维多利亚往返香港轮船公司的船票销售,资本雄厚。乾丰号出售唐山米油杂货药材等,并与香港中和堂合办信函银两的快递业务。1915年温哥华救亡会为中日交涉筹款,李世璋认捐 5 000 元,数额最多。马大谆认捐 500 元,亦属数额较多者。

祝升平班班主是共和党人刘昶初,其商发公司经营业务广泛,包括土产瓜果、各号委办买卖,自由车销售,金银书信汇兑等,他在救亡会上认捐 200 元。[1] 应该说,这些戏班班主爱国情怀热诚,关心公益活动。

股东除了依照所出资额计分利润,还分发有股东票,可以免费看戏。遇到大的经营问题,须开全体股东大会解决。1919 年 3 月 28 日,祝升平班在《大汉公报》上发布广告,宣称:"本班前因本埠时症(按,即西班牙大流感)所累停演一月之久,损失极大,又因四月八号各子弟多已满期,计所余脚式九名势难开演。"全体股东商议的具体办法是,祝升平班的演出截止至 4 月 8 日,此后不再请人,而是与普如意子弟合班,由新公司组织新戏班演出。

1919 年 4 月 9 日,联安戏班有限公司在《大汉公报》第 3 版发布启事,该公司承受祝升平班与普如意班,准于 4 月 14 日开演。凡认有股份者早日交股银,欲做股份的到乾丰号或商发公司认股。但是此事进展并不顺利,1919 年 5 月 10 日《大汉公报》刊登了祝升平班司理部的启事,声称大部分股东已经照股份多少取回该有的收入款项,但有七名股东致书该司,质问数目事。该司请李世璋等三位为中间人,假座中华会馆,欲作答复。结果有位股东请了西人律师气势汹汹赴会,调停会议不欢而散,两班合演之事作罢。1919 年 6 月 24 日,普如意班应维多利亚各界之邀,全班迁往该埠演出。由此可见,戏班的组建与散班都出于经济效益,由股东们决定。

加拿大华埠戏剧表演的繁荣,也催生了伶人行会组织的建立。温哥华的伶人行会组织主要有二:伶界会馆和伶人同志社。二者之间有何联系,从其成立宗旨和处事行径来看,或亦如致公堂与其辅翼组织达权社,但目前尚未见资料佐证。这两个行业组织主要

---

[1] 《温哥华筹饷之继起》,《大汉日报》1915 年 4 月 30 日。

为粤剧演员而设,白话剧社的演员们并未参加。

伶界会馆成立于1914年,其设立理由为"优界亦为新大陆教育家之一助"①。每年选举产生职员表,1919年选举的职员表中共有93名成员,主要包括普如意班和祝升平班两个戏班的伶人。其中正、副会长是莫权之和陈耀臣,正、副主席是劳文山、陈元亨。

这份名单尤其值得注意的是,其他社会组织选举任事科职员时,都将女性排列在外,如达权社、培英阁书报社、大同阁书报社等皆如此,但这份名单中出现了多名女伶,有的女伶还担任了较重要的职务,如普意班名伶张淑勤为副协理,祝升平班名伶吴月梅、黄小凤为正、副评议长。这反映出伶界组织的特殊性:女伶在戏班中地位重要,有的社会影响力很大,也很有才干。如张淑勤不仅是普如意班以6 000元巨资请来的名角,还加入了洪门组织致公堂及达权社,在达权社中声望较高,出钱出力,为社团组织做出了贡献。她期满回国时,维多利亚、温哥华两地的达权社组织以及两地社员都竞相以诗酬赠。②

优界同志社的成立时间大概在优界会馆之后,从《大汉公报》的报道来看,它的活动非常频繁。作为行业公益组织,它的首要职能是维护会员利益,比如讨要薪酬。庆丰年班东主卢梓荣长期拖欠伶人工资,该社出面,使其全部付清。帮贫扶困亦是其宗旨之一,如组织社员演戏为穷困伶人吴贤筹助医费。该社还制定了明确的社规,对于违背不改者,加以除名,并勒令其他社人不能与之合伴当工,实际上是将其逐出伶界。③ 优界同志社代表优界出席社会活动的内容丰富,如温哥华埠崇义会、培英阁书报社开幕及纪

---

① 《优界会馆五周年纪念》,《大汉公报》1919年2月11日。
② 域埠达权总社:《赠张淑芹姊妹归国二咏》,云埠达权支社:《赠张淑芹姊妹旋》,李济国:《赠同志张淑芹姊妹回国二咏》,《大汉公报》1919年6月18日;吕兆麟:《赠张家姊妹归国一咏》,李伯如:《赠张淑芹姊妹归国》,刘扬道:《赠世侄女张淑芹姊妹二咏》,《大汉公报》1919年6月19日。
③ 《广告》,《大汉日报》1915年8月23日。

念活动,优界同志社不仅派代表到场致贺,还联袂登台义演。致公堂一些大佬的葬礼,也是优界同志社出面吊唁、送礼。

由于戏剧在近代加拿大华人生活中起着多重作用,《大汉公报》对剧本、表演及其他外延信息诸方面的传播现象作了真实的记录,是我们了解当时戏剧文化生态构成的一块活化石,在北美华文文学传播史上,具有重要的典范意义。

二、征联、征诗、征文与文学社团、杂志出世宣言及读者来信

《大汉公报》登载的征联、征诗、征文等启事,是一种有组织性的大型文学征集活动,激发了广大华人的创作兴趣,促进了大批文学作品的涌现,对华文文学的发展起到了积极的推动作用。文学社团、文学杂志出世宣言则是对其成立(出版)缘起及文学理念的阐释,读者来信是对某个文学社团或某个作家创作、某种文学现象做出的回应与批评。这三者实际上也是形成了一个循环共生的关系。先得有文学社团或组织,才会有征求文学作品活动;有了作品或文学现象,自然就会引起读者注意。读者的反馈又影响着社团活动、报刊策划和作家创作的后续发展。

(一) 征联、征诗、征文

华人侨居加拿大,异域生活单调寂寞,聊以娱乐、遣兴的文雅情趣除了看戏、看报,主要还是吟诗作词、写联语等。所以征联、征诗、征文非常流行。《大汉公报》登载的征联、征诗、征文等活动主要由《大汉公报》编辑部、北美文学社团组织及商业店铺等举办。由于《大汉公报》销售范围广,涵盖了加拿大、美国、菲律宾、中国等地,所以这些活动就具有跨国、跨地区的特点,形成了大范围的文学交流。

这些文学活动大致可分为无偿和有偿两种类型。《大汉公报》自身刊登的《编辑部启事》显示,1920 年前该报未形成稿酬制,对

于自行投稿者基本上是无偿的,如该报 1918 年登载启事曰:

> 近月诸君惠来诗词甚夥,惜其为篇幅所限,多未刊出,当
> 按日分刊之,无负诸君之雅意。无论诗文,要合本报之振兴堂
> (致公堂)务,开通侨智,维持华工的宗旨,均在欢迎之列,如本
> 记者有专论占正幅,则将来稿之论说,刊入杂录栏,仰诸君多
> 构鸿篇巨制可也。①

可见该报诗词稿源甚多,对于论说,则以主笔论说为优先,读
者来稿多登于副刊,皆未提及稿酬。

《大汉公报》还会根据中国国事的特殊情形紧急征文,如 1915
年中日关系紧张,中国面临亡国危机,该报刊登《临时紧要广
告》,称:

> 民国不幸,适以欧战方激之际,陡生中日外交危急问题,
> 国之兴亡,间不容发。爱国侨胞,如有卓见,可以为国补助者,
> 务以简短为主,邮寄前来。②

社会团体举办的征求活动则大多是有偿的。常年在《大汉公
报》登载征联或征诗活动的一般都是北美各地的文学社团,如美国
金山大埠的华芝馆、博雅斋、言志社、游艺社以及檀香山的鸣盛社、
加拿大温哥华的广吟社、联骚社等。这些征求广告在北美各地的
重要华文报都有刊登,在文坛上起到了互通消息、交流促进的作
用。如《大汉日报》1914 年 9 月 8 日登载的美国金山大埠游艺社
发起的征联广告,其公布的评阅人为金山大埠民国公报主笔梁菊
东,并注明:"另有十名及殿军刻在大埠《民国公报》及《世界报》。"

---

① 《编辑部启事》,《大汉公报》1918 年 4 月 29 日。
② 《临时紧要广告》,《大汉日报》1915 年 3 月 8 日。

征诗者较少,美国金山大埠华芝馆 1915 年举办了两期限题征诗活动,题目分别是"中国现象""华侨苦况",由原《大汉公报》主笔冯自由评阅,评选出前百名,冠军奖金为 15 元,后面依次降低。不过这些有偿的征诗、征联活动也都是要求投稿者按照每首或每联出卷资(一般每首作品为二毫五)。①

征联活动是最频繁的,最受华人欢迎,"每当联榜揭晓之日,有如逊清科举之时,群情涌动,盼谁夺帜"②。究其因,主要在于近代广东盛行联社之风,流风所播,远至海外。不同于其他文学,对联是一种纯粹的"中国"文学。正如刘大白先生《白屋联话》所言:"它的特性是形态腔调和意义的两两对称,是中国所独有的。"③关于这点,亦成为海外华人共识:

> 联语为吾国文学之小品,字虽寥寥,足以包罗宇宙之大,体会人情之微,尽古今中外一切事事物物,铸于联句中,读之者可以兴、观、群、怨,故技虽小道,而在文学史上占一位置。实佉卢文之所无,吾华之所独有者也。④

此外,参加竞赛者只须付二毫五的卷资,跟看一场戏的票价差不多,而各文学团体征联时设置的奖金很丰厚,冠军就会获得 10 元至 25 元不等的稿酬,录取名额多,有的多至 100 名,最后名次亦可获得三毫五的奖金。而当时华人的月工资多为 30 元至 40 元⑤。参与这些活动的成本低,回报高,这也是吸引广大作者参与的重要原因。

---

① 《请看征诗》,《大汉日报》1915 年 6 月 16 日。
② 雷基磐:《徐孤风先生诗词集》,出版社不详,1966 年版第 3 页,见梁丽芳:《中加文学交流史(中国—加拿大卷)》,山东教育出版社 2015 年版,第 128 页。
③ 龚联寿:《联话丛编》,江西人民出版社 2000 年版,第 4863 页。
④ 洪少植:《龚贞信总报局联集序》,《大汉公报》1930 年 12 月 29 日。
⑤ 魏安国:《从中国到加拿大》,上海社会科学院出版社 1988 年版,第 26 页。

　　比较特殊的是,有些公益性、临时成立的社会组织征文活动时,就未设奖金。如《大汉日报》1915 年 3 月刊登的《救亡会编辑部征文启》:

　　　　公启者,现在某国乘欧洲战祸,恃强横行,径欲夺我主权,
　　等我为第二高丽,凡有血气,莫不切齿伤心。本埠爱国同胞因
　　发起华侨救亡会,齐心协力,着着进行,现已议定章程,分科拟
　　事。本科为编辑有关于对待某国之新闻舆论及种种文件而
　　设,将来编成册本分发。各地同胞以为鼓励人心之助。愿我
　　各埠梓里,凡有关于此项新闻,言论诗歌杂俎等,请时常赐教,
　　本部乐为欢迎。国家兴亡,匹夫有责,苟能各尽国民一份子,
　　区区岛夷,何足为患,愿与同胞共勉旃。①

　　而商业性的广告征文则都设置了奖金,如《大汉公报》1916 年 4 月 3 日登载域多利埠金福源米偈的广告征文,见图 3-5:

图 3-5　1916 年 4 月 3 日《大汉公报》金福源米偈广告征文

　　第一名至第十名都有奖金,300 字的广告,第一名 5 元,酬金也算丰厚。不管征诗、征联还是征文,出自何种组织或是团体,其

————————————

① 《救亡会编辑部征文启》,《大汉日报》1915 年 3 月 10 日。

组织者都非常看重文学的教化功能。卖米的广告尚且强调要与"挽利权、顾国体"相联系,遑论征诗、征联的广告了。

(二) 文学社团、杂志出世宣言

《大汉公报》还刊登了一些文学社团成立的广告或者宣言,如1915 年 1 月登载云高华联骚社的出世广告,陈述该社成立缘起:

> 窃以三千毛瑟唤醒国士沉迷,七字联笺足起雅人兴趣。每怀时事多故,不禁痛哭狂吟;对兹旅况无聊,何妨咬文嚼字。用是社中同志广征骚才以遣兴,诸希海外吟坛多构佳句而惠教。①

同年 11 月刊登美国金山大埠言志征联社开幕之宣言:

> 《诗》之序曰:诗言志,歌永言。盖诗歌一类,所以咏怀时物之变,而实所以发泄心志之藏耳……所以酬世者,其用至大,约观之则为联句,大观之则为韵文……吾人羁旅异乡,感风云之激刺,忧世事之沧桑,其郁结于胸中者,久已勃勃欲发,一旦宣而泄之,互相参观,其快慰为何如耶! 又加以海内宏达,月旦品评,则开浚神智者不鲜,诸吟坛辱而教之,所欣慕焉。②

强调联句酬世的作用,可以抒发羁旅之愁、感时忧国之情。从此可见,海外华人发起征联活动不仅是为了满足文人雅兴,打发无聊时光,也是旨在发扬诗言志传统,寄托爱国思乡之情。

1916 年,美国金山游艺社在前期几年积累的基础上,筹备出版美洲华侨风雅之机关刊物《游艺杂志》,其出版预告云:

① 《联骚社出世广告》,《大汉日报》1915 年 1 月 13 日。
② 《金山大埠言志征联社开幕之宣言》,《大汉公报》1915 年 11 月 29 日。

　　本社为提倡风雅,鼓吹文学起见,近特扩张社务,并刊《游艺杂志》,月出一回,将来除征联之外兼征诗,又诗钟及一切书画艺术(题目条例备载本杂志第一号内),每月各门揭晓,皆借本杂志发表。其内容凡美术、图画、诗词、歌曲、小说、谐文、笔记、游记、楹联、诗钟、灯谜、酒令及一切小品文字无不备具。凡所撰述文类,皆词华斐美,趣味隽永。又凡关于美洲华侨之文艺事业、骚坛消息,无不力为鼓吹,务期于华侨文学界中有所辅助贡献。华侨诸君若于公余之暇,人手一编,自能发生美感,涵养性灵,并可为茶余酒后之谈资,研究文学之门径。至于词人墨客,得此即可收联络观摩之益,诚杂志界之别开生面者也。第一号准七月二十号出版,每册售价十仙(连邮费)。爱读者请先将住址函知本社,并将报费折作邮票寄下,一俟出版当即寄呈。至是月内曾投联本社者,概赠一册。①

　　其杂志第一号要目附于预告后面,见图3-6:

图3-6　1916年6月14日《大汉公报》所载《游艺杂志》
　　　出版预告及第一号要目

---

① 《出版预告》(《游艺杂志》),《大汉公报》1916年6月14日。

尽管加拿大本土的华文文学杂志此时尚未问世,但美国同侪的这些探索与努力为其后续发展做出了示范,积累了经验。正如美国华埠文艺社的征联、征诗活动带动了加拿大华埠文艺社的发展。

(三) 读者来信

温哥华广吟社成立较早,未见登有其出世广告或宣言,据《大汉日报》1914 年 8 月 1 日载该社广告,已经是第四会对、第五会对。据该社每两个月更新一次征联出题的规律,此社当成立于1914 年年初。此年 9 月就有满地可(今译为蒙特利尔)的读者来信,嘉奖其社,文曰:

> 广吟社诸君执事:自贵社在坎属继开骚坛以来,仰见公而无私,群而不党。至阅卷列公,尤能高着眼孔,探骊得珠。非贵社之设立,曷足见我坎属居留文学之渊薮,并征侨胞隐居工业中,不乏茂懿文学之士耶! 最近李春华先生所阅第四会联,所经拔茅前茹者,莫不掷地作金石声。文学与国家前途,极有关系。愿诸君努力前进,再接再厉,宅心光明,信孚中外,则征集骚才,应不让金门诸君子为独步也。逖听之余,无量欣忭。此请
> 吟坛
>
> 满地可 黄荫堂、李卓臣

此信先是肯定了该社无私、不党的品格,称赞其社发现了许多文学佳士,促进侨居文学的兴盛。并对第四会的评委、维多利亚华侨公校教师李春华的评阅赞赏有加。李春华是广东联语名家,被誉为吴门"对弟子"①,后来还担任金山大埠赏奇社征联评委。② 其

---

① 淡愚:《喜林君仲坚来域即步原韵赠赋四首兼柬通若志炎心存诸君》,见《海外嘤鸣草》1917 年版,第 1 页。
② 《注意赏奇社特别第二十九会对题求教》,《大汉公报》1916 年 5 月 1 日。

受到瞩目,说明《大汉公报》读者眼光之高超。最后,读者将文学与国家前途相联系,提出期望,希望加拿大的征联活动,能够获得更多高水平人才的参与,使其声望超过美国金门诸吟社。

《大汉公报》也选择性地登载了一些读者来信,读者身份比较多样,既有普通读者,也有驻加总领事等,对该报时评、论说、杂文、谐文、小说等进行反馈。

1915 年 2 月该报刊登了主笔崔通约撰写的时评《读甲寅杂志之自觉心》,对《甲寅杂志》1914 年 11 月刊登的陈独秀《爱国心与自觉心》进行批评。陈独秀撰写此文时,正值袁世凯窃取辛亥革命胜利果实,打着"国家"和"爱国"的旗号,对以孙中山为首的革命党人进行镇压。在此文中,陈独秀对"国家""爱国"进行了独特思考,认为中国人将国家与社稷等量齐观,爱国等同于忠君;而近世欧美人视国家为"国人共谋安宁幸福之团体",故其爱国心与华语名同而实不同。其发论可谓惊世骇俗,认为"残民之祸,恶国家甚于无国家",国家若不能保障人民之权利,谋益人民之幸福者,亡之无所惜,并称中国国内唯有租界居民安宁自由。此文不仅在中国国内引起轩然大波,在海外华人世界也产生震动。崔通约的时评发表数天后,《大汉日报》刊登了来自加拿大二埠[即新威斯敏斯特(New Westminster)]致公堂读者的来信:

大汉报先生鉴:昨阅二月十一日之时评,所录《甲寅杂志》独秀不知何人,篇中词旨,读之令人怒发冲冠,无端而出此荒谬绝伦之言,宁以中国托于他人,甘受他人之统治,主张废除爱国主义。其中暗中附和乱党,甘心从逆,借端以攻袁总统,无以名之,直谓之亡国贼种,谁曰不宜……何物独秀,学彼妪之口,癫狂乱语,亦桀犬之吠尧耳。尤可愤者,以朝鲜、犹太、印度作中国之照影,推其心愿为日本之奴隶,举祖宗传来之国家,拱手以让于他人,尚有爱国心、自觉心之可言哉?况

《甲寅杂志》如秋桐辈,敢谓"尊孔愈甚,修行愈恶"之句,诬蔑先圣,多见其不知量,即同金门之《民口杂志》、巴黎之《民德杂志》,江亢虎之《洪水集》,一切颠倒是非,淆惑观听,妄倡无政府、无家庭主义,流毒社会,坏脑蔽心,为政府者,应取缔禁绝入口……仰崔先生操大汉之权……赞助共和,以国家为前提,时发正论,始终如一。所谓嬉笑怒骂,皆成文章,是其责也。佛氏曰:我不入地狱,无以救众生。安得有孟轲其人复生,以正人心而不惑于邪说乎?请登报以质之海内外爱国之士而评判焉。

二埠致公堂黄派贤等顿首①

当时,致公堂受袁世凯蒙蔽,对其独裁、专制认识不够,对民国之发展寄希望于建设,反对破坏。陈独秀对当时政治之不满,对中国社会之失望而生极端偏激、愤懑之语,引发《大汉公报》及其读者的惊愕与抨击,亦合乎情理。信中,二埠致公堂成员重申了《大汉公报》之职责:赞助共和,维护国家,尊孔重教。

《大汉公报》与《新民国报》进行笔战时,双方都刊登了一些读者来信,以示得到民众支持和拥护。其做法固然有失偏颇,但读者的热情确实激发了作者的创作动力,促进了华文文学的发展。

余观海是卡加里埠致公堂成员,《大汉公报》与《新民国报》笔战时的得力主将,自命为赵子龙。颜志炎作为主笔,被视为笔战总司令,作论说尤多。二人在笔战中,受到读者肯定。如从片市左珠埠的余都、马义山来信曰:

列位诸公伟鉴:敬启者,弟阅报多处,前未有如今日阅大汉报纸得意者。其得意者为何?因近阅颜志炎君《论海外笔战之大风云》及余观海君《论牛尾与牛鞭之关系》,切实发挥,

① 《二埠公堂来书照录》,《大汉日报》1915年2月24日。

具见精理。有此等真正学识而当记者,则侨胞不受益者,吾等之不信也。弟阅贵报始知志炎君已抵云埠,任贵报记者之职,必更有鸿篇巨制,故特介绍侨胞多阅《大汉报》,以增智识,而为共和国之平民可也。并请群安

　　　十二月十八号　从片市左珠埠　乡弟余都、马义山上言①

　　此信对颜、余二人进行嘉许,尤其对颜志炎寄予厚望。持论、用语比较理性、克制、冷静,未对笔战对方《新民国报》进行漫骂与诋毁。所欲宣扬《大汉公报》之目的,与《大汉公报》增智识、拥共和的宗旨是相符合的。

　　笔战中余观海的作品最多,其所擅文体广泛,举凡诗歌、文赋、粤讴、南音、小说、班本等,无不精通。据其自述,每个月都有十余封读者来信。其中有位署名雷公的读者,肯定其笔战成绩后,提出期望:

　　　　观海先生大鉴:昨阅大汉报,见足下所撰之奇文,屡登报章,吓得一般吹牛家,魂飞魄散,喜如何之。然而《盲公开眼嘲大会》之文,足下落笔淋漓,情文并美,以志其事,令阅者爱不忍释。今《大汉报》借足下雄才,声价十倍矣……足下文字有灵,而能惊破鬼胆。嗟乎,"言辞倒流三峡水,笔阵横扫千人军",诚足下之谓矣。伏望足下多撰谐文、小说,唤醒海外侨胞,勿入马扁之笼,德莫大焉。②

　　　　　　　　　　　　　　　　　九月十五　雷公上言

　　这些读者来信,极大地鼓励了余观海,激发了他的创作热情,他决定将笔战之文章结集出版,"拟先印一千簿,每簿以百册为额",以印刷成本价进行预订销售,并在《大汉公报》上刊登购买预

---

① 《代邮》,《大汉公报》1917 年 12 月 27 日。
② 《来函照登》,《大汉公报》1917 年 9 月 19 日。

订声明。①

　　《大汉公报》1918 年 2 月在"鱼雁往还录"栏目登载了加拿大副总领事赵宗坛之来信，对余观海在"编辑余评"栏目刊登的《海外春秋》表示感谢。余观海此文主要是针对《新民国报》对赵宗坛的攻击进行辩护，为赵领事抱不平。② 赵宗坛亦为广东台山人，担任过美国《中西日报》编辑，后为广东台山中学的募捐与修建出力甚多。为人谦和，没有官僚架子，来函中自称"滥竽于总领事之职五年，实一粤语通译，譬之笔墨奴隶，与一工人自食其力四字无区别"。他能够体恤华侨民众疾苦，为华埠侨团谋利益，并为侨团的管理做出了贡献，受到中央政府勋章嘉奖，却遭到了《新民国日报》的非议。赵领事在文末提出，希以后莫以此为题，避免速其官谤，也是担心笔战双方会再度为此掀起争论。但余观海仍公开登载此信，并在信后作了按语，称"今接到赵君之覆函，其言语谦恭如此，故特录之，以表赵君之心地，如日月光明耳，阅者谅之"③。《大汉公报》和历任驻加领事关系都较亲睦，这和其立场稳健、重视与中国国内政府关系密不可分。

　　《大汉公报》对读者来函选登的标准还是较严格的，尽管有些读者经常就当地华埠发生的新闻事件及其评论撰稿投寄，但出于对新闻报道的真实性的考量，该报编辑部采取谨慎审视、求证之态度。且涉及人物私德及亲属者，概不刊登。对于隐匿姓名的投稿亦要求告知真姓名、真地址；对于以社团或组织名义投稿，要求盖公章。④ 正是这样严格的审核把关与客观真实的要求，保证了《大汉公报》一直以来的繁荣发展，也为华文文学的产生、发展与传播提供了一个稳定、开阔的平台。

①　余观海：《新书出世之先声》，《大汉公报》1917 年 9 月 29 日。
②　余观海：《海外春秋》，《大汉公报》1918 年 2 月 5 日。
③　《来函照登》，《大汉公报》1918 年 2 月 13 日。
④　《申明本报之用意》，《大汉日报》1915 年 4 月 28 日；《代邮》，《大汉公报》1915 年 12 月 24 日。

第四章 《海外嘤鸣草》《避庵诗存》
——《大汉公报》文学资料延伸研究

目前,20世纪20年代之前的加拿大华文文学资料面世甚少。所幸有两部保存下来的作品集《海外嘤鸣草》《避庵诗存》,为我们进一步了解、研究《大汉公报》刊载的文学资料以及加国华人文人群的文学交游、文化代际传承、华侨对祖国文化发展所做出的贡献等提供了宝贵史料。《海外嘤鸣草》是一部近代加拿大华人交游唱和诗集,《避庵诗存》是林文聪的个人诗集。

第一节 《海外嘤鸣草》:《大汉公报》文艺副刊的部分摘编

1915年至1916年,《大汉公报》因为财力原因,压缩报纸版面,文艺内容不在报纸正张刊载,而转以"附张"形式,随报纸正版发行。遗憾的是,目前,尚未发现此类"附张"现世,这两年的附张内容基本无从得知。《海外嘤鸣草》的存世,给我们提供了管中窥豹的机会。

一、《海外嘤鸣草》的编纂与流传

《海外嘤鸣草》的收集、编纂者为李淡愚(1859—1942),又作淡如,名春华,号佩韦,广东新会人,天资聪颖,性刚强,为广东名儒吴铁梅先生之高足,著名教育学家,历任 15 所学校校长。其精通音韵和联语,潜心国语、广东省话字切,是北京国语统一会会员,著有《国语统一字切》《李淡愚先生联语录》等书。1913 年应维多利亚华侨学校之聘担任教师,1916 年 12 月任期结束回国,在广东新会冈州中学任职。在该诗集序中,他自述与维多利亚华侨学校同事林仲坚"彼此唱和因并友人投赠者寄刻温高华大汉公报",回乡后偶一检视,"适为儿辈所见,抄录成册,校生知之,请代排印",落款时间为中华民国六年重阳。①

该集命名乃受苏轼岭南《海外集》启发,李淡愚将自己与林仲坚等人在加拿大的交游唱和视为苏轼诗学嗣响;又取《诗经·小雅·伐木》诗句之意:"伐木丁丁,鸟鸣嘤嘤。出自幽谷,迁于乔木。嘤其鸣矣,求其友声",故命名为《海外嘤鸣草》。此诗集共收录林仲坚、李淡愚、林礼斌、李月华、选青、李勉辰、周家职等 7 位诗人 221 首作品。其中,林仲坚 119 首诗歌、李淡愚 75 首诗歌、林礼斌 13 首、李月华 10 首、选青 2 首,李勉辰与周家职各 1 首。除上述 7 人外,集中交游酬赠的对象有黄笏南、李梦九、司徒英石、黄孔昭、颜志炎、陈心存、张孺伯、林关、林修本、马瑞堂、关崇德、陈礽梅以及数名侨校学生等合计 18 人。

该诗集刻印后,曾赠予一些友人,包括参与交游酬唱的华侨富商林礼斌以及司徒英石等社会名流。林礼斌受赠诗集后,曾写诗《海外寄怀淡如先生》刊登于《大汉公报》,诗云:"诗章喜集嘤鸣草""海外人争腾口吻"②。可见,该诗集流传回加拿大后,反响不错。目前所知,该诗集似仅存司徒英石之收藏版本,并捐赠给加拿大英属哥伦比亚大学图书馆。

---

① 李淡愚:《海外嘤鸣草·序》。
② 林礼斌:《海外寄怀淡如先生》,《大汉公报》1918 年 6 月 22 日第 11 版。

二、《海外嘤鸣草》：加拿大华人生活图景的真实写照

前面章节已提到加拿大华文文学滥觞的两个源头："先侨壁诗"和"精英文学"。与这两类文学作者不同的是，《海外嘤鸣草》中参与文学活动的都是居留加拿大较长时间的侨社名流、教师与学生等，主要展现的是海外文人阶层的社会生活与精神世界。通过这些文人的笔触，展现了与前面两类文学镜像不同的华人生活图景。

（一）教学、研究、笔战与征文活动：华侨学校教师的日常生活

加拿大华侨学校教师往往都是从中国国内延聘而来，受过良好教育，在加拿大移民法案里，属于可以赦免人头税的特殊人群。但是，其薪资待遇在当地华人中很平常。1915 年，维多利亚华侨公校的教师月薪 60 元，"如不敷支，由会馆筹给"①。据 1902 年皇家调查委员会报告，罐头厂华工工资是每月 40—50 元，农业华工是每月 20—25 元，煤矿华工、伐木华工是每天 1.25 元，铁路地区华工是每天 1 元。② 这些文人来到异国他乡，保留了"诗言志""以文会友"的传统习惯。

《海外嘤鸣草》记载了华侨学校教师的日常工作与社交生活。李淡愚在赠别同事诗中，形象地描摹了教识字课、音乐课的具体情形：

> 读书识字最为先，教授侨童已四年。堪笑牙牙才学语，怜君频搦指挥鞭。

> 每听清歌唤奈何，心摹节拍学吟哦。有时手把风琴弄，授

---

① 《域埠华侨公学报告册》，《大汉日报》1915 年 7 月 13 日。
② 黎全恩、丁果、贾葆蘅：《加拿大华侨移民史（1858—1966）》，人民出版社 2013 年版，第 232 页。

我中华爱国歌。①

课余,李淡愚还同学生合著音韵方面的书籍,在华侨林修本的帮助下,完成了《南北字切合璧》,帮助海外侨童学习广东省话和北方普通话,并刊载在温哥华《大汉公报》,扩大了影响。

林仲坚是著名诗家,与李淡愚是同门,乃广东名儒吴铁梅之门婿。他于1915年受聘为维多利亚华侨公校教师,1917年10月离职。著诗话《诗律卮谈》,在《大汉公报》连载26期。

李、林二人因长期投稿《大汉公报》,与编辑部关系密切。此时适逢维多利亚《新民国报》与《大汉公报》笔战正酣,二人因此亦被卷入笔战,受到攻击。面对抄袭的指责,李淡愚做出了系列回应与驳论,后来却退出了笔战。在《中秋有怀林修本君》组诗中,他解释了退出笔战的原因,乃因为林修本寄信忠言劝诫,"亲向辕门为解围"的义举。② 诗歌相对报刊上登载的书信和声明,私人情感浓厚些,对两报之间的笔战、文人之间的关系等有了非常重要的补充。

林仲坚不仅长期担任温哥华埠广吟社征联活动的评委,还受邀担任维多利亚金福源米偈广告征文的评委。据该报广告栏载,此次征文评选前20名,获奖名单中不乏维多利亚、温哥华两埠文化名流,如《大汉公报》编辑张孺伯、李槐卿以及周家职等,获得第一名的是温哥华埠的黄孔昭。《海外嘤鸣草》收录的林仲坚《黄君孔昭以诗存问,赋此答之》对此次活动的后续情况进行了具体记载:林仲坚、黄孔昭、李淡愚共同为金福源演说食米,"半日剧谈同小饮,三人拍照故犹存"③。为他们三人拍照留影者即温哥华埠资深照相馆老板周耀初。这则材料向我们揭示了李、林二人身居维多利亚,何以与此时定居温哥华的黄孔昭结缘定交的原因。

---

① 淡愚:《黄君笏南归国诗以赠之》,见《海外嘤鸣草》,第2页。
② 淡愚:《中秋有怀林修本君》,见《海外嘤鸣草》,第26页。
③ 仲坚:《黄君孔昭以诗存问,赋此答之》,见《海外嘤鸣草》,第11页。

（二）时尚、奢华与传统：华侨富商的上流生活

维多利亚作为加拿大华埠最早兴盛的地方，造就了一批富裕华商，林礼斌就是其中一位。林氏，广东新会人，爱国富商，热心于办学与公益活动。在孙中山为黄花岗起义发起的筹款中，一人捐款 4 000 元，相当于檀香山、纽约两地的总和，与孙中山结下深厚友谊。①《海外嘤鸣草》也吉光片羽地折射了林礼斌时尚、奢华的生活方式。早在民国前十年，他就养了一匹价值千金的宝马，在温哥华赛马场与南北美洲名马同场竞技，获得第一名，吸引了美商注意，欲购买之，他拒绝并摄影纪念。十年后，李淡愚、林仲坚曾同题歌咏此事。② 网球场、摄影机、吸尘机等亦是众人分题咏物的对象。如林礼斌的《吸尘机》：

> 世间多少污泥物，苦我时时拂拭勤。赖有电喉能吸受，室中何处觅纤尘。③

就巧妙地将唐代高僧神秀所作的《无相偈》诗句与现代电器的功能联系起来。作为侨社领袖，曾任中华会馆副董事的林礼斌参与筹办了中华学堂（维多利亚华侨公校的前身）。他非常重视子侄的传统教育，其女林月颜、侄子林昌兴、林耀国都在他的推动下，接受华文教育，跟华侨公校教师交游。林仲坚暑假在离维多利亚八英里的陈园疗养时，林礼斌让其侄子林昌兴随侍身边，执弟子礼。李淡愚、林仲坚与之唱酬，将其比拟为东晋谢安："谢傅喜闻佳子弟"④，

---

① 参见张维持：《孙中山与美国华侨》，《中山大学学报（社会科学版）》1984 年第 4 期；邓丽兰：《临时大总统和他的支持者：孙中山英文藏档透视》，中国文史出版社 1996 年版，第 162 页。
② 淡如：《题赛马摄影》，《海外嘤鸣草》第 11 页；仲坚：《礼斌君见示赛马摄影奉题一律》，《海外嘤鸣草》第 12 页。
③ 礼斌：《吸尘机》，《海外嘤鸣草》第 7 页。
④ 淡如：《五月廿四号礼斌君召游雪泥，同行有侄公子耀国、女公子月颜，随侍游毕回经西人农林试验场小憩，摄影数幅，因分题绝句以纪之》，《海外嘤鸣草》第 12 页。

赞其女"吾家道韫擅聪明"①。虽有过誉之嫌,亦见其家重文学风流、诗礼相传。

《海外嘤鸣草》中,与李淡愚、林仲坚有文学交往的华人精英还有李梦九、司徒英石。李梦九(1861—1924),即李卓明,字仙俦。侨界巨商,维多利亚华侨公校第一任校长,长期担任移民局译员,曾接待李鸿章、康有为等晚清社会名人,保皇派成员。康有为在加拿大维多利亚发表演讲时,主持者即为李梦九。② 1915 年,因热心公益、维持教育,贡献突出,中国政府颁发嘉禾勋章以示激励。③作为熟悉洋务、精通英文的知识分子,李梦九还保留着中国人的传统生活方式,因其校长身份,他的住处成为华侨学校老师聚会的场所,1916 年农历正月初二,林仲坚、李淡愚都按照中国人的习惯,去他家贺年,并次韵唱和。④ 他亦非常重视子女的传统文化教育,女儿李月华就是维多利亚华侨公校的第一届校友,虽属加拿大土生华侨,但精通粤语和古诗,师从李淡愚、林仲坚,被誉为不可多得的"洋侨女弟子",后嫁给广东新会县长霍坚。

司徒英石(1889—1967),名旈,笔名狮门鱼侣,是出生在加拿大的第二代华人,祖籍广东开平赤坎,为李英九妻弟。⑤ 他从未涉足中国国土,却受到良好的中华传统文化教育,精通古典诗词,充当诗丕亚公司东亚轮船客户经理近 40 年,亦是维多利亚击楫社的创立者、当地教育界和中华会馆的领袖。他与李淡愚、林仲坚二人

---

① 仲坚:《五月廿四号礼斌君召游雪泥,同行有侄公子耀国、女公子月颜,随侍游毕回经西人农林试验场小憩,摄影数幅,因分题绝句以纪之》,《海外嘤鸣草》第 12 页。

② 谭标:《康有为与海外华侨》,《南海文史资料(第 12 辑):纪念康有为诞辰 130 周年、戊戌维新运动 90 周年专辑》,南海县政协文史资料研究委员会编 1988 年版,第 81 页。

③ 《李君梦九得奖嘉禾勋章》,《大汉公报》1915 年 11 月 23 日。

④ 仲坚:《正月二日与友人同集李君梦九家贺年口占》;淡愚:《次韵林君仲坚同赴家梦九君贺年口占》,《海外嘤鸣草》第 10 页。

⑤ 刘静、邹崇乐:《加拿大华侨先驱:司徒旈》,见《天禄论丛——中国研究图书馆员学会学刊 第 8 卷》,广西师范大学出版社 2018 年版,第 114 页。

交往时,不到 30 岁,却精通道教养生术,并分享给林仲坚。[1] 他非常重视家庭教育与中国古典文学的传承。李淡愚的《赠司徒旄君》形象地表达了他的这种急切心情:

> 去年英石产英儿,喜见牙牙学语时。屈指几时才长大,授渠七绝百篇诗。[2]

这批爱国侨商是最早在加拿大落地生根的华人,在构建华人社区教育、联结华侨与祖国、传承中华文化等方面都做出了重要贡献。

(三) 商、儒之间转换:华人知识分子的纠结与挣扎

与前两类人群有些不同的是,《海外嘤鸣草》里还反映了另外一类华人的生活。他们有很高的传统文化素养,但迫于生计,无法长期安于做文化教育类职业,转而经商。最终又忠实于自己内心的感受,回归文化、教育事业,一生在商人、文人身份之间不断转换。《海外嘤鸣草》里面唱酬的对象黄孔昭、周家职就属于此类。

黄孔昭(1968—1933),号钝夫,台山横江望族,"博学能文,藏书之富,海外少有其匹"[3]。经商之外,致力于社会公益。原为温哥华保皇会会长,后改入洪门,创立竞存私塾,擅长古文诗词。其18 岁为童师,1899 年来加拿大,长期侨居温哥华,1927 年移居维多利亚,曾担任维多利亚致公总堂菁莪学校校长。晚年担任满地可(今译为蒙特利尔)麦基尔大学汉文编校,1933 年卒于此地。黄孔昭一生汲汲于国学的研究与传播,但来加后,主业为商贾,晚年

---

① 仲坚:《司徒英石君告予养生术作此志谢》,《海外嘤鸣草》第 15 页。
② 淡如:《赠司徒旄君》,《海外嘤鸣草》第 13 页。
③ 梅夫:《悼黄孔昭》,《大汉公报》1933 年 5 月 20 日。

才遂其心愿,专心文化教育。《海外嘤鸣草》收录李淡愚、林仲坚二人与之酬答诗作,都将他比为东汉黄宪(叔度),德行深厚、度量宽广,对其"质物经时权子母"的经商行为表示理解和劝慰。①

周家职,1904 年抵达加拿大后,始作教师,在李梦九的帮助下,得以免除人头税 500 元,后转行经商 16 年后又重回教育界。曾任致公总堂阅书报社社长、菁莪学校校长、文华学校校长等。李淡愚在《戏赠周家职君》里曾对其改行予以安慰:"未换青衿旧愿违,误人一领是儒衣。"②

这些华人知识分子,尽管在加身份各异,但是对于祖国政治、经济、民生等始终持以热切的关心,可谓休戚与共。怀国、思乡、感叹身世乃其诗歌常见主题。与国内文人相比,他们的世界意识更强,对于欧战、世界局势更敏感。《海外嘤鸣草》收录了林仲坚多组集句诗,主要是集白居易句、集杜句、集东坡句。其集杜句主要是表达忧国忧民之情,如《欧战经年闻德军常胜愿以勉我将士集杜》《杂感十首集杜》等。在以异乡人的眼光观察所居国的风土人情时,他们也感受到了不同文化的碰撞,开阔了眼界。无论是山居养病偶见山中打柴者之举重若轻,还是邻居"西妇倩代煮唐人白米饭",都让林仲坚感到新奇,一方面感叹国外劳工技术之高超,"独力不言辛"③,另一方面又油然而生"红鲙黄橙香稻饭,谁知今日慕华风"④之意外与自豪。

三、加华文学多元场域的构建与交汇

法国社会学家布尔迪厄曾提出"场"的理论,他认为所谓"场"(field)就是一个由拥有不同权力(或资本)的团体或个体,按

---

① 仲坚:《黄君孔昭以诗存问赋此答之》,《海外嘤鸣草》第 11 页。
② 淡如:《戏赠周家职君》,《海外嘤鸣草》第 13 页。
③ 仲坚:《山中观打柴》,《海外嘤鸣草》第 21 页。
④ 仲坚:《西妇倩代煮唐人白米饭集白句纪之》,《海外嘤鸣草》第 21 页。

照他们占据的不同位置之间的客观关系构成的"一个网络",或"一个构造"。①"文学场"与政治场、经济场等存在一定联系,但是一个遵循文学自身的运行和变化规律的空间,组成其内部结构的团体或个人包括由文学杂志、出版社(出版商)、赞助人等组成的文学生产机构;由批评者、文学史写作者、评奖委员会、学院、沙龙等组成的文学价值认定机构;以及作家——文学的直接生产者。②场是相对自主的,因而是开放的,场与场之间的界限并不分明。

20世纪早期加华文学可视为一个大的文学场,这个文学场内部存在着各种不同力量之间的争夺,归属于不同政治党派的各种报纸集团之间的笔战就是最集中、典型的体现。与此同时,这个文学场又是由诸多次文学场组成的,维多利亚华侨公立学校就是其中非常重要的一个。该校为加拿大历史最悠久之华文学校,当时被视为美洲最完善之华文学校,开设的课程包括国文、国语、历史、地理、修身等,所用教材皆为中国教育部审定、商务印书馆印刷。聘请的老师如黄笏南、李淡愚、林仲坚、朱硕存等都受过良好的传统文化教育。但据《海外嘤鸣草》"序"云,李淡愚至维多利亚华侨公校,与黄笏南同事三年,从未作诗。直到1915年暮春林仲坚来后,强索步韵,这才是他在维多利亚作诗之始。查此前《大汉日报》,未见刊载李淡愚、黄笏南等人诗作,可见所言不虚。林仲坚的到来,促进了侨校教师之间的唱酬、切磋,提高了兴趣与技巧,形成良好的文学生产氛围。革新后的侨校,作为知识传播的场所,通过国文、国语等课程设置和实践训练,培养了学生的基本文学素养。教师和学生由此组成了"文化共同体",学校为文学生产创造了场地、师生关系、人际网络等制度性条件。而《大汉公报》虽为洪门

---

① 〔法〕皮埃尔·布尔迪厄著,包亚明译:《文化资本与社会炼金术——布尔迪厄访谈录》,上海人民出版社1997年版,第142页。
② 〔法〕皮埃尔·布迪厄著,刘晖译:《艺术的法则——文学场的生成和结构》,中央编译出版社2001年版,第262—270页。

(致公堂)机关报,但自视为开通侨智之机关,认为"侨界为子弟谋幸福者,莫如汉文教育",成为师生发表文学作品、研究成果的媒介平台。

《海外嘤鸣集》将曾在该报发表过的诗歌唱和作品结集印刷,在海内外流传,又扩大了影响。作为一本华人交往诗歌集,它生动地展现了侨校教师、学校管理层、家长、学生、其他社会名流、《大汉公报》等共同构建的文学场运行场景。

维多利亚华侨公校"文学场"是一个超越了物质空间的社会空间,在这个空间中,由占据不同社会位置和地位的行动者或机构构成了多面向的社会关系网络,具备深厚古典文学素养、业内享有声望、知名度高的侨校教师成为组织、发起文学活动的核心人物。《海外嘤鸣草》涉及的唱酬人物共有 24 名,林仲坚与 22 名都有交往酬唱,作为诗界领袖,起到了主导、推动作用。而李淡愚作为其同门、同事、朋友,具有重要的辅助作用,他与集中半数以上的人员有文学往来,所创作的诗歌数量也仅次于林仲坚。

维多利亚华侨公校由当地中华会馆主办,该校董事会向来由中华会馆组织。[①] 学校管理层在教师的聘请、安置、学校课程设置、经费维持等方面起到了重要的决策作用。他们往往又身为家长,常与教师同姓同宗,海外华人宗族观念强,重视乡梓,多重身份使得他们与华侨公校教师关系非常密切。

林仲坚来加后,即栖身同宗林礼斌商号,因感冒久治不愈,林礼斌为之四处寻觅养病之所,终于觅得陈氏山园。林仲坚在陈园休养期间,该文学场域的活动达到了一个高峰。林礼斌在该集中被收录的诗作数量仅次于林仲坚、李淡愚二人。他不仅参与唱和,在彼此交游中,还提供了一些吟咏题材。如《五月廿四号礼斌君召游雪泥,同行有侄公子耀国、女公子月颜随侍,游毕回经西人农林

---

① 李东海:《加拿大华侨史》,加拿大自由出版社 1967 年版,第 331 页。

试验场小憩,摄影数幅,因分题绝句以纪之》,这次分题唱和,林仲坚、李淡愚各作三首,林礼斌作一首。

李梦九与李淡愚亦为同姓同宗,其女李月华为李淡愚高足,师生共同编撰音韵学书籍。作为校长,他的家也成了教师们节日聚饮吟对的重要场所。林仲坚养病期间,他曾与众人前往探望。

司徒英石作为学监,亦热切关心华侨子弟的汉语学习。他根据自己长期工作接触到的情况,对李淡愚的音韵学研究与教材撰写提出了更高要求。李淡愚与李月华应其所求,在前刻《广话国语一贯》基础上合撰完成《国语南北字切合璧》。司徒英石"即请排印,用以教华侨学生"。李淡愚在《国语南北字切合璧序》特意提到了司徒英石对促成该书问世的重要作用:

> 今岁暑假,以事赴温哥华,晤前监学员司徒英石君,谓前刻《广话国语一贯》只有南话字切,无北话字切,于国语范围,未尽完备。且自述现在坎拿大诗丕亚公司受职,招待中国游学游历诸君,舟车往来,多数均讲北话,若海外侨童于北话字切未有门径,将来与外省人谈话,或赴北京就学,恐多误会。①

此建议显示了司徒英石视野开阔,与时俱进,人才培养理念先进。音韵学作为语言学习的基础,不仅便于沟通交流,也是学诗作词的必备知识,这些都是促成维多利亚华侨公校诗词创作兴盛的有利因素。

在维多利亚华侨公校文学场的社会关系网络中,家长与学生也是重要的节点。据《海外嘤鸣草》收录诗作,林仲坚在陈园养病期间,有些家长亲自前往看望,如李勉辰、关崇德、马瑞堂都曾跟随

---

① 淡愚:《国语南北字切合璧序》,《大汉公报》1916 年 12 月 9 日。

李梦九入园拜访。这些家长多为商贾、宗亲或地方性侨团领袖。李勉辰,名进,号崇燮,广东台山县人。与其父在加拿大创办英昌隆公司。1898 年,孙中山第一次到加拿大,曾寓居英昌隆公司。①他是维多利亚埠李陇西堂创办人之一,担任李陇西堂及台山宁阳会馆总理。他热心教育,曾于民国十年起,多次担任维多利亚华侨公校校长。其长子李北铨于 1909 年入读该校。他平日即与林仲坚、李淡愚、林礼斌等聚饮酬唱,交往频繁。

由于侨社尊师重教,华侨公校仍保持着师道尊严,师生关系良好。《海外嘤鸣草》反映了这方面的情形:华侨公校已毕业的学生黄渊伟、马呈瑞、刘光篪曾携带花束看望林仲坚,殷勤问候起居;第一届毕业生温光祥、在校生林昌兴(林礼斌侄子)在父辈的安排下,与其同住陈氏山园,每日"饭余灯下饶清课,或学吟诗或学书""爱惜风光推物理,卧谈间至夜深时"②。这种社会关系网络的延伸——校友与学校的密切互动对文学场的持续发展以及整个加华文学的繁荣都产生了良好作用。后来在华文教师缺乏时,不仅该校聘请自己的毕业学生罗美娟、关合凤作为教师助理,加拿大其他各埠侨校亦多聘该校之毕业生为教师。③ 许多毕业生后来都投身于该校的发展事业,担任了校长、校董。

维多利亚、温哥华两地的华人社会名流如维多利亚陈颍川堂兼华商总会的领袖陈礽梅,定居温哥华埠的原保皇会会长、竞存家塾创办者黄孔昭等都与林仲坚有过唱酬。两座城市毗邻的地理位置,政治、经济、文化等发展的相互渗透,使得文学场也有了交汇。

作为加拿大历史最悠久、影响力最大的华文报,《大汉公报》亦是加华文学一个重要的次场域。20 世纪初期,加拿大洪门势力强

---

① 邓丽兰:《临时大总统和他的支持者——孙中山英文藏档透视》,中国文史出版社 1996 年版,第 162 页。
② 仲坚:《学友温光祥林昌兴同住陈氏山园作此示之》,《海外嘤鸣草》第 20 页。
③ 李东海:《加拿大华侨史》,加拿大自由出版社 1967 年版,第 331 页。

大,作为洪门(致公堂)机关刊物,《大汉公报》对加拿大华人社会发展产生了重要影响。它关心华人教育与办学,经常刊登维多利亚、温哥华等华埠学校的招生、开学、考试、毕业典礼等信息。由于洪门(致公堂)政治态度的复杂性,与孙中山关系的历史演变以及致公堂内部保守与创新之争、历任编辑政治立场与办报理念的差异等,使得《大汉公报》在外与《新民国报》发生了长期笔战,在内部也引发了各种力量的博弈,并对加华文学的走向产生了重要影响。

由于致公堂总部及其阅书报社在维多利亚,《大汉公报》亦在当地派有专门的访员,密切关注当地动态,他们与维多利亚华侨公校建立了良好关系,成为师生发表文学作品的重要园地。当李淡愚与林仲坚、李月华合撰的《广话国语一贯(未定稿)》、林仲坚所著《诗律厄谈》在《大汉公报》发表后,遭到《新民国报》攻击,《大汉公报》还组织了回击。这种"笔战"不仅是文学、学术之争,更多是为了维护林、李二人的声誉。李淡愚在与《新民国报》人员笔战时,多次澄清自己并非《大汉公报》记者,恰好说明了他与《大汉公报》关系之紧密。

而温哥华华侨公立学校尽管有近水楼台之利,但由于该校管理与师资背景,与《大汉公报》关系并不亲睦。该学校由国民党创办于1917年5月,所聘教师陈树人乃加拿大国民党支部部长、国民党在维多利亚创办的《新民国报》之主笔记者,与《大汉公报》进行笔战的主将,尽管《大汉公报》对该校的筹备、成立都进行了报道,却甚少发表其师生文学作品。两报各为其主,形成了剑拔弩张的对立关系。

《海外嘤鸣草》中,与维多利亚华侨公校教师有过酬赠唱和的大汉报编辑有崔通约、陈心存、颜志炎、张孺伯、选青、林关等。前面四位都曾担任《大汉公报》的主笔(总编辑),他们在职时适逢李淡愚、林仲坚任教于维多利亚华侨公校。《海外嘤鸣草》收录的第

一组诗即李淡愚欢迎林仲坚之作,诗题注明"步原韵四首兼柬通
若、志炎、心存诸君"。1915 年 10 月,《大汉日报》复聘张孺伯为总
编辑。张孺伯 1916 年 9 月因病去世,《大汉公报》"本埠新闻"曾连
续几日报道其任职的社会团体、宗亲组织筹备葬礼之消息,但因无
文学版面,与之相关的悼念作品今亦不可睹。幸得《海外嘤鸣草》
存有李淡愚、林仲坚《悼张君孺伯》各一首,为我们了解林、李、张三
人的交游提供了珍贵史料。1916 年李淡愚回国时,《大汉公报》
"同人以金牌赠行并縢之以诗",此诗由林仲坚代写。诗中用张元
伯与范巨卿的交谊比拟张孺伯与李淡愚,感谢李淡愚为张孺伯之
葬礼指画礼仪,"行述表生平"①。由此可见林、李二人与张孺伯及
其他《大汉公报》同人的交谊。张孺伯去世后,颜志炎全面接管寄
稿业务,主持笔政。林、李二人皆有数首次韵奉答颜志炎的诗作。
此外,林、李二人与选青、林关亦关系密切。1915 年除夕李淡愚与
林仲坚反复唱和,参与者就有选青。②

　　维多利亚华侨公校文学场与《大汉公报》文学场都有着自身运
行和变化的规律,虽然在物质空间上分属两座城市,但是在社会空
间内部有了密切的关联,两个文学场由此产生交汇。维多利亚华
侨公校的师生成为《大汉公报》部分文学作品的生产者,而《大汉公
报》则成为公校文学场的文学生产机构,其主笔经常充当批评者的
角色,直接或者间接地影响其文学创作。遗憾的是,《新民国报》亦
为一重要文学场,但由于早期报纸尚未面世,我们已经无法知晓其
具体运行情况。只能从《大汉公报》的笔战资料管窥其一鳞半爪。
总之,20 世纪早期加华文学的蓬勃兴起与这些多元文学场的构建
及交汇密不可分。

---

① 仲坚代:《李淡愚先生归国本报同人以金牌赠行并縢之以诗》,《海外嘤鸣草》第
　　32 页。
② 选青:《次韵奉答佩韦》,《海外嘤鸣草》第 9 页。

第二节 《避庵诗存》：加国华人
共襄出版盛举的结晶

　　《海外嘤鸣草》的结集排印属于私刻，并非正式出版，而《避庵诗存》则是由上海商务印书馆公开出版。该诗集作者正是《海外嘤鸣草》中被收录作品最多的诗人林仲坚。林氏，名文聪，字仲坚（肩），号佩弦，兼擅文学艺术。他对于小说、诗词、对联等文学体裁有自己的独特见解，是著名诗家，被温哥华广吟社长期聘为征联评阅专家，也是有名的书法家、篆刻家。其同门师兄李淡愚曾在《海外嘤鸣草序》里将其海外所作诗与东坡海外诗相媲美，极尽揄扬之能事。林仲坚到加拿大维多利亚侨民公校担任教员之后，推动了加拿大华文文学的发展，培养了一批后辈作家，堪称近代加拿大华文文坛的翘楚与领袖。1920 年林仲坚去世，享年 57 岁。加拿大华人社会领袖，维多利亚侨民公校校长李梦九撰写挽联，并刊登在《大汉公报》，联语曰：

　　　　有经史词章、正草篆隶诸绝学，真教育界不能多得之人，倘天帝特假年龄，再渡太平洋，绝域生徒更欢喜；

　　　　为祖宗父母、兄弟子妇以亡身，是宇宙间无可奈何之事，愿朋辈代谋衣食，先寻安乐土，一家细弱免饥寒。①

　　可谓是对其多才多艺又贫寒多舛的一生的生动写照，肯定了其对教育界的贡献。

一、《避庵诗存》的编纂与出版

　　《海外嘤鸣草》问世后的第二年，回国未半载，任职广东新会西

---

① 李梦九：《挽林仲肩先生》，《大汉公报》1920 年 4 月 6 日。

南中学的林仲坚接到前维多利亚华侨公校同事黄笏南来信,言李勉辰、林礼斌发起,陈礽梅、司徒英石响应,共出资上海时价银 300元,汇给商务印书馆,并催促李淡愚帮助付印其诗稿。筹资出版缘由,李淡愚在《避庵诗存序》中作了简要说明:1913 年,他应维多利亚华侨公校之聘,林仲坚以诗赠别。他携带其诗至海外,林君诗开始被人了解。由于他和黄笏南平日称述林仲坚"人品学问于诸君之前,是以诸君乐为君印存其诗"①。当然,诚如前述,这与林仲坚来加拿大之后在诗坛上所做出的贡献和取得的声誉密不可分。其归国时,《大汉公报》从 1917 年 10 月起,数次刊登众人赠别唱和诗,皆称赞其诗才与教育贡献。加拿大侨民特别重视宗亲,林西河堂是维多利亚著名的宗亲堂,林仲坚赴任当地侨民公校教职时,就受到该堂热烈欢迎。记者称"且闻域埠,凡有教员到校,以此次林西河堂欢迎为最热闹云"②。林仲坚在加两年受其同宗富商林礼斌多方照顾。林礼斌亦是此次诗集出版的首倡者。林仲坚作为广东名儒吴铁梅的门婿,其学问道德向被誉为吴门弟子之冠。来加国前,曾任广东新会县立中学教员、西南高等小学校校长。种种因素,使得林仲坚成为近代加拿大华人社会不多见的教育家、文学家。

《避庵诗存》由林仲坚自己亲自编订。"避庵"乃林仲坚之号,他曾在家乡罗坑乡壶庐山下筑小楼,取名壶天,谢绝世俗,吟咏其中,并改号避庵。此楼后遭焚毁。多由此变故,林氏转赴任加拿大教职。③

根据其回国时同事黄笏南所赠之诗,林仲坚在维多利亚华侨学校时,就已打算将诗稿刊刻赠友,而且离别前已经"赶誊诗稿副

---

① 李淡愚:《避庵诗存序》,见林文聪:《避庵诗存》,商务印书馆 1918 年版。
② 《域埠林西和堂欢迎侨校教员林仲坚先生纪盛》,《大汉日报》1915 年 5 月 7 日。
③ 李淡如:《与林礼斌仲坚两君游波斯霹雳湖口占再慰仲坚》,《海外嘤鸣草》第 16 页。

本另行置邮,备防意外"①。此稿本是否仅包括其在海外所作诗,抑或是生平所作诗之汇集,已不得知。但肯定与目前所见《避庵诗存》印本不同,因为最后付印出版的诗集中至少有 20 余首作品是他离开加拿大后乘船途经日本、菲律宾等地及回国后所作。《避庵诗存》自序称,一生所作诗,少作存十分之二三、中年存十之七八,"五十以外乃思浮海,成诗愈多"。该集共收录诗歌 1 000 余首,分为卷上、卷下、《避庵集句诗存》三部分。卷上和卷下都是自作诗歌,将集句诗单独排列,是因为诗人认为集句诗乃取之于人据为己有,"盖此为百家衣体,终非诗人所贵"②。其体例大致是按时间顺序编排,卷上收录诗作最早始于光绪十六年(1890)。《避庵集句诗存》最早收录的作品始于光绪二十五年(1899)。该诗集书眉由李淡愚书写,并收录有林仲坚 55 岁时照片,见图 4-1:

图 4-1 《避庵诗存》书影及林仲坚 55 岁照片

---

① 黄笏南:《林仲坚同事先生行将归国爰作诗以送之》,《大汉公报》1917 年 10 月 27 日。
② 林文聪:《仲肩自志》,见《避庵诗存》卷下,商务印书馆 1918 年版,第 28 页。

《避庵诗存》卷上共计有近百首诗歌为在加拿大时所作,卷下共收有诗歌 207 首,其中 186 首诗歌作于加拿大;第三部分《避庵集句诗存》共收录集句诗 339 首,其中 187 首作于加拿大。三部分合计起来,共有近 500 首诗歌作于加拿大。也就是说,该诗集近一半左右的作品都作于加拿大。如果加上往返加拿大途中所作诗歌,其海外所作诗数量就更多了。特别值得注意的是,该集卷上收录的《东航咏古集》曾分期登载在《大汉公报》1916 年的附张[1],在当时产生了很好反响,诗人黄孔昭盛赞:"先生长于诗,生平所志所怀,皆于吟咏发之,深得诗人醇厚之旨。而东航咏古百六十首,尤脍炙于人口。"[2]但由于该报 1915 年、1916 年两年的附张殆已散佚,今已不见,幸赖此诗集保存。

《东航咏古集》共 158 首,其中 100 余首是其赴加拿大远洋东渡时所作,另外几十首是其在维多利亚教书余暇所作。这些诗歌以七言绝句的形式,按照时代顺序歌咏从上古伏羲氏到南北朝吴明彻、萧摩诃等 179 名历史人物。大多数是一首诗吟咏一个人物,但亦有将数个同类人物放在同一首诗者,如廉颇、蔺相如,苏秦、张仪,齐孟尝、赵平原、魏信陵、楚春申等。每首诗都标注主题,通过美、褒、重、贵、劝、勉、慎、刺、讥、伤、斥等字眼表明态度。颇似孔子"春秋笔法",一字寓褒贬。如《孔子篇》"重名教也"、《管仲篇》"劝释仇也"、《西门豹篇》"美垦荒也"、《孔仅桑弘羊篇》"刺剥民也"、《赵充国篇》"贵知外也",等等。

就目前所见资料推测,1915 年至 1917 年《大汉公报》的附张和正张至少共登载了林仲坚 340 余首诗,其影响力是很大的,故在加拿大华人中有"瀛洲诗伯"之称。[3] 但《大汉公报》保存下来的仅

---

[1] 《林君仲肩之东航咏古集》,《大汉公报》1916 年 5 月 20 日。

[2] 黄孔昭:《赠林仲坚先生归国序(再续)》,《大汉公报》1917 年 11 月 15 日。

[3] 黄笏南:《林仲坚同事先生行将归国爱作诗以送之》,《大汉公报》1917 年 10 月 27 日。

余 1917 年登载的 69 首诗。《海外嘤鸣草》《避庵诗存》的史料价值很高,尤其是后者,为我们提供了一幅完整的林仲坚海外行吟图。

二、《避庵诗存》: 呈现一幅近代文人、教育家的海外行吟图

李淡愚、林仲坚同出吴门,都是近代广东知名的教育家,不仅传统文化素养深厚,还有着较开阔的教育视野。近代粤省较其他地方风气开化,与海外接触密切,粤人或往香港、澳门,或赴北美,或下南洋、澳洲等地谋生、工作。李、林二人在赴加拿大之前,都曾有赴北美游历、工作的计划。二人在国内即同事多年,又有幸在加拿大再度同事,异国他乡,交情愈契。《海外嘤鸣草》《避庵诗存》的结集排印,与两人加拿大之行密不可分,可谓因果相续。

《海外嘤鸣草》是经李淡愚检阅,由其儿辈抄录成册,冈州中学学生代为排印。其序言:"既承校生要求,勉为编次,颜曰:《海外嘤鸣草》。"可见,其结集问世乃因海外诗作引起中国国内读者兴趣,后来这部集子又传播至加拿大,引起了较大反响。《避庵诗存》则是在加拿大华人推动下,林仲坚对自己平生诗作进行甄选、编排与出版。这两部诗集正好是华文文学在中国、加拿大之间交流、传播与接受的印证。虽仅是个案,但对其展开剖析,亦能略见一斑。

《海外嘤鸣草》所收录的林仲坚 119 首诗歌,《避庵诗存》收入了 110 首,仅余 9 首未选录。林氏对这些诗歌重新进行了修订,有的是对诗题进行了简化,如《海外嘤鸣草》收录的《马君笃政由李地士灭寄赠止咳药水赋谢》,《避庵诗存》改为《马君笃政寄赠止咳药水赋谢》;有的则对诗题进行了更详细的补充,如《海外嘤鸣草》收录的《谢李梦九马瑞堂李勉辰关崇德诸先生入园过访》,《避庵诗存》改为《谢李梦九马瑞堂李勉辰温学修关崇德周家职家超马道政诸君入园存问》①,再如《秋期上学喜赋》修订为《八月二十三号秋

---

① 按,这首诗歌后来被《维多利亚中华会馆纪念特刊》误收为李淡愚作。

期上学》等,这为我们了解其交游及履迹提供了更确切的信息。至于诗歌内容,殆因追求诗艺之精,也有极少数进行了修改。这种现象主要存在于《避庵集句诗存》,如《海外嘤鸣草》收录的《泛舟霹雳湖集白居易句》,诗曰:

> 飘然舟似入虚空,半醉闲行湖岸东。霜草苍苍虫切切,溪岚漠漠树重重。千姿万状分明见,水槛山窗次第逢。前路加餐须努力,鱼鲜饭细酒香浓。

《避庵集句诗存》中,该诗改题为《泛舟湖上集乐天》,诗句改动也很大,有 5 句完全不同,诗曰:

> 野烟深处夕阳中,半醉闲行湖岸东。诗境忽来还自得,清凉常愿与人同。千姿万状分明见,水槛山窗次第逢。此地唯堪画图障,岩泉滴久石玲珑。

改动前的诗句显系当时情景实录,切合和友人欢聚的氛围,充满生活气息;而编辑后的诗句则更多渲染文人情趣,没有那么世俗。

《避庵诗存》还有 400 多首海外所作诗是《海外嘤鸣草》未曾收录的,其中除了加拿大华人交口赞誉的《东航咏古集》外,还包括林仲坚 1915 年、1917 年往返加拿大时,途经中国香港、中国台湾及日本、菲律宾,穿越太平洋的其他行吟诗以及客居加拿大时所作诗歌。

林仲坚赴加前声名已著。作为教师,他培养出了一批优秀学生,如主新加坡某报笔政的李香皆等。① 他自己也曾做过报人,辛

① 林仲坚:《送李香皆之星洲主某报笔政》,《避庵诗存》卷上,商务印书馆 1918 年版,第 32 页。

亥前曾任职香港《华字日报》，有较强的写作纪实意识。一生游历甚广，忧国爱民，平生最爱陆游之诗，写了许多纪游诗、时事诗，堪称"诗史"。如其诗《记二月初四日捕"二辰丸"至十七日释放事》，即叙写澳门"二辰丸"事件及感想。广东水师光绪三十四年（1908）在澳门路环岛附近大沙沥洋面捕获私运军火之日轮"二辰丸"，日使向中国外务部抗议，提出道歉、赔款、惩官、释船、收买被扣军火五项要求，中国外务部被迫接受全部要求。诗人哀叹："可怜鸣炮放行日，国耻长怀卅四年。"①1911 年四川省保路运动、广东及其乡里革命起义事，亦都有诗纪之。②

其备受赞誉的《东航咏古集》乃其赴加途中所作，主要是借古讽今。最具有现代意义、时事价值的还是他往返途中所写的纪游诗。

1915 年农历二月八日，他从香港坐船出发，经过台湾，作《朝餐后登舵楼望海，同宗桂芳兄指以告予曰：此隐隐有山处即台湾也，怆然成此》，诗曰：

> 舵楼风起浪如山，眼见神州割不还。才出国门曾有几，凄然香港又台湾。③

诗中林桂芳，乃广东三水人，在日本横滨经商，此行二人始相识。林仲坚因不通日语，多得林桂芳照顾。二月十五日，林仲坚至日本北九州的门司，有诗四首；后经马关，感慨于《马关条约》的屈辱签订与当前国势衰微，作诗《舟中望马关》：

---

① 林仲坚：《记二月初四日捕"二辰丸"至十七日释放事》，《避庵诗存》卷上，商务印书馆 1918 年版，第 23 页。
② 林仲坚：《书九月十九日省垣反正时事》《书九月二十三日邑中反正时事》，《避庵诗存》卷上，商务印书馆 1918 年版，第 32 页。
③ 林仲坚：《朝餐后登舵楼望海，同宗桂芳兄指以告予曰：此隐隐有山处即台湾也，怆然成此》，《避庵诗存》卷上，商务印书馆 1918 年版，第 45 页。

陡然忆及非常祸,直射双眸是马关。终竟朝鲜先覆灭,那能暮气不衰孱。东方忍料和平局,北望难归旅大湾。底事人心今未醒,强名大国亦何颜。①

然后由神户搭夜车至横滨,拜访其乡亲李燮堂(开酒楼),游玩三鸡园,并受林桂芳、林世祥之邀游中里温泉。其《横滨杂咏》十首里,介绍了当地的风俗物产,如描写当地富人佣服饰装扮以及房屋设计、饮食餐具等风格:

绣纹巾样常缠背,大带宽衣结在胸。鬒发堆云盘广髻,韶年出作富人佣。

解履登门海外风,厅房铺席曲相通。清汤面食秦料理,红漆鲜华小盖盅。

作者发现当地的经济和民风也很有特色:

远村渔业或为农,近市经商习手工。男女好游成习惯,倘因濡染变欧风。

他还参观了当地两所华文学校,注意到政治背景的不同:"大同学校与三江,党派同盟与保皇。"当地居住的是"纸窗板屋",神社建筑还能见出中华文化的影响:"往日华风存篆隶。"②可以看出,他这次行程分为两段,先从中国香港坐船到日本神户,再坐车至横滨,盘桓了几日,然后再登船穿越太平洋直抵加拿大。前半段旅程有通日语的同乡相伴,到日本后又受到同乡热情款待,应该说比较

① 林仲坚:《舟中望马关》,《避庵诗存》卷上,商务印书馆 1918 年版,第 46 页。
② 《横滨杂咏》,《避庵诗存》卷上,商务印书馆 1918 年版,第 47 页。

愉快。

后半段旅程，他自述同房间有两个日本人和一个英国人，因为语言不通，"惯操土音成口吃"，就是从此开始"闲课诗篇日数章"①，创作《东航咏古》及《太平洋放歌》《舟中自遣》《述兴》等诗，此后就到了维多利亚。这次旅程，虽然是第一次远渡重洋，诗人对未来陌生环境有些担忧，对国事充满忧愤，但总体还是愉快、顺利的。

两年后，林仲坚踏上了回国旅程。1917 年 11 月 23 日，他从维多利亚出发回国，路线跟来时大致相同，11 月 28 日至北太平洋中心，12 月 5 日抵日本横滨，重访李燮堂始知林桂芳已去世，作诗伤悼。12 月 6 日至神户见另筑新码头，未上岸，作诗感叹日本发展之迅速，感伤中国之破旧落后：

> 明治始维新，倒幕犹惊怖。何意数十年，精神得专注。
> 其兴也勃然，竟有此程度。奈何我改革，如堕五里雾。
> 商场大损失，损失不知数。遂令心眼中，由美转成妒。
> 愧我古国古，不振终如故。行役空劳劳，夕阳在深树。②

12 月 8 日舟抵长崎停泊落煤某公园下，依然未上岸，凭眺竟日，饱览风土，发现此地山围海水深，"居民守俭勤趋事"，诗句后注曰："男女在小船上运煤竟日，予见其食料饭一小桶只咸罗白数片，人人如是而已。"诗人还发现了"迁客攒头甚刺心"的场面，那是太古轮船满载 3 000 余名山东劳工前往欧洲战场，途中恰停靠此码头。12 月 14 日早晨至菲律宾马尼拉，因戒严不得登岸，诗人闷坐作歌曰：

---

① 林仲坚：《舟中自遣》，《避庵诗存》卷上，商务印书馆 1918 年版，第 49 页。
② 林仲坚：《六号至神户见另筑新码头感赋》，《避庵诗存》卷下，商务印书馆 1918 年版，第 24 页。

两年羁迹北美北,惜哉未作南洋客。今从维多利亚回,得
趁机会真良策。横行过尽太平洋,纬度又入赤道赤。扶桑至
此三昼夜,靛色漫空浴深碧。一千二百三十九,以英里计犹历
历。回思绕行台湾东。台南山低北峭壁。自从割让与日本,
开垦仍未尽地力。呜呼,舍游勿复道,迄今见之有余戚。即论
斐律宾群岛,由西班牙归美籍。物换星移瞬廿年,焕然亦改山
川色。北隔台湾七百里,马尼剌府为巨擘。舟行初入其境界,
万绿森森如欲滴。其时仲冬已初旬,气候严寒变炎赫。热风
吹面猛于火,犹待夜深睡不得。船主况令船缓行,愈缓愈形心
逼迫。是盖海上戒严故,入口许朝不许夕。朝来舟泊马头前,
颇欲憩凉觅所适。奈美政府有例在,凡登岸者须注册。襄时
尚可便登览,今遇欧战不如昔。白种报名上岸游,吾非彼族终
何益。①

因船绕行台湾,作者感慨日本殖民统治下的台湾开发不够,而
美国殖民统治下的斐律宾(今译为菲律宾)却是焕然一新,物换星
移。按照惯例,以往旅客可以登船上岸,诗人本以为这是游观马尼
剌的好机会。但此年因为欧战,美政府规定,凡登岸者须注册。而
且实行种族歧视制度:"白种报名上岸游",黄种人则不行。他只好
在船上倚栏观察,发现:

土人固多马来族,憔悴形容尽黧黑。妇人拖鞋曳长裙,两
袖轻绡如振翼。楼台远看杂高树,所异冬深仍夏历。北陆冰
风此火风,前日栗肌今汗额。可是天公好游戏,寒暑于人恶作
剧。雨中草木百科大,海上风云万变亟。②

---

① 林仲坚:《十四号朝至斐律宾之马尼剌以戒严不得登岸闷坐作歌》,《避庵诗存》卷
下,商务印书馆 1918 年版,第 25 页。
② 同上书,第 26 页。

诗人深知以后再难有机会重经此地，一饱眼福，遗憾可望而不可即。这样的七言长篇诗，在《避庵诗存》中也是少见的。异域见闻拓宽了诗人的视野，也丰富了他的表现力。此诗亦是《避庵诗存》收录的最后一首异域诗，诗人两年多海外行吟诗的结篇。

林仲坚往返加拿大的远洋旅程中，共作诗 160 余首。从 1915 年离开家乡时，同志及亲人于东门咏春园送别，至 1917 年回国西南学校师生相迎，一路皆有诗纪之，是一幅生动真实的行吟图。尽管此时距离中国近代首批知识分子睁眼看世界已经过去半个多世纪了，但是作为文学家、教育家，亲身感受异国地理、文化、教育等差异，还是很有意义的。

他在加拿大维多利亚华侨公校执教期间，虽不似李鸿章、梁启超这些大人物受到高规格接待，考察加国很多地方，游览著名的落基山风景区等，但在华侨学校的管理层和家长安排下，坐摩托车前往乃磨（现译为那乃磨，即温哥华岛上的 Nanaimo，距离维多利亚百余公里）观光，途中经过苗罅闳山、党近埠、巧碣镇陂等地，看到了平日难得一见的风土人情。在苗罅闳山顶，他"耳中唯闻殷雷声，凌风高举飘飘袂"，顿感"两年蛰处在几席，天外昂头何清快"，虽然有遗憾："闻说落机尤胜概，我生无缘不得至，至此亦算一兴会。"① 他还应家长马瑞堂的邀请，参观制造罐头鱼场，并写诗以纪。诗人目睹鱼肉罐头的现代化精细生产过程后，非常感慨："海外传闻鱼湿工，何似目击尤欢悦。"② 作为一名资深教育家，在加拿大执教的两年多，他深刻感受到了中英教育理念和方式的差异。维多利亚华侨公校的教学模式是：教师教授时先将教科写在黑板上，朗诵一过，然后解说，再挑令覆解，务令明白为主。③ 他与同事

---

① 林仲坚：《由苗罅闳山放摩托车至乃磨越日乃归沿途书所见》，《避庵诗存》卷下，商务印书馆 1918 年版，第 15 页。
② 林仲坚：《马瑞堂君召观制造罐头鱼场因纪以诗》，《避庵诗存》卷下，商务印书馆 1918 年版，第 17 页。
③ 《域埠华侨公校报告册》，《大汉日报》1915 年 7 月 13 日。

黄笏南参观西人学校维多利亚中学后,作诗纪之,对两种教育模式进行了具体比照,并阐明自己的主张:

> 我闻英国之教育,精神活泼为要著。小学年龄重讲授,解说使之知大略。中学虽属普通科,讲授时期渐简略。要唯辅导使自习,庶肯用心勤有获。少年心性贵耐劳,研究讵可厌烦数。指示门径固有在,倘不扣匙那得钥。校中荟萃参考书,必自寻求自斟酌。不然试验即下等,年复一年何捉摸。任虽好逸而恶劳,敢不私心为焦灼。奈何我国竟异是,专恃教者为木铎。唇焦舌敝日讲贯,诲之谆谆听邈邈。考试仍要示范围,百唤千呼不能诺。犹谓强记坏脑筋,一言误人真大恶。不图学界变禅悟,终日观室入寥廓。精神愈用则愈出,不用如何不日削。区区讲贯能几何? 事非经心仍昏瞀。只求闻知不见知,群书亦可束高阁。口耳所得苦不牢,无源之水仅一勺。嗟乎自习真窍要,安得人心皆感觉。持将自习语学生,能治空疏自良药。自习既惯则自治,一一亲见于操作。读书治生非两途,幸勿聚铁铸大错。[1]

他肯定英国教育以学生"精神活泼"为首要的宗旨,强调学生自主学习的重要性,鼓励学生应该勇于探索、动手操作实践;对我国传统教育一味强调教师的灌输教学模式进行批评,认为激发不了学生学习的积极性,教师"唇焦舌敝""诲之谆谆",学生却"听邈邈""考试仍要示范围,百唤千呼不能诺",教学效果很不好。他主张"自习真窍要",学生习惯了自主学习,就会提高自我管理能力,读书、治生本就是相通的。这种观点,即使放在当今,也是切中肯綮的正确理念。此诗未见《大汉公报》登载,却是了解林仲坚教育

---

[1] 林仲坚:《与笏南君游维多利亚中学校感作》,《避庵诗存》卷下,商务印书馆 1918 年版,第 17 页。

思想的重要资料。

三、近代加拿大华文文学与中国文学的紧密联系

近代加拿大的华文报纸、学校都很重视中华传统文化教育,它们共同营造了一个华文共同体。正如前述,聘请华文报纸主笔、学校教员时,首要考虑的是其传统文化素养。一如中国国内,熟人、朋友之间的举荐也成为主要求职渠道,比如维多利亚华侨公立学校前期教师都是来自广东等,这样的文化背景,就使得近代加拿大华文文学与中国文学之间,犹如子母胎般紧密。中国旧体文学如古典诗歌、文言小说、说唱文学等长期成为近代加拿大华人的精神食粮,创作、欣赏旧体文学也成为他们对中华文化共同体的主要认同方式。近代加拿大华文作者与内地文人之间的诗词唱和,其意义已经超越文字本身,成为延续中华文化、推动华文文学发展的一种方式。有时,文人还会发生身份的相互转换,留守国内与移居海外的状态,并非一成不变。两国之间文人的流动与迁徙,推动了华文文学的交流与传播。

如前述,维多利亚华侨公校本就是一个独立的华文文学场。由于当地华人非常重视侨学教育,《大汉公报》"本社论说"曾称报纸、青年会、侨学是保护华侨三大利器①,所以这个文学场的文化影响力很大。1915 年,该校第一届学生毕业时,还邀请了驻加拿大总领事杨书雯、温哥华领事林轼垣参加典礼,给毕业学生颁发证书。《大汉公报》为此专门报道,不仅列出 13 名毕业生的姓名和父兄名,还刊登了毕业照与校长训词。② 此外,该校学生月考、期考的成绩,演说词及其父兄名字等都曾被《大汉公报》登载。在这样的社会环境和文化背景下,华文学校教师就成为一个非常特

---

① 一孔:《论保护华侨三大利器》,《大汉日报》1915 年 1 月 26 日。
② 《域多利毕业学生名表》,《大汉日报》1915 年 3 月 23 日;《李梦九校长训词照录》,《大汉日报》1915 年 3 月 24 日。

殊、重要的群体。他们与报界、家长及侨社团体联系紧密,成为华文报纸的稳定稿源,也经常与学校同事、董值、学务及家长们交游酬唱。

这个文学场随着人员流动、进出,就发生了文学的跨国交流与传播。维多利亚华侨公校是加拿大最早创办、规模也最大的华侨学校,但其学制并非全日制,学生大都白天在西校上课,下午 6 点至晚上 9 点半到该校上课,高年级采用合班制上课。因为学生流动大,学费少且收取困难,即使有中华会馆支撑亦捉襟见肘。出于成本与可持续发展考虑,教师的数量常年控制在 2 名左右。最初的华文教师是华埠私塾教师转化而来,后来逐渐实行聘任制,从中国国内延聘有声望的教师。

1911 年,林仲坚曾拟应加拿大某报主笔,只是"以事不果"①。所谓"某报"疑即维多利亚《新民国报》。② 1915 年又应聘任公校教师,当为李淡愚、黄笏南推荐所致。黄笏南,广东台山人,亦是热心办学的教育界知名人士,曾募款筹办台山中学,民国初即受聘于维多利亚华侨公校。林仲坚与黄笏南本不相识,因李淡愚赴加拿大后,对林诗进行宣传、揄扬,黄笏南慕名求诗,求篆刻、书法作品。林诗答之曰:"未尝谋面时倾慕,为语黄君彼此同""雕虫小技悔知名,行草书兼篆隶成"③。二人通过书信诗歌唱酬,黄笏南从此也成为大力揄扬林诗者。1915 年,黄笏南离职归国,林仲坚接任其职。两人有过一星期的接触时间,林仲坚曾作四首言怀感遇诗赠别。④

---

① 李淡愚:《喜林君仲坚来域即步原韵赠赋四首兼柬通若、志炎、心存诸君》,《海外嘤鸣草》第 1 页。

② 林仲坚《留须》亦云:"欲作逍遥海外公,吹嘘风弱竟无功。"诗后自注:"欲赴维多利亚旋复中止。"见《避庵诗存》卷上第 28 页。当时维多利亚华文报仅一家,即《新民国报》。

③ 林仲坚:《奉怀黄君笏南兼呈佩韦述近况,黄君与佩韦为同事,顷自维多利亚书来索予作各体书。来书奖借过甚,愧无以当,赋此志惭感》,《避庵诗存》卷上,商务印书馆 1918 版,第 42 页。

④ 仲坚:《黄君定期于是月三十号买舟归国,旋以时事惊心,未容骤发,因稍缓行期,率成四律赠之,不徒借此言怀,抑亦聊当感遇耳》,《海外嘤鸣草》第 3 页。

黄笏南回国后,经其介绍,其雍和学校同事吴湛若又与林仲坚进行书信往来,探讨诗艺。① 1916 年,李淡愚任满回国。次年,黄笏南又接替其职重返维多利亚华侨公校任教,与林仲坚做同事,二人终得课余同游唱和,甚为相得。②

黄笏南不仅为《避庵诗存》的出版奔走,还在林仲坚离职回国后,将其佳句"编而成帙,分送各友",其中就有时任《大汉公报》主笔的伍嵩。③ 这些无疑都对近代加拿大华文文学的发展有所裨益。尽管 1917 年之后,《大汉公报》就未刊登过林仲坚的文学作品,但是他培养起来的年轻一代诗人开始在诗坛上活跃,如林礼斌的女儿林月颜 11 岁即能吟诗发表在《大汉公报》,李梦九的女儿李月华、李丽华诗艺娴熟。这些女学生都是在加拿大出生的本土华人,从小受西式教育,能在中国古典诗歌创作上取得这样的成绩,归因于华侨公校的培养,尤其是林仲坚的栽培。

林仲坚作为推动维多利亚华侨公校华文文学创作的关键人物,也成为构建当时加拿大华文文学场域的重要人物。借助于《大汉公报》,其文学创作、诗话理论,都在当时产生了较大影响。他将国内的文学交游资源,如与林紫虬、丘菽园等著名报人、文学家的交往等,延续到了加拿大,促进了文学交流。

林紫虬乃其宗亲,1908 年在香港创办《新小说丛刊》,首期即刊登林仲坚的《新小说丛祝词》;林紫虬主持香港《华字日报》笔政时,林仲坚与其同事,集中有数首唱酬诗,如《次客星见赠原韵是日甫闻奉天交涉消息》《次客星酬陇西六郎招饮香江酒家即席原韵》等④;林仲

---

① 林仲坚:《寄怀吴君湛若》,《避庵诗存》卷下,商务印书馆 1918 年版,第 6 页。
② 林仲坚:《喜黄君笏南再回侨校课暇与谈近事感赋》,《避庵诗存》卷下,商务印书馆 1918 年版,第 14 页。
③ 嵩:《域埠华侨学校教员黄笏南将林先生佳句编而成帙,分送各友,余亦得沾黄君所赐,公余批诵。此中掇藻摘华,令予思慕,故赋此以答之》,《大汉公报》1919 年 11 月 26 日。
④ 林仲坚:《避庵集句诗存》,商务印书馆 1918 年版,第 24 页。

坚赴加拿大后，与林紫虹依然保持书信联系、诗歌唱酬。① 丘菽园，别号星洲寓公，出生于福建海澄，曾中举人，后赴新加坡继承父亲遗产，成为巨商，一生以弘扬中华文化为志。其学养深厚，被誉为"南侨诗宗"，先后创办过《天南新报》《振南日报》，鼓吹维新。林仲坚与其结识、交好，殆因林紫虹而结缘。林紫虹与丘菽园同为报人，丘氏爱其才，多予支持与帮助。林紫虹在香港先后创办、主笔数家华文报刊时，丘菽园投稿甚多。《避庵诗存》中收录了林仲坚与丘菽园的数首唱和诗，皆系关心民瘼国事之作。

1909 年，大韩帝国（即朝鲜）义士安重根刺杀日本首相伊藤博文。1910 年 8 月，大韩帝国与日本签订《日韩合并条约》，朝鲜就此亡国。历史上，朝鲜曾长期是中国藩属国。1895 年，中日签订《马关条约》，条约第一款即要求中国确认朝鲜国为独立自主国家，朝鲜对清国的朝贡、奉献、典礼永远废止，实际就是承认日本对朝鲜的占领。对于安重根的刺杀行动以及日韩合并，中国朝野颇为震动。林仲坚曾与丘菽园就此事唱和，歌颂安重根"杀身宁让田横客""要使人间知豫让"的侠义精神。②

民国初年，其学生李香皆赴新加坡主持笔政，拟拜访丘菽园，请他书扇，林氏亦有诗表景慕之意，称他屡于报章得读丘菽园大作，称赞其"诗情真似玉溪生。声华震耀南天柱，笔舌精严北府兵"③。《大汉公报》1917 年登载林紫虹的《吊秋瑾女士》七首诗、丘菽园的两篇雅噱，殆亦与林仲坚的推荐有关。

林仲坚客居加拿大两年多，其间连殇二幼子，生两场大病，家乡族斗，祖坟被毁，国家亦风雨飘摇，动荡不止，故其海外所作诗大

① 林仲坚：《故人暌隔感怀集句寄客星》，《避庵集句诗存》，商务印书馆 1918 年版，第 19 页。
② 林仲坚：《和菽园日韩合并追感安重根事而作次原韵》，《避庵诗存》卷上，商务印书馆 1918 年版，第 29 页。
③ 林仲坚：《为香皆书扇呈菽园兼托代答景慕之意》，《避庵诗存》卷上，商务印书馆 1918 年版，第 32 页。

多沉郁悲苦。1917 年，因为国内接替其西南学校校长职务的胡健亭去世，应该校之请，他辞职回国。1920 年去世，享年 57 岁。1918 年《避庵诗存》的结集出版堪称幸事，如果再晚两年，我们就可能看不到这本诗集了。

由于财政困难，1915 年、1916 年《大汉公报》版面变少，诗词、小说等文学类作品都刻在附张，随正报附送。在当时，也是权宜之计。不过，对于文学资料的保存来说，缺陷明显，这些年的《大汉公报》附张并未随正张一起得到保存。《海外嘤鸣草》《避庵诗存》的出现正好弥补了部分遗憾，不仅向我们展现了维多利亚华侨公校文学场的运行图景，也显示了早期加华文学场的多元性与复杂性。早期旅居加拿大的华人，通过异乡人特有的观察视角，反映了西方风土人情，具有清晰的世界观意识，但作品内容大多囿于中国旧式文人的生活习俗、方式和价值观。他们的文学交游是通过会饮、赠答诗、唱和等多种形式展开的。两部诗集呈现的文学交游也是早期在加华人代际传承中中国文学与文化的一个缩影。

第五章　近代加拿大华文报刊
文学的发展与演变

近代加拿大华文报刊文学的发展与演变,是内因和外因合力作用下的复杂文学现象。这些报刊大都有政治背景,其宗旨本为机关刊物、党派喉舌,又自命担负开启华人民智、改良华侨社会之责,所以无论是报首论说还是文艺副刊,其内容都较丰富,与同时期中国国内报纸无异。它们虽有政党或社团组织一定的经费支持,但从扩大社会影响、维持报刊自身生存、发展角度而言,都须用心经营,吸引广大读者。政治、经济、文化等诸多因素形成了文学发展的外在合力,而报刊文学内在的继承与创新、作者与读者群的变化、文学创作观念的演变等,形成了内在动力。本章拟从报刊笔战、转载和自创等维度,探讨加拿大华文报刊文学的发展、演变。

第一节　报刊笔战与近代加拿大
华文文学的发展

如前述,20 世纪初,加拿大相继涌现出了 7 家华文报纸。这些报纸大都有着不同的政治背景或宗教背景,由于分属不同的政党派系,往往因对中国及侨居地的政治、社会、经济等问题的看法不同而兴起笔战,如《日新报》与《华英日报》、《日新报》与《大汉日报》、《大汉公报》与《新民国报》之间的笔战都是绵延数年。这种笔战有时吸引了更多读者,促进了报刊发行的繁荣,但有时也会损害报刊发展,如《日新报》与《华英日报》的"笔战",引发法庭诉讼,旷日持久的官司大大消耗了报社的经济实力,《华英日报》于1909年倒闭,1911年《日新报》亦因财力原因关闭。撇开政治、经济利益,这些笔战对近代加拿大华文文学发展有何影响?迄今尚无深入考察,本文拟作探析。

因1920年前加拿大华文报仅《大汉公报》保存较好,余者不可睹。故本文拟以《大汉公报》与《新民国报》的笔战为中心,考察报刊笔战对近代加拿大华文文学发展的影响。

一、两报笔战之缘起及概况

两报之所以"交恶",起因在于孙中山和致公堂的是非恩怨。致公堂是19世纪中叶檀香山、美洲等地华侨创办的洪门会党组织,总部设在旧金山,宗旨是"反清复明"。加拿大的致公堂总堂设在维多利亚市,温哥华、蒙特利尔、多伦多等埠都设有分堂。为了联络华侨,孙中山1904年在檀香山加入致公堂,接受"洪棍"之职。并在总堂大佬(会长)黄三德支持下重订章程为"驱除鞑虏,恢复中华,创立民国,平均地权"[1]。1911年正月,为革命筹款,孙中山亲自到温哥华埠华人戏院演说,加拿大洪门致公堂响应热烈,维多利亚、多伦多致公堂为了快速筹款,甚至将会所等公产抵押。中华民国成立后,致公堂提出在国内立案活动的要求,遭到孙中山的冷淡处理。袁世凯倒台后,黎元洪担任总统,才准许洪门立案。从此,洪门与国民党之间罅隙日深,致公堂机关报《大汉日报》视国民党为"乱党",对孙中山的称呼从"伟人"变为"孙大炮",并与国民党机关报《新民国报》形成长期敌对关系。两报甚至由笔战上升为武

---

[1] 石门等:《中国近代史常识辞典》,远方出版社2005年版,第90页。

斗,《新民国报》两次派人殴打《大汉公报》主笔崔通约与张孺伯。经过中国驻加拿大总领事及当地中华会馆等调停后,双方的纠纷与矛盾终于保持在一个可控范围之内。

从现存所见报纸来看,1914 年至 1919 年,《大汉公报》每年都刊登有笔战文章,按照双方笔战的主题、参战主要人员以及时间节点来看,笔战大致可以分为四个时期:

1. 发轫期(1914 年 9 月至 1915 年 3 月):致公堂与国民党的过节引发笔战

由于致公堂对孙中山的敌视,此期间《大汉日报》刊发了抨击孙中山、国民党及其机关报的文章。1914 年日本趁第一次世界大战之机,"假扶同盟之词,督兵以攻青岛,实欲侵掠我国土地"。《大汉日报》刊登读者来信,信内指责《新民国报》"无壹说论攻击日本之野心,其意祖助日本,可无疑义","岂真奉其党魁孙文之卖国书为金科玉律耶?"①此外,还指责《新民国报》缺乏对同胞的关心,"对于西人之虐我侨胞,一概不见不闻",如对于加拿大洗衣华工被逐等事件没有报道。② 温哥华埠华人中间偶然发生凶杀案时,该报又大肆宣扬此为堂斗事件,《大汉日报》认为此乃落井下石之举,败坏侨胞名声。1915 年 2 月 23 日《新民国报》关于维多利亚埠致公总堂的一则报道进一步引发了双方的矛盾摩擦,并发生肢体冲突。经维多利亚中华会馆出面,双方达成和解,约定"自后凡致公堂议案,除经致公堂许可外,不得刊登《新民国报》"③。此时论争主要出于彼此政见、办报方式的不同,尚未攻击办报者的私德、家世与才学水平。

2. 加剧期(1915 年 11 月至 1916 年 8 月):李淡愚与诛滑先生的笔战

加剧期可以分为两个阶段:1915 年 11 月至 12 月,以李淡愚

---

① 援裔二郎:《援裔致本报原函》,《大汉日报》1914 年 10 月 9 日。
② 《疫党揭贴不顾大局》,《大汉日报》1915 年 1 月 13 日。
③ 《域多利亚中华会馆议案照录》,《大汉日报》1915 年 3 月 6 日。

与诛滑先生的笔战为焦点;1916 年 3 月至 8 月,两报之间偶尔摩擦。维多利亚华侨公立学校教员李淡愚 1915 年在《大汉公报》附张连续发表《语学一得》,遭《新民国报》记者诛滑先生(疑为李公武)指责,认为该书多与南海九江区学泉所著《正音》雷同,且多处不通。李淡愚与之展开笔战,连写六封《上诛滑先生书》,驳斥对方观点,双方均提出决战方式、时间、地点。其间《新民国报》的锄奸(即新民国报记者夏重民)也参与进来,《大汉公报》方面则有林日轩、林拔剑助阵。此次笔战表面上是因学术问题(学术诚信、学问水平)而起,深层原因乃"淡愚入党(国民党)、出党",导致双方积怨。国民党方认为李淡愚不仅自己退党,还鼓动维多利亚的华商退党。李淡愚特意为此事辩白:退党乃因国内二次革命,家乡亲人恐受其政治身份牵连,自己的信仰并未发生根本改变。此次笔战于 1915 年 12 月底停歇,该月 29 日李淡愚投稿给《大汉公报》,对此次笔战之起因、经过及得失作了总结,宣布此后概不应战,"助战论战及挑战诸君,其亦可以已乎"①。

1916 年 3 月至 8 月,两报之间仍时有笔战,《大汉公报》主要攻击《新民国报》主笔李公武的身世及其在维多利亚香山福善堂闹事,并以外埠读者来函的形式,揭发《新民国报》的有关不实报道。这些所谓不实报道主要是致公堂与国民党、国民党与加拿大华人领事之间的相关事情。《新民国报》也以刊登读者来函的形式要求《大汉日报》纠正攻击李公武的文章。

3. 高潮期(1917 年 3 月至 1918 年 3 月):余观海、黄孔昭、颜志炎与陈树人、李公武的笔战

这个时期是笔战参与人数最多、程度最为激烈、作品内容与形式最丰富的阶段。《大汉公报》记者余观海于 1917 年 3 月 16 日发表《说妖怪》,掀开两报笔战之开端,诚如其所言,"从此日不停战,

---

① 李淡愚:《敬告各界劝战论战诸君及表白心迹》,《大汉公报》1916 年 1 月 4 日。

以《大汉公报》文坛,为仆笔枪墨炮之战垒",并自许为"英勇先锋之
赵子龙"①。1918 年 3 月还作《笔战一周年纪念》。余观海所撰作
品数量最多,形式最丰富,其攻击对象主要是李公武、陈树人
(《新民国报》记者,加拿大国民党支部部长、温哥华华侨公立学
校教员)。

　　黄孔昭乃保皇派(宪政党)人,对两报笔战本持中立态度,李淡
愚与《新民国报》笔战时,他曾以钝夫笔名写《我试评评诸先生之文
战》,立论甚为公允。但是笔战之火却蔓延到他身上。1917 年 8
月 25 日至 9 月 10 日,《大汉公报》刊登署名为始祖的《辟评时评者
之邪说》,批评《新民国报》时评不公正,有袒护之弊。《新民国报》
于是从 9 月 7 日开始在论说版面开辟专栏《训大汉报》,进行回击,
直接点明始祖为黄孔昭,向他宣战。实际上,始祖是大汉报记者观
海的化名,并非黄孔昭。1917 年 9 月 14 日黄孔昭应战作《警陈树
人》,双方笔战至 30 余续,各用其极,互伤体面。最后经两位华人
牧师出面调停,发布调查纠错声明,称始祖并非黄孔昭,此次笔战
始罢,历时月余。

　　颜志炎,大汉公报主笔,因其发表论说《论牛与人之关系及其
功用》,陈树人攻击其为牛尾主编(主笔)、餐馆侍仔。两报笔战伊
始,他本着息事宁人、远离政治和党派的态度,不予理睬;并写有
《我之所以不谈政治》《我之不党经历及其主义》等文章,表明自己
不愿卷入无谓之笔战。但李公武、陈树人的持续无节制攻击,加上
团体利益的裹挟,最后使得颜志炎亦加入此次笔战。颜志炎办报
思想开明,有很强的社会责任感,认为加拿大的华文报刊应当担负
改良华侨社会之责,而当时的华文报纸之言论,"未有毫丝之道德,
除各方面所谓振兴某堂某党之事物若干文字外,纯是尖酸刻薄之
言论,甚且以此等言论为文战之具",造成的后果是,"适足以长成

---

① 　余观海:《覆颜君志炎书》,《大汉公报》1917 年 11 月 17 日。

侨界之最恶等社会性"①。他也努力践行自己的理论主张,在他的引导之下,笔战终于 1918 年 3 月末渐渐停歇。

4. 平稳期(1919 年 1 月至 1919 年 4 月):《新民国报》引发新一轮笔战

1918 年 12 月 27 日,《新民国报》刊登署名云埠老彭的《戏拟云埠压劝社支部开幕祝辞》,讽刺攻击温哥华埠达权社支部开幕,被《大汉公报》视为挑衅,再度引发笔战。《大汉公报》从 1919 年 1 月 7 日开始进行回击,为《新民国报》写了诔文,又步老彭原韵写了《戏拟确亡党开幕诔文》。《新民国报》写剧本攻击,《大汉报》亦效其法写剧本《陈树人叹监》《自由婆探监受辱》以及系列粤讴作品。既有檄文《再讨国民党机关报檄》,又有《陈杜若世家考》《斥某报凭空杜撰》《斥某报之大不惭》《铁树开花》等谐文、论说、谈丛。此次笔战延续至同年 4 月,《大汉公报》参与的人员除了余观海,还有署名为嵩、化布、亚嵩、后淋、诛妖者、据氏情郎、覆奸大统戎者,攻击的对象主要是陈树人。

两报笔战引起阅报者关注,带动了报纸的销售。《大汉公报》1918 年元月每日出版的报纸比 1917 年 12 月月底停刊时要多出数百份。② 那么,笔战对近代加拿大华文文学发展有何影响?

二、笔战促进了近代加拿大华文文学样式的多样化发展

20 世纪初,加拿大的华文文学载体主要是报纸。由于笔战双方除了维护各自的党派利益,还要兼顾报纸销量,因此在栏目安排、文体的多样性方面颇具用心。1917 年至 1919 年《大汉公报》文艺副刊用过的栏目名称有小说、清史拾遗、班本、南音、粤讴、谐谈、谈丛、杂志(杂谈)、诗界、词苑、鸿儒谈笑录、北堂雅颂录、一噱

---

① 颜志炎:《坎属华字报当负改良华侨社会之责》,《大汉公报》1918 年 4 月 9 日。
② 观海:《擂柱种生树之奇谈》,《大汉公报》1918 年 1 月 31 日。

录、尺牍补遗录、古灵精怪、新智识等。每期报纸副刊的栏目数量有所变化,少者 2 个,多者 5 个。除了新智识、新发明、清史拾遗等极少数栏目外,其他的栏目都登过笔战文章。《新民国报》当时的栏目除了论说外,谐部有锵金戛玉、谈屑、皆成文章、陆离光怪、眉语目笑、一曲青山、针针见血、咸诗等栏目。涉及的文学体裁与《大汉公报》大致相同,有班本、粤讴、诗、杂文等,雅俗文学兼容。

　　"报纸之感化力,全在其论说"①,其大多居于头版。笔战时,《新民国报》尤重用此文体,曾刊《训大汉报》等重量级文章。能否作论说俨然被视为评价应战者文笔水平的重要标准。该报曾称李淡愚辩驳只用书札,而不敢作论说,言下之意,"似以会作论说自夸"。李淡愚则认为,"报刊正张第一栏,所有论说,必与国家社会等事,有重大关系,乃可刻入。若个人琐事,例不能入正张第一栏,此文明报界无形之规则也"②。但从笔战第三阶段开始,《大汉公报》也开始在论说栏刊登笔战文章,与《新民国报》针锋相对。据统计,1917 年 8 月 25 日前,该报甚少在论说栏刊登笔战文章,自黄孔昭《警陈树人》连续登于论说栏后,9 月至 12 月连续 4 个月,每月与笔战有关的论说文都达到了 10 篇以上,其中 11 月、12 月笔战论说文数量都超过了其他内容的论说文。本来主张不党、不谈政治、回避笔战的颜志炎在报纸同仁和社会舆论的压力之下,于 1917 年 11 月开始发力,在论说栏发表了《痛定思痛》《牛尾主笔之感言》《餐馆侍仔之感言》《颜志炎主笔责陈树人记者》《抉骂我为牛尾主笔、餐馆侍仔之心理》《海外笔战之大风云》等系列论说。

　　除了论说,文艺副刊中的游戏文影响力亦颇大。所谓游戏文,是指以游戏笔墨撰成的文章,故又被称作"俳谐文"、"诙谐文"、游戏文字。③《大汉公报》文艺副刊名称最初为谐部,后改为杂录,表

①　记者:《本报之职志》,《大汉公报》1918 年 5 月 17 日。
②　李淡愚:《正主笔与非记者驳论之文野胜败表》,《大汉公报》1915 年 12 月 9 日。
③　魏裕铭:《中国古代幽默文学史论》,南京大学出版社 2010 年版,第 275 页。

明办报者注重报纸谐趣。这与国内当时的潮流是相一致的:"手报纸而读之,除芜杂猥屑之记事外,皆小说及游戏文也。"①

这些游戏类文章既是笔战中的利器,又增加了报纸的娱乐性与趣味性。1917 年《新民国报》曾在"陆离光怪"栏目刊登文章《〈大汉报〉特色品陈列所》,以游戏笔法讽刺《大汉公报》的笔战手段与方式,《大汉公报》记者余观海马上作《陈列品物之特色》回击,指出"本报之特色品物,岂止五事而已"②,并用戏谑的口吻详尽总结了该报笔战时用过的谩骂语言、手法、专栏名称以及各类文学作品的具体情况。这些手法基本贯穿了 20 世纪初的笔战中,主要包括:1. 运用比喻、夸张、物化等修辞方式丑化对方身世、身体缺陷、行为特点、职业经历、党派活动等,如《大汉公报》谐文《盲公开眼瞓大会》,即将国民党开大会比喻成盲公开眼瞓大会,眼瞓乃广东方言,意思是眼睛困了(想睡觉);将李公武物化成猫、生龟公(其背驼)。谐诗如余观海所作《咏驼背主笔》《赠臭教员陈树人诗》《戏挽屎人教员兼主笔二绝》,颜志炎所作《赠驼背编辑李公武》《赠花露水教员及主笔陈杜若》等丑化李公武、陈树人。《新民国报》署名亚隐者发表的数篇笔战诗,如《赠积犯记者余观海》《绿帽总理》《荷官编辑》《积犯记者》《牛尾主编》等,亦是同样手法。2. 戏仿传统经典名作,此类作品为数不少,其中《诗经》、《楚辞》、"四书"、陶渊明《五柳先生传》、李白《春夜宴桃李园序》、刘禹锡《陋室铭》、苏轼《方山子传》等都为模仿对象,作品有《新诗经撮要录:仲子三章章句》《陈屎人卜卦:仿屈原卜房文》《新上孟正文撮要:陈仲子章旨》《佛辟章旨:仿四书正文体》《车大炮博士传:仿五柳先生传》《好色教员序》等,形式的严肃庄重与内容的滑稽低俗形成强烈对比。3. 拟代人言,以对方人物口吻、身份书写的作品,此类作品以信札为多。《新民国报》刊登李公武所作《积犯往来书》讽刺余观海等人,余观

---

① 梁启超:《饮冰室文集》,云南教育出版社 2001 年版,第 2568 页。
② 余观海:《陈列品物之特色》,《大汉公报》1917 年 12 月 1 日。

海即以其人之道还治其人之身,作《戏拟季公武致陈屎人书》《戏拟陈树人答季公武书》等回击,这种第一人称笔战方式攻击性很强。《盐仓土地致半麓楼自由雌书》《半麓楼自由雌答盐仓土地书》《长裙大婶致半麓楼自由雌书》《白鼻哥大少致半麓楼自由雌书》等皆属此类,充满谐趣。

这些游戏文除了利用传统的诗、赋、论、序、传、檄、书、诔等文体外,还包括了小说、班本、粤讴等。《大汉公报》的"鸿儒谈笑录"栏目是其笔战主要阵地,刊登的不仅有游戏信札、传记、赋、诗评,还有游戏小说,如《浪子堂集议记》《群芳会集议记》《二郎神收妖之奇谈》等。该报还辟有"滑稽小说""警世小说"专栏,登载《博士头衔》《雷公劈蚁之奇谈》等讽刺小说。这五部小说都是余观海所作。

《大汉公报》登载的小说大多来自转载,余观海则属于极少数原创小说作家之一。这五部小说各有特色,其中《群芳会集议记》《浪子堂集议记》是两部相互联系、对应的时事政治讽刺小说,《二郎神收妖之奇谈》用神魔小说的形式,抨击加拿大国民党借爱国、救民、移风、易俗等名目大肆攫钱、骗钱;《博士头衔》则用了汉语、英语不断讹听造成误会的手法,讽刺陈树人博士头衔名不副实;《雷公劈蚁之奇谈》借雷公作恶害死身边人的故事,警告世人勿作恶。《浪子堂集议记》《群芳会集议记》两部小说成就最为突出,这里予以重点介绍。

这两部小说署名为"观海代译",其实皆余观海所作,假托代译。两部小说中,开头都写到《大汉公报》委派代表参加团体聚会。参加群芳会集会的是芙蓉女史,出席浪子堂集会的是悟禅先生,这两位人物即余观海。在《浪子堂集议记》里面,提到小说中人物悟禅即"迩来报纸上之佛辟先生"①,余观海在其新班本《丧明谱》里,曾塑造"佛辟"这一人物形象以自托。② 作者假托小说人物,借以

---

① 观海代译:《浪子堂集议记》,《大汉公报》1917 年 7 月 9 日。
② 观海:《丧明谱》,《大汉公报》1917 年 9 月 4 日。

叙说自己所见所闻所想。正如陈伯海《近代小说史》指出的：

> 晚清的吴趼人从统一小说的结构出发，用"我"来描述见闻，形成贯穿之法。中国小说缺少的是以"我"讲述"我"自己的故事。吴趼人的方法在民初常被小说家所用，小说家笔下的"我"不再单纯成为事件的旁观者，他们常常介入事件。①

《群芳会集议记》从 1917 年 6 月 2 日起至 6 月 18 日止，共连载 13 次。该小说假托一个女性世界，受到名为"白鼻哥"的男性公开侮辱：在报纸上登载告白，述说听其街头演说，颇为心动，并挑逗性地发出约会邀请。于是，她们召开会议，准备教训对方，维护自身声誉。因众议无良策，遂请会外高人、老成卓识之素娴姆训氏临会指点。《大汉公报》委派芙蓉女史作为该报代表，带着女儿玉簪、玉叶及婢女夭桃莅会聆听记录，以备众览。小说即以芙蓉女史贯穿，以"予"之口吻、视角展开，开头如下：

> 群芳会集议之事，叠志前报，兹今特将芙蓉女史为本报代表莅会时目击之事，详细录之，以供众览。
>
> 予（女史自称）承《大汉报》司事之命，赴群芳众女士之请，昨夕七点钟，偕玉簪与玉叶（是女史之令媛）并夭桃（女史之婢）等，由本宅登自由之车，着司机者放缓机汽，徐徐而行，俾得沿途赏玩风景。是夕也，天朗气清，惠风和畅，红日将已西沉，而一轮皓月，似欲东升。东西天边之彩霞，互相辉映，天然一幅绝妙之好画图也。街上行人，彼此来往，如蝉联不绝，红男绿女，闹热非常。而自由车之左上右下，迅速如风，约十分钟，已到群芳会馆之街旁。司机者将车停止，扶予、二女与小

---

① 陈伯海、袁进：《上海近代文学史》，上海人民出版社 1993 年版，第 372 页。

婢四人下车。原来群芳会馆,即在公园之侧。彼公园之清奇,此会馆之幽雅,景色趣致,俨如伯仲。苍松翠柏,大约数围,挺挺秀直,高可参天。四边绕以小河,俯察之,则深不见底,但见其水天一色而已。东西对岸,配搭浮桥,全用钢板铁条所制,坚固无比,为游客直达公园与会馆之大道。予偕二女与婢,举步前进,直至会馆门首,举头仰观,见有横额一个,显现"群芳"二字,大约逾尺,写得铁画银钩,俨若前贤王羲之先生之遗墨。门外旁边,书有四言对联一对,左曰:馨香世界;右曰:锦绣官城。其字体之秀丽,世所罕觏,即将门铃一按,铃音铿然,旋有二女士趋步而出,绿衣红裳,举动潇洒,近视之,乃玉簪同学之友也。穿绿衣者名细柳,披红裳者名丹桂,二八芳龄,娇姿可掬。六人相见,握手为欢。

小说中素娴姆训氏,名芦狄,富有声望,其父为芦苇(秋江翁),其夫为乔松(十八公丁固之子)。素娴姆训氏在会长玫瑰女史的安排下坐在会场中心位置,一一询问了群芳所做、所见之事,弄清许多坏行径都是众人在"苦李"(即影射李公武)的幕后怂恿指使下完成的,于是进行训诫。所谓群芳会即影射国民党,素娴姆训氏殆指驻加拿大总领事杨书雯,因其曾调停中华会馆暴动事。[1]

影射的具体事件主要是 1916 年至 1917 年国民党和致公堂(民治党)之党争:1. 国民党员在维多利亚中华会馆制造暴动事件。1916 年 9 月之前,维多利亚中华会馆董事皆由埠内商人推荐及委任,因会馆财政恶化,很少有商人愿意奉献。会馆董事会决定由当地侨团、宗亲会、政党和教会组织派两名代表出任董事会,并选举刘子逮为正董事,林立荣为副董事,二人都是致公堂成员。国民党员对此很不满。恰逢中国政府考虑取消儒学为国教而推行宗

---

[1]　《杨总领事会审林领事案之详情》,《大汉公报》1917 年 6 月 11 日。

教自由,刘子遽召开董事会,提议向中国发电报,抗议取消儒学,提议获得通过,同意把抗议电报发往温哥华的中国领事馆。国民党主办的《新民国报》对此进行指责、攻击,认为刘子遽只代表自己看法,并不是中华会馆意见,要求刘子遽辞职。刘子遽随后召开会议,会上读了电报并承认电报没有被送往北京。但是何铁魂、高云山等人袭击了致公堂成员,正副董事都受伤住院。编辑李公武和社长李子敬及其他几名国民党人因参加斗殴被抓。最后,何铁魂、高云山、李公武、李子敬四人交 1 000 元保释金,另外 4 名国民党员被罚款 75 加元或入狱 3 个月①。2. 国民党人在温哥华埠街头演说遭到当地警官驱逐事件。② 3.《大汉公报》《新民国报》双方笔战事件。4. 致公堂成员邓松丁在卡技里埠演说被国民党白丁教员张苕棠丑化为"炒杂碎",并登载在《新民国报》上等。③ 兹举《群芳集议记》十续一段为例:

> 夫人曰:尔以合群为爱国乎?
>
> 苦李曰:举凡办爱国之事,非合群而莫能成功。此合群之举,为爱国之咽喉焉。
>
> 夫人曰:尔云合群为爱国之咽喉,然则尔旧岁与南华李大开笔战,而不与之合群,此何故与?
>
> 苦李曰:南华李身为教员,无一才可称,诚恐有误青年子弟,是以与他开笔战而攻之。冀革除他而换吾群芳会之姊妹耳。
>
> 夫人曰:何以见南华李无才?
>
> 苦李曰:夫人,尔不见南华李所吟之诗乎? 读其"乘自由

---

① 黎全恩、丁果、贾葆蘅:《加拿大华侨移民史(1858—1966)》,人民出版社 2013 年版,第 290、291 页。
② 《暴徒演说为警官驱逐》,《大汉日报》1915 年 5 月 12 日。
③ 观海:《泡制杂碎之新奇》,《大汉公报》1917 年 12 月 21 日。

车到叨磨"之句,便知其无才矣。

夫人曰:卡技利白丁教员,其文才之鄙劣,甚于南华李万倍,而尔不攻他,独攻南华李,何也?

苦李曰:白丁教员,虽是文才鄙劣,乃是吾群芳会之友也,故不攻之。吾之攻南华李者,实欲使他人知吾群芳会之威武,而皆入我群芳会耳。

夫人曰:尔所言者,非真爱国,不过假借爱国之美名,而伸张自己之势力而已。①

文中夫人即素娴姆训夫人,所谓南华李即影射维多利亚华侨公立学校教师李淡愚,李公武等人之前曾攻击其所著语音之书为剽窃之作等。在《浪子堂集议记》里面,南华李出来发表过演说,其身份就是"域埠前任会馆公校之教员"②。白丁教员指张苕棠。

小说结尾仍以芙蓉女史视角、口吻结束:

予与夫人并众职员,送诸女士出门,然后复回客厅,饷以茶点,并畅谈时事良久,然后致谢握手而别。予一路归家,满心欢喜。欢喜者何? 喜与夫人并诸女士结识,而又多一班良朋矣。

该小说刻画的群芳会成员共 36 名,宛如群像,此外还塑造了其他人物,共 40 多名。作者想象力很丰富,小说虚构性较强,对于许多场景的描绘非常生动,写景状物优美细腻,继承了传统抒情诗歌营造意境的审美追求。

《浪子堂集议记》篇幅更长,从 1917 年 7 月 9 日至 8 月 18 日,共连载 35 期,在《大汉公报》所刊小说中,可谓鸿篇巨制。出现的

① 观海:《群芳会集议记》十续,《大汉公报》1917 年 6 月 14 日。
② 观海代译:《浪子堂集议记》,《大汉公报》1917 年 7 月 25 日。

人物近50名,就人物塑造而言,较《群芳会集议记》更为鲜明生动。如小说描写缅埠盐仓土地出场:

> 时有一人,年将半百,头发斑白,一管鼻,两撇须,眼悬茶镜,手携藜杖,身穿一件咸菜尾色旧大褛,形容枯槁,向众人丛中而出。众视之,乃缅埠盐仓土地。于是登上石桌而大声言曰:"予在缅埠多年,彼贱婢时常到来街边演说,姿首妩媚,眉目传情,挑动我春心活泼,时与他共谈衷曲。我平日蓄积多少之血汗资,尽为彼辈化消。有时书信来往,彼亦应酬无间。岂知他近日陡起一副骄傲性情,正是令人难忍。"说罢,向身中取出前日半麓褛自由雌致他之信函,当众朗诵,读毕,气行行言曰:"彼贱婢厌我贫穷,侮我太甚,今日侮我,明日亦侮别人矣。"

无论是人物肖像描写,还是动作、神态刻画,都很有特点,气韵生动。再如其写探花客登场:

> 是时又有一人,生得一脉斯文,眉清目秀,器宇轩昂,举动潇洒,含笑而登石桌之上。众视之,乃白鼻哥之胞弟,探花客也。即将两手一拱而对众言曰:"诸君今夕演说,皆云以武力从事,我辈何人也,居于他人法律之范围,岂以武力而可能终局乎?夫所云武力者,处于两国之交涉而用之则可,若处于个人而用之,则大不可也。盖两国相战,强者胜而弱者败。胜胜败败,两国自主其权,他人不得干涉,而我辈一侨民耳,若打架之事一起,警察定必干涉拿人。拿人必兴讼,讼一兴,而祸患无穷期矣。两方面纵有百万之财,可能用尽。不观夫昔日域埠卢某昆仲,因广利之兴讼,与夫旧岁中华会馆,酱瓜(借用)与某党之涉讼乎? 求翻译,聘律师,买假证人,造伪口供,一见

失败而又退堂,譬之担银填海,渺渺茫茫,此好讼之累也。朱文正公有言曰:'居家戒争讼,不可以他斗武力,专门与他讲文才。'我辈闲暇之余,作几篇时评小说,作几句粤讴谐谈,或草鸿儒谈笑之录,或撰春秋褒贬之文,或写杏坛之杂志,或裁一噱之信函,或震当头一棒之声,或录天地新猷之电,吟几首讥时之诗,制两章金声之赋,日日登于报章,将其平生之秽污历史而和盘托出,使全加梓里,知其恶劣,弃之如遗,岂不胜于以武力对待乎?"说罢步下石桌而立。①

探花客斯文、儒雅之形象,跃然纸上。说话旁征博引,先摆事实,再引用先贤之言,然后提出自己的主张:要文斗,不要武斗。探花客提到的鸿儒谈笑录、新春秋、一噱、当头一棒等都是《大汉公报》笔战时常用之栏目。小说中的域埠卢某昆仲,即影射维多利亚埠卢卓凡、卢超凡兄弟,他们拥有早期加拿大华人中最大的广利公司和多块地产,后因财政问题及兄弟不和而长期互相诉讼,最后变卖地产,广利公司也在 1887 年关闭。② 所谓旧岁中华会馆,酱瓜与某党之涉讼,即前面提到的 1916 年国民党在维多利亚中华会馆袭击致公堂成员,双方相互控告之案件。

小说还塑造了丰采光润、乐善好施的瓦荷包,他提出要大集捐款,建筑会所,设阅书报社、办学校等,并自愿先捐 1 000 元。随后,堂中成员竹纤鸭在众人推举下,与探花客、大蛤谋划制定职员表、章程。小说结尾,"丰姿清雅,身披一件葛布道袍,几有出尘脱俗之态"的正会长假斯文作总结,并与悟禅先生携手,率众人呼《大汉公报》万岁,浪子堂万岁。众人去后,诸职员与悟禅先生复入客厅,复谈良久,然后握手而别。

---

① 观海代译:《浪子堂集议记》九续,《大汉公报》1917 年 7 月 19 日。
② 黎全恩、丁果、贾葆蘅:《加拿大华侨移民史(1858—1966)》,人民出版社 2013 年版,第 286 页。

这两部小说的架构,反映了作者的男尊女卑观念以及对社会自由开放风气的排斥。将国民党组织设定为群芳——女人世界,致公堂设定为浪子——男人世界,借两性之间的关系隐喻彼此之间的地位与区别。两部小说基本是以演讲为主体,可谓演讲小说。在《浪子堂集议记》里面,人物出场是串联式的,每人登场都发表一番演说,尤其是悟禅先生作了长篇演讲,提倡改良党纲,振兴堂务,政党应监督政府,改良社会,戒四淫"嫖赌饮吹"等。20 世纪 40 年代,陈蝶衣在《通俗文学运动》里曾提到,"以前虽曾有人创作过演讲小说,不过篇幅既短,题材方面也不见得能为大众所接受。作为一时的宣传还可以,要作永久的说书中心决计办不到"①。

可见,演讲小说这种新颖的形式,在中国国内出现过,亦不多见。余观海的这两部时事小说,在艺术表现形式上作了有益的探索。

滑稽小说《博士头衔》署名为木报,乃余观海之化名,小说开头有段说明:

> 余为侨胞欲求茶前饭(兹逢禁酒,以饭字代酒亦通),后之新笑品计,特就耳界之所有,述一短篇小说,题曰博士头衔,但文中之华英字句音切,有与博士二字相近者,只对于妒谑博士一人言,非有意污辱同胞中博士全体及博士主笔全体。

小说虚构了 12 个人物,以天干、地支排序作代号,分别为甲、乙、丙、丁、戊、己、庚、辛、壬、癸与子、丑,以谈话式展开。先是甲提出此人号称博士,实乃学士,只因博士与学士音颇近而引人误会。乙则认为"饱屎"与博士音近,就其人学识、文章写作水平论,实则为"饱屎"。后面就开始利用中英文音切造成的"误会",从"box"

---

① 陈蝶衣:《通俗文学运动》,见陈思和:《中国现代文论选》,上海教育出版社 2010 年版,第 201 页。

"打拳头""白食""dog shit""ox(the castrated male of the cow)"
"捉猪""凿池""薄视"直到最后的"觉是",对该博士进行讽刺。从
小说创作艺术来讲,并非佳作,但在创作手法上却有新意。中英文
的任意联想、混杂,说明作者对两种语言的娴熟程度。《大汉公报》
敢于刊登如此小说,说明受众(读者)的英文接受程度、阅读水平已
具备这样的基础。余观海还创造了中英文混杂的班本,引起过学
者注意,但此篇小说却鲜为人知。这种中西文化杂糅的创作现象
体现了异域文化对华文文学发展的影响,也代表了华文报后来的
发展趋向:逐渐脱离中国内地报纸之影响,更偏重关注本土华人
社会及受众,具备海外华文文学自身的面貌与特征。

　　班本、粤讴亦是双方笔战采取的重要形式,《新民国报》的"一
曲山青"栏目刊登班本与粤讴,如《余积犯受戒》讽刺余观海;《大汉
公报》则将二者分开,专门辟有"新班本"栏目,"采取时事,特申剧
本,虽非粉墨登场,何异现身说法"①,所登《佛法无边》《丧明谱》
《妖编辑败北私逃》《确亡党受戒》《教员单思病》《自由婆探监》等都
是以戏谑之法,编造剧情讽刺国民党与《新民国报》主笔、记者等。

　　其中,《确亡党受戒》剧中确亡党即指加拿大国民党。该剧仿
《小娥受戒》对该党派进行讽刺、批评与规劝。其他剧本则是主要
针对《新民国报》总编辑李公武、主笔陈树人而作。如余观海所作
新班本《丧明谱》,剧情为:一老者佛辟有儿子辟佛、笑人,辟佛乃
其妻带来的"拖油瓶",却不念继父恩情,在报纸上曝其私情;笑人
乃其亲生儿子,却因病而亡,其父为其上坟,故该剧名为《丧明谱》。
佛辟实则为余观海化名,辟佛乃指《新民国报》总编辑李公武,笑人
即指陈树人。该剧采取的是中国民间骂战中常见的自称为对方老
子的战术。1917 年李公武调离加拿大,《大汉公报》乃登新班本
《妖编辑败北私逃》加以讽刺。

①　余观海:《佛法无边(八续)后按》,《大汉公报》1917 年 10 月 18 日。

新班本《佛法无边》亦是《大汉公报》余观海创作的长篇班本，共连载 9 期，剧中人物众多。该剧假托如来佛祖命令值日游神赴加拿大捉拿掘钱党（即国民党）陈树人，最后将其缉拿归案后，命其在禅堂扫地修行。剧后按：

> 本社志士，守己如珍，爱人以德，为超渡众生脱出迷途起见，是以采取时事，特串剧本，虽非粉墨登场，何异现身设法。锄奸惩恶，剿抚兼施；起懦化顽，刚柔并用，使阅者扩眼界，畅心神，别贤愚，分忠佞，非与市井无赖之声口所比。①

《教员单思病》《陈树人叹监》《自由婆探监被辱》皆为攻击陈树人而作。其中《自由婆探监被辱》写陈妻去探监，受到番警的羞辱、勒索，该剧采用了中英文语言混杂的形式，体现了艺术形式上的创新，值得注意。

1917 年 3 月至 8 月，其"粤讴"栏目所登作品共 50 篇，大都与笔战有关。如《清乡军队》（为新民国报记者清乡军队讴）、《你真真正弊》（为新民国报记者讴）、《人心未去》（为犯仔主笔讴）、《听见又话审》（为花仔主笔讴）等。"粤讴"作为一种短歌体，最初本以第一人称为主。笔战中，余观海创作的系列作品，形式多样，出现了第二人称。与第一人称重在刻画人物心理不同，第二人称以貌似亲切、直接的方式展开对话，充满促狭、嘲讽趣味，如讽刺"辟佛"的系列作品：《唔使咁夸口咯》《何解唔开口》《唔使咁怒咯》《为辟佛娇妹而作》《为辟佛爱娇而作》等。

总之，由于办报者注重以文学性、趣味性吸引读者，"务使本报之纸张，琳琅丰富，美善兼优""每日文字，事事皆新，褒贬齐全"②，《大汉公报》亦从 1917 年 12 月开始，从两张半增加为三张，文艺版面

---

① 观海：《佛法无边》，《大汉公报》1917 年 10 月 9 日。
② 余观海：《覆颜君志炎书》，《大汉公报》1917 年 11 月 17 日。

得到扩容,客观上促进了近代加拿大华文文学样式的多样化发展。

三、两报笔战带来的弊端及启示

尽管"文字一道,其所以入人者,壮词不如谐语"①,两报笔战中"嬉笑怒骂"的文字收到了一定的功效,但此种手法"手滑又虑伤品"②,很难把握好度,易谐谑过度,造成不良影响。李淡愚就曾对此大发忏悔。出于党派利益,笔战文章大多观念先行,丧失公正,观点偏狭,只及一点,不及其余。如《大汉公报》攻击《新民国报》主笔才疏学浅,证据是该报将"禁酒令"印成了"禁酒令"、陈树人所作某诗韵脚不对等。《新民国报》亦常挑剔《大汉公报》之文字不通,吹毛求疵。双方还常公开发文替对方修改报纸文章,以示己之学问。

对于笔战,颜志炎曾有公允之言:"吾见近年海内外之作笔战者,多无论理学的演绎法与归纳法,徒出其能诋他人之人格之污语,而相谩骂。""作笔战当以公德而战,不可以私德而战,以私德而战,适足以腐败人心,摇动国本,自取乱亡耳。"③尽管是在异域创办的华文报刊,笔战双方的表现仍未摆脱国内笔战陋习。两报缠斗得非常难堪,皆以人身攻击、攻讦对方私德为乐,《新民国报》称余观海为积犯,颜志炎为牛尾主笔、餐馆侍仔、李珠明为荷官;《大汉公报》则称李公武为生龟仔、驼背主笔、拖油瓶(其母曾经改嫁),陈树人为陈屎人、好色教员、白丁教员,双方极尽污言秽语之能事。余观海为《大汉公报》之得力干将,其行径,颜志炎亦看不过眼:"观海君著谐文,能以污言骂人,亦尽骂人之能事。"④有些作品的文学性很差,双方轮番笔战时的一些文章都是简单、低级的谩骂与嘲讽,如黄孔昭的《警陈树人》,共30余续,通篇内容都是自我辩解非

---

① 吴趼人:《新笑林广记·自序》,见《吴趼人全集》第 7 卷,北方文艺出版社 1998 年版,第 335 页。
② 黄遵宪:《致梁启超函》,见《黄遵宪全集(上)》,中华书局 2005 年版,第 438 页。
③ 颜志炎:《痛定思痛》,《大汉公报》1917 年 11 月 10 日。
④ 颜志炎:《随笔》,《大汉公报》1918 年 1 月 5 日。

"始祖",质问为何遭挑战,殊无趣味。

这些弊端对近代加拿大华文文学的发展造成一定伤害。由于报纸传媒的迅速、广泛性,此类笔战文章对读者文学趣味的培养与引导造成了不良影响。正如颜志炎在《坎属致公堂之改良当自机关报始》中所指出的,报纸应该"勉尽其良好社会教育之天职,免令华侨社会之堕落,及时发挥其纯正之宗旨,设立道德之言论,然后能养成阅者之高尚人格"①。而部分读者看热闹或者扯偏架式的鼓励,亦对作者的文学创作造成了误导,降低了文学品位。

双方笔战的主要参与者颜志炎、余观海、李公武、陈树人等都是在异域完成高等教育或者继续教育、中西贯通的知识分子。颜志炎求学于美国高校,余观海长期谋生于加拿大,英语娴熟,李、陈毕业于日本大学。但双方竞相夸耀的是自己对传统文化经典的谙熟与掌握,以能写传统诗文、掌握传统文化为傲,借传统文学之外壳,发挥讽刺、攻击之功能。这给我们启示:近代华文报刊尽管受中西文化的双重影响,但作为华人精神的纽带与交流平台,其价值内核还是崇尚中华传统文化。

第二节　转载与自创:加拿大华文
报刊文学的演变

20 世纪 20 年代前,加拿大华文报刊编辑部的主笔、记者和编辑们,大都来自中国境内或者美国等。这些报人很多具有多地域、多报刊的从业经验,北美两国华文报刊不仅存在报人人才之交流,也有一些广告业务上的合作。但是,从报刊文学的角度而言,加拿大华文报刊文学在其发展与演变过程中,受中国境内报刊的影响

---

① 颜志炎:《坎属华字报当负改良华侨社会之责》,《大汉公报》1918 年 4 月 13 日。

更大。具体体现在报刊内容上，就是大量作品转载于中国国内报刊，文学的自创也受其影响。随着转载和自创比重的不断变化，加拿大华文报刊文学不断演变，逐渐形成了自身独特的面貌。下面以《大汉公报》为例，试作阐释说明。

《大汉公报》文艺副刊登载的诗词文赋等体裁的作品，始终主要是以编辑部同人和其他投稿者的创作为主。粤讴、南音、龙舟、板眼等说唱文学，带有鲜明的粤地文化色彩，皆用粤语创作，粤音演唱，作者皆为懂粤语者。但由于《大汉公报》在转载作品时，一般不注明出处，其风格与内容也很统一，所以这类作品大部分无法判断是转载还是自创。故本节主要以头版、二版的论说与时评、文艺版面的小说与剧本的创作情况为研究对象，考察、分析其演变。

一、论说与时评的自创与转载情况

论说与时评作为报纸的喉舌，其重要性不言而喻。尤其是论说之撰写，乃报纸主笔之重要职责。《大汉公报》往往将其报馆撰写、翻译之论说标为"本馆论说""本社论说"或本馆译论，其他稿源都标为论说、译论、代论等，其中大部分都是转载自中国、加拿大、美国、日本等地的中文报或西文报，且主要来自中国。表 5-1 是该报（1914 年 8 月至 1919 年 12 月）登载论说与时评的基本情况：

表 5-1　1914 年 8 月至 1919 年 12 月《大汉公报》
登载论说与时评情况

年份	报纸期数	论说（篇次）	自创论说（篇次）	自创论说所占比例	本馆/本社论说（篇次）	本馆/本社论说所占自创比例	时评（篇次）	时评（本社自创）
1914（8月至12月）	116	116	52	45%	33	63%	16	3
1915	272	213	150	70%	115	77%	22	10

年份	报纸期数	论说（篇次）	自创论说（篇次）	自创论说所占比例	本馆/本社论说(篇次)	本馆/本社论说所占自创比例	时评（篇次）	时评(本社自创)
1916	293	294	119	40％	99	83％	24	20
1917	300	329	247	75％	179	72％	25	12
1918	291	299	239	80％	148	62％	122	8
1919	293	296	131	44％	96	73％	61	6

　　表 5-1 显示，《大汉公报》论说中，自创所占比例在不断攀升，1915 年、1917 年都达到了 70％以上，1918 年更是上升为 80％。但是 1916 年、1919 年出现明显滑落。究其缘由，殆因报纸主笔撰写的数量在自创论说中所占比重大，其变化足以影响报纸论说的面貌。1916 年主持笔政的张孺伯所作论说较少，仅有 16 篇，且于当年 9 月去世。张孺伯擅写时评，1916 年《大汉公报》24 篇时评中，有 20 篇是自创，其中 15 篇即出自其手。1919 年，主持笔政的是伍嵩，所作论说数量为 72 篇，绝对数量不算少，但长期为论说供稿，担当主力军的记者颜志炎回国，不再撰写论说。此外，1919 年国际形势复杂、国内政坛波诡云谲，读者对此甚为关注，需要看到更多、更权威，尤其是来自中国国内的论说与评论，故《大汉公报》援引转载者多。尽管许多转载并未标明出处，但根据论题和作者署名推断，大多数都是转自中国境内报纸，如南北和议是当年中国国内之大事，《大汉公报》刊载了《陕事与和议之前途》（署名"公"）、《北京政局之大波浪：时局又生变化》（未署名）、《军政府对于和议之商榷》（未署名）、《和议梗阻之原因》（未署名）、《南北议和之感言》（署名"华伯"）、《督军干涉和议之传闻》（署名"戆"）等系列文章，可以推断皆为转载。

　　从这六年论说的稿源情况看，尽管报纸自创论说的数量及占比有波动,但其作者数量不断增加,该报转载其他报纸的种类也日益丰富,显示了该报稿源逐渐多元化。

与论说相比,该报时评数量比较少,除了 1916 年外,其他几个年份都是以转载为主,最为突出的是 1918 年、1919 年。据统计,1918 年共有 122 篇时评,其中近五分之一是转载《申报》主笔陈冷的文章。陈冷,原名陈景韩,笔名冷、冷血、不冷、华生、无名、新中国之废物等,江苏松江县(今上海松江区)人。1913 年史量才接办《申报》后,陈景韩任总主笔。① 此外,还转载《申报》五虎将张蕴和(默公)4 篇时评、《时事新报》主笔张东荪 6 篇时评。足见《大汉公报》对上海报纸的重视以及近代上海作为中国报刊出版中心,在当时所具有的强大影响力和辐射作用。

从 1914 年至 1919 年,《大汉公报》的正式主笔前后共有 4 位:崔通约、张泽黎、颜志炎、伍嵩,其中张泽黎是第二次任主笔。这些主笔并非都出生于中国,如张泽黎、颜志炎分别出生于美国檀香山和俄亥俄州,其政治背景也很多元,故其论说和时评内容很广泛,并非拘泥于洪门党派事务与观点。其中尤以颜志炎最为典型。有人曾指责颜志炎:

> 任洪门机关报半年,除著《论今后洪门之势力》及《论坎属致公堂之改良当自机关报始》二篇外,曾无第三篇论及洪门事。

他撰论说反驳,阐述其理由:

> 该报之阅者,非尽属洪门人,如日日言洪门事,则令人讨厌。即其尽属洪门人,其有巩固团体之事宜,则由集众解决,以策进行,不必待记者为之评论。②

① 刘晓辉:《松江文化志 1992》,百家出版社 2001 年版,第 269 页。
② 颜志炎:《洪门报纸与侨界社会》,《大汉公报》1918 年 7 月 9 日。

他对《大汉公报》作为一份海外华文报纸的侧重点有着清晰的认识:

> 办报于海外,其天职当轻于监督政府,而重于向导国民。何则? 我国政府,远在重洋之外,即其记者有长篇纯正言论,欲以监督之,亦犹鞭长不及马腹,末由奏其效。①

这些视野开阔、理念先进的主笔对加拿大华人文化建设、华文文学繁荣发展与演变贡献良多,厥功至伟。

二、小说、剧本的自创与转载情况

(一) 小说的自创与转载情况

《大汉公报》作为洪门机关刊物,无论从办刊宗旨还是经济需求来说,都期望吸引更多读者。如同中国同时期报纸,该报非常重视文艺版面的编排。其中登载小说是招徕、吸引读者的一种有效方法。表 5 - 2 是 1914 年至 1919 年《大汉公报》的小说登载情况:

表 5 - 2 1914 年至 1919 年《大汉公报》登载小说情况

年　份	标明小说的篇数	登载期数	已知转载的报刊种类
1914 年 8 月至 12 月	13	13	4
1917	20	100	4
1918	33	116	7
1919	88	230	10
合　计	154	459	16(减掉重复)

---

① 颜志炎:《本报之职志》,《大汉公报》1918 年 5 月 17 日。

正如前面章节所述，1915 年、1916 这两年的《大汉公报》正张上没有安排文艺版面，文艺内容登载在附张，随报派送，大都散佚。表 5 - 2 数据显示《大汉公报》1914 年、1917 年、1918 年、1919 年的小说登载篇数和期数是逐年增加的，尤其是到了 1919 年，呈现翻倍增长，转载的报刊种类亦逐年增加。

与文艺版面其他文体不同的是，《大汉公报》的小说稿源基本依赖于转载国内报刊。上表统计的标明小说者共有 154 篇，没有标明小说但实为小说者至少 96 篇，共计 250 篇。其中确证为《大汉公报》自创者仅 5 篇，即 1917 年登载署名余观海的《浪子堂集议记》《群芳集议记》《二郎神收妖之奇谈》《雷公劈蚁之奇谈》，署名为木报的《博士头衔》等笔战讽刺小说，共连载了 59 期。无论是从小说篇数还是连载次数来看，自创小说所占比例都非常低。

究其因，可能是报纸主笔们擅长论说、古诗文等雅文学，对于小说未曾留意，创作起来就有难度。《大汉公报》笔战主将余观海曾写信给主笔颜志炎，希望在今后的写作中各擅其长。他希望颜志炎：

> 多著论说，鼓吹华侨之心理。如对于侨学、农事、实业、商务，与夫改良社会之恶习，联络侨胞之团体等文字，宜大著特著于正幅之上。

而他自己的方向是：

> 多著谐谈、小说、班本、粤讴，罗列于半页之中，务使本报之纸张，琳琅丰富，美善兼优。[①]

由此可见，编辑部同人的分工比较明确。报纸主笔的职责主

---

① 余观海：《覆颜志炎书》，《大汉公报》1917 年 11 月 17 日。

要在于论说。表 5 - 3 是 1914 年至 1919 年《大汉公报》转载的小说来源报刊名称与篇目数量:

表 5 - 3　1914 年至 1919 年《大汉公报》转载小说情况

序号	被转载报刊名称	被转载篇数	登载期数	创刊地
1	《小说月报》	13	30	上海
2	《小说新报》	9	36	上海
3	《小说海》	1	13	上海
4	《小说丛报》	1	4	上海
5	《中华小说界》	1	7	上海
6	《神州日报》《神州报》	7	132	上海
7	《申报》	6	8	上海
8	《新申报》	4	5	上海
9	《时报》	4	10	上海
10	《中华新报》	3	5	汕头
11	《时事新报》	2	22	上海
12	《振华五日大事记》	1	1	广州
13	《新闻报》	1	1	上海
14	《独立周报》	1	1	上海
15	《礼拜六》	1	3	上海
16	《晨钟》	1	3	北京

表 5 - 3 显示,《大汉公报》转载的 16 种刊物,除了《中华新报》(创办于汕头)、《振华五日大事记》(创办于广州)、《晨钟》(创刊于北京)等 3 种报刊之外,其他 13 种都创刊于上海。其中,《大汉公

报》转载的四种小说刊物《小说月报》《小说新报》《小说丛报》《小说海》都属于上海鸳鸯蝴蝶派刊物，由此可见该报编辑及观众的阅读品位。该报也转载了《小拿破仑》《海军约》等外国翻译小说，但刊载的大多数小说仍是武侠、技击类，言情类，家庭类等中国古代小说常见的种类。其中连载次数最多的是转载自《神州报》的《绿林大侠》，共 132 期，技击谈之类的短篇小说亦连载 59 期。国势日蹙的社会背景下，武侠技击类小说对于近代中国读者有着强烈的吸引力。他们所熟悉的阅读习惯与叙事方式仍是文言小说模式，那种新语言、新理论、新思维的新小说尚未显现。尽管颜志炎 1918年 4 月曾撰文提倡《中国文学革新之必要》，但文学的创作转型显然没有快速产生，而是沿着以往的惯性继续滑行。

（二）剧本的自创与转载情况

从 1914 年 8 月至 1919 年，《大汉公报》共登载 19 部班（剧）本，连载 43 期。其中至少 12 部属于自创，比例达到 63％，另有 5部作品的作者无法判定身份，是否转载无从确定，但内容大都与粤地相关，作者殆为粤人。此外，还有 2 部作品是以北京政治、经济、文化等活动相关，作者身份也无从判定，暂且存疑。表 5 - 4 是统计情况：

表 5 - 4　1914 年 8 月至 1919 年《大汉公报》登载剧本情况

序号	名　　称	作者	登载期数	说　　明
1	剧本《记者登台》	唶情	1914 年 8 月 19 日	介绍《大汉报》宗旨和各栏目内容
2	班本《灾民惨受苦，拖儿带女呼。倡办善后路，七级胜浮屠》	砺廷	1914 年 10 月 5 日	反映广东水灾

序号	名 称	作者	登载期数	说 明
3	班本	砺廷	1914 年 10 月 6 日	内容为劝华侨戒抽鸦片
4	班本《皇帝梦》	选青	1916 年 1 月 4 日	白话剧
5	新班本义薄云天	观海	1917 年 4 月 10 日至 4 月 20 日	主要是歌颂洪门,鼓吹革命、批判袁世凯等。
6	新班本《丧明谱》	观海	1917 年 9 月 5 日 1917 年 9 月 18 日	与《新民国报》笔战
7	新班本《佛法无边》	观海	1917 年 10 月 9 日至 10 月 18 日	与《新民国报》笔战
8	新班本《妖编辑败北私逃》	李振汉	1917 年 11 月 16 日	与《新民国报》笔战
9	新班本《教员单思病》	挖树	1918 年 3 月 2 日	与《新民国报》笔战
10	最新班本《确亡党受戒》	织锦	1918 年 10 月 16 日	与《新民国报》笔战
11	近时班本《陈树人叹监 自道之而自蹈之》	据氏情郎	1919 年 2 月 27 日	与《新民国报》笔战
12	最新班本《自由婆探监被辱》	化布	1919 年 3 月 18 日至 3 月 20 日	与《新民国报》笔战

　　《大汉公报》刊载的这些自创剧本在内容、形式上,都具有创新性与现实意义。其题材都与中国政坛、粤地民情、吏治以及加拿大洪门宗旨宣扬及华文报纸笔战等相关。其中值得注意的是,1915年底至1916年初,《大汉公报》分12期连载了该报编辑选青创作的白话剧《皇帝梦》,生动刻画了杨度、孙毓筠等发起筹安会、拥袁

复辟的丑态。1915 年 12 月 12 日,袁世凯宣布接受帝位,复辟帝制。在此背景之下,《大汉公报》如此快速创作并登载反映此重大国事的剧本,体现了其编辑扎实的戏剧文学创作能力以及敏锐的政治嗅觉,鲜明的革命性、进步倾向。

该报登载的另外 9 部自创剧本都用于宣扬洪门、《大汉公报》宗旨及笔战,显示出创作队伍对于班本文学的运用得心应手,班本文学已成为宣扬政治、开通民智之利器。在语言形式上,《大汉公报》登载的自创剧本呈现出三种形式:(1) 半文半俗(粤方言),这是使用最多的一种形式;(2) 比较典雅、规范的官话白话,如《皇帝梦》;(3) 半文半俗,掺杂英文,如最新班本《自由婆探监被辱》。最后一种形式,显示了华文报刊在多元文化的融合下努力做出的尝试。

总之,《大汉公报》一方面快速地转载中国国内创作的新剧本,另一方面又与国内桴鼓相应,对国内政治、民情做出自己的反应。其自创剧本在内容、形式上呈现出的创新性,毫不逊色于中国国内戏剧。

三、《大汉公报》对于转载的处理及原因

《大汉公报》转载的论说、时评、小说与剧本,多来自中国报纸。如果说转载中国报刊的论说、时评与剧本,乃出于爱国救国、开启民智,那么转载小说,主要还是基于充实稿源,迎合读者阅读趣味之需求。与其他文体相比,小说转载的比重是最大的。《大汉公报》转载论说,有时会完整地署明原作者姓名、注明出处,如 1914年 10 月 20 日头版的代论《美博士李佳白上日本内阁总理大偎伯书》,就交代了"译九月十七日《大陆报》",但转载小说和剧本,除了个别作品会交代转载来源,一般不会说明。而且作者署名也大都简化或者消失。因为《大汉公报》转载的剧本量少,情况比较简单。小说转载的处理情形最复杂,下面以小说为例,进行简要分析。

（一）转载稿件内容及其作者的处理

《大汉公报》转载的多为文言小说，全文抄录式转载的情况比较普遍，在内容、题目完全一致的情况下，不交代出处，作者署名简化，这几乎是一种常态。如《大汉公报》1918 年 8 月 28 日登载的新小说《白寡妇》，署名为"芹"，尽管并未标明是否转载，但根据查询比对，该篇乃转载《小说新报》1918 年第 1 期同名作品，作者署名为"少芹"，即著名报人作家贡少芹，曾主编《中西日报》《小说新报》；1918 年 9 月 30 日登载的言情小说《秦素珠》，署名"诚"，实则转载《中华小说界》第 2 卷第 7 期奇情小说，作者署名为"俞诚之"。《倾家恨》作者原署名"芝轩"，被简化为"轩"。如此种种，不再一一胪列。更有甚者，转载的小说题目和小说内容完全没变，但作者署名不同，如 1914 年 10 月 20 日登载的滑稽小说《扦脚事业》，乃转自《申报》1913 年 10 月 2 日作品，原署名为"钝根"，但《大汉公报》却署名为"羞"。还有的转载作品，题目和内容未变，却将作者隐去了。如 1914 年 8 月 12 日所载《昙花影》，转自《申报》，作者署名为苍水，但《大汉公报》并未署名。

《大汉公报》转载小说，经常会作改动、加工，这主要分四种情形：一是改题目，二是对内容进行节选或改，三是题目和内容都有改动，四是在作品前面或后面加"记者按"。第一种情形，如该报 1918 年 11 月 4 日刊登的义侠小说《文犀女侠》，乃转载王无为小说《文犀女盗》，题目改动一个字后，则不署作者名。前三种情形，都有署为"选""参"等。这跟国内报界一样，凡是这种署名，往往都是转载。第四种情形最易让人误会，以为乃该报自创小说。如 1919 年 5 月 30 日开始连载的纪事短篇小说《真孝女》，其篇首云：

> 记者按，是篇所纪，无甚曲折，唯事关孝行，理宜阐扬，聊以补古人烈女传所未备者。阅者诸君勿以小说家言而忽之也。因为之叙述如左。

又如 1919 年 4 月 12 日登载的"新说部"纪实小说《老儒奇遇》,篇末曰:

> 记者按,五年前事也,闻陈某经已谢世,而江则尚在,为之管理家事,约束年少子弟,井然不紊。语人曰:我借此以稍酬我友厚德而已。交友情谊,至斯已极,讵非大可风世者乎?

这些篇首篇末的记者按,到底是《大汉公报》记者的按语,还是所转载报纸的记者按语? 揣其作品内容情形,即使是《大汉公报》记者所作按语,其所评价的小说亦应为转载,并非自创。这种做法,确实让人产生怀疑,编辑就是企图误导读者这些作品是该报记者自创。

(二)《大汉公报》转载处理的原因及影响

从该报处理转载内容及作者的情况可知,当时的《大汉公报》虽有了一支比较稳定的撰稿队伍,但是在小说创作方面人才匮乏,缺乏创作或翻译的支撑,难以应对日报对稿件的大量需求。于是,跟中国国内报刊一样,转载其他报刊的小说就成为必然。当时报界都已经有了一定的版权意识,又担心读者看到太多作品来自转载,会产生质疑和不满,影响报社声誉,于是在作者署名上,会出现以上情形。可以印证这种观点的是,即使是该报编辑作品署名,也会变换笔名,或者将自己的姓名拆开分署,如"选青"拆成"选""青","强汉"拆为"强""汉",这样做的目的其实也是试图给读者造成一种印象:该报来稿丰富,作者队伍庞大,所刊作品并非固定一人或极少数人所作。

但不注明出处、作者署名随意的做法所造成的影响,当然侵害了原有报刊的利益,而且在文学传播过程中,把作品源头弄混淆了。尽管有些作品,我们可以通过比对找到转载来源,但大部分作品来源已不可得知,作者也无从考证。这对我们考察中国近代作品、作家在海外的传播与接受情况造成了很多困难。

这种现象不独《大汉公报》存在,美国同时期知名华文报《中西日报》也是如此。近代北美华文报跟中国国内报刊一样,转载作品多来自当时小说创作与出版中心上海,且来源于多种报刊。正如陈大康《论近代小说的转载现象》所言:"办刊宗旨决定了转载标准,而数年积累的作品系列,又形成该报刊载小说的风格。"①《大汉公报》转载小说类型多元化,除了少数几篇政治时事、革命小说(如瘦鹃《祖国重也》、牖云《萍乡矿案》)外,大部分都是鸳鸯蝴蝶派之类的家庭、情爱小说。显然,这种倾向主要还是在迎合读者口味,以期提高读者的阅报兴趣,增加报纸销量。这些被转载的小说,许多在境内报刊中已无法查找到,因为《大汉公报》等境外报刊转载而保存至今,且为数不少,对于近代小说研究而言,留存了珍贵史料,其功用是值得肯定的。

---

① 陈大康:《论近代小说的转载现象》,《文学遗产》2017 年第 4 期。

结　　语

　　作为近代海外华文文学版图的重要组成部分,加拿大华文文学的发展虽受到一些关注,但相关研究尚不够深入。作为华文文学的主要载体——华文报刊,跟同时期中国报刊一样,承担了文学产生、发展与传播的主要任务。尽管由于各种原因,其种类远不如中国以及美国华文报刊丰富,但也有其自身特色。

　　近代美国加州和加拿大卑诗省是北美华人聚集最多的两个地区。美国加州三藩市被称为金山大埠,是北美最大的华埠,加拿大卑诗省的温哥华埠位列第二。这两个州、省亦是两个国家华文报刊最为兴盛的地区,兹将二者作一比较。据加拿大统计局公布数据,1921 年,侨居加拿大的华人为 39 587 人,其中卑诗省为 23 533 人,占 59.4%,主要居住于温哥华和维多利亚。[①] 与此同时,1920 年美国加州共有 28 812 人,其中大部分又集中于三藩市(旧金山)和洛杉矶市。[②] 1919 年之前,卑诗省共有 6 种华文报创刊,其中 2 种存续时间达 50 年以上,即创刊于维多利亚的《新民国报》和创办于温哥华的《大汉公报》;美国加州三藩市有 26 种华文报,存续时间达 50 年以上的有 3 种,即《中西日报》《世界日报》《少年中国晨报》,美国加州洛杉矶市有 2 种华文报,即《华美新报》《宪政报》,存

①　黎全恩、丁果、贾葆蘅:《加拿大华侨移民史(1858—1966)》,人民出版社 2013 年版,第 222 页。
②　刘伯骥:《美国华侨史》,黎明文化事业公司 1976 年版,第 69 页。

续时间都在三年左右。从数量而言,美国加州华文报要远超加拿大卑诗省,但就报纸的生命力及影响力而言,差距就没有那么大了。

　　海内外革命报纸往往同气相求,桴鼓相应,笔战中互为应援。如温哥华《华英日报》停刊后,美国金山大埠的《美洲少年报》曾载时评《哀华英日报之亡》,称"华英日报者,非海外报界之一铁中铮铮者乎?"为其破亡愤愤不平。① 北美华文报存在着何种程度的交流、合作抑或竞争,对加拿大华文文学或者北美华文文学的整体发展带来何种影响? 本书虽作了一些探索,但远远不够。

　　笔战给加拿大华文报刊的发展带来重要影响,不仅间接导致《日新报》《华英报》的相继停刊,也对其后《大汉公报》《新民国报》的栏目设置、原创文学刊载带来重要影响。这些报纸都有政治背景,随着政党力量的消长变化,报人立场也发生转变;随着人才的流动、交融与新的对抗,报人之间的关系与文学交游研究也很有意义。

　　余观海不仅是《大汉公报》与《新民国日报》笔战的主将,也是《大汉公报》前身《华英日报》与保皇派刊物《日新报》大战的得力干将。当时崔通约担任《华英日报》主笔,二人身处同一战壕,他们彼此之间的关系如何,有无交往? 冯自由、崔通约等当时的报人,在回忆录中为何对余观海未置一词? 彼时《日新报》的笔战主将为黄孔昭、何卓竞、梁文兴等②,黄、何二人后来依旧活跃,并转投致公堂门下,黄孔昭经常在《大汉公报》上发表作品。余观海在后来的

① 亡一次郎:《哀华英日报之亡》,《美洲少年报》1910年2月20日。
② 关于《日新报》梁姓主笔的名字,有两种不同说法:1. 梁文兴。冯自由《华侨开国革命史》(商务印书馆1947年版,第105页)与李东海《加拿大华侨史》(自由出版社1967年版,第348页)都记录为梁文兴;2. 梁文卿。黎全恩《加拿大华侨移民史(1858—1966)》(人民出版社2013年版,第175页)认为冯自由记录有误,应为梁文卿,后改名梁秋水,但该书未对此作进一步解释说明或提供佐证材料。萍水文公道《中华民国革命全史》第5版(益新书社1935年版,第22页)亦记录为梁文卿,亦未注明出处。故本书暂且列为梁文兴,待后续考证。

笔战中,因署名问题,被《新民国报》张冠李戴,误认为黄孔昭,又引发新一轮笔战。余观海后续作过解释,并赞许了黄孔昭的才华、为人,还以诗相赠;但其与何卓竞似无交集。何卓竞 1915 年担任温哥华领事书记,1916 年转赴美国,1922 年病逝。① 在《大汉公报》的报道中,何卓竞经常排演白话新剧,但未见其发表文学作品,他是否有其他署名?《日新报》另一主将梁文兴后来去哪里了?

华文报刊的主笔及其他成员对于华文文学的发展起着关键性的作用。本书对近代《大汉公报》历任主笔的生平情况进行了大致梳理,但关于该报编辑部其他成员的研究仍存在很多空间。如宋卓勋担任温哥华埠培英阁书报社社长,其资历或者身份背景应该是很突出的。因为当初有传言说颜志炎之所以答应担任《大汉公报》主笔一职,就是想抢着担任培英阁书报社社长,颜志炎对此还进行了辟谣。但由此可知该职位之分量。然而囿于目前所见史料,无从了解宋卓勋更多情况。选青作为一位在原创剧本方面很有成就的作者,后来发展情况如何,何时离开该报?余观海乃致公堂成员,创造力惊人,是非常重要的一个作家。他与《大汉公报》关系如此紧密,自始至终为何并未正式加入该报编辑部,而只是做外埠访员、投稿者? 他曾入加拿大监狱,原因是什么?

此外,还有一些重要作家,因为署名过简,生平无从考证,影响了对当地华文文学发展的客观、整体评价。如署名为"斌父"的作者,1917 年在《大汉公报》上发表惩淫小说《鸦凤同奸》(连载 9期)、哀艳小说《落溷奇花》(连载 8 期)以及板眼、粤讴各 1 篇。又以"斌""父"分署名的形式发表了 16 篇板眼,《大汉公报》1920 年之前共登载 18 篇板眼,这位作者就占了 17 篇;还以"父"署名发表小说《流来妇》等。由此可见,这是一位擅长通俗文学的原创作家。可惜的是,根据现有资料只能推断其为粤人,余者不详。

---

① 庄子圣:《何氏源流》,广东省南雄珠玑巷后裔联谊会、南雄市政协文史资料委员会编,1998 年,第 125、126 页。

近代海外华文报刊文学的发展与中国国内文学及报刊联系紧密。如《大汉公报》刊登的重要剧评《加属梨园恨》就明确说明受国内北京、上海剧评创作繁荣之影响，进而效仿之。海外之行也给作家的创作带来一些变化和影响，如林仲坚《避庵诗存》留存了大量海外诗。这些作家旧学深厚，但英语水平差，其交游还局限于华人圈，习惯于传统的文学创作模式，在推动华文文学演变方面存在较大局限。更须引起注意的是，一些重要作家如颜志炎、余观海、张孺伯等有在中国、加拿大、美国等不同国家进行多年生活、学习、工作的经历，这种经历开阔了其视野，有助于其更好地接受文学新变，推动华文文学的发展。北美土生华侨作为新生一代，他们接受了良好的中西双语教育，成立了专门组织同源会，他们在华人社区建设中起到的作用越来越重要，其对华文报刊文学的发展与演变之影响亦需要更深入的研究。

笔者从开始研究这项课题到终于告一段落，其中遇到诸多困难。这些困难，笔者事前曾有一些预判，但仍大大超出预期。一是课题涉及的领域广泛，需要不断了解、学习许多新知识；二是材料的搜集与整理花费了许多时间。笔者在加拿大英属哥伦比亚大学访学期间，虽收集了一些材料，但囿于当时视野，材料的收集仍不充分，后来又做了许多补充工作。课题研究期间，自身工作岗位发生变化，兼职行政管理工作，又牵扯了诸多精力；再加上自身才力有限，种种原因，使得课题研究进展比较缓慢。回望这个过程，虽然有收获，但还是留下了一些遗憾，唯冀后续研究能够予以弥补。也感谢许多专家、学者及朋友在资料搜集、课题研究上给予的帮助！本书终于付梓出版，离不开他们的大力支持。

参 考 书 目

基本文献

加拿大《大汉公报》、美国《中西日报》、上海《申报》、上海《时报》、上海《民国日报》。

林文聪：《避庵诗存》，商务印书馆1918年版。

李淡愚：《海外嘤鸣草》，1916年铅印本。

陈翰笙：《华工出国史料汇编 第7辑 美国与加拿大华工》，中华书局1985年版。

冯自由：《华侨革命开国史》，商务印书馆1937年版。

崔通约：《沧海生平》，沧海出版社1935年版。

李东海：《加拿大域多利中华会馆成立七十五周年华侨学校成立六十周年纪念特刊》，域多利中华会馆、华侨学校1960年版。

《温哥华中华会馆百年纪念特刊，1906—2006》，温哥华中华会馆2006年版。

黄霖：《中国历代小说批评史料汇编校释》，百花洲文艺出版社2009年版。

康有为：《康南海先生诗集》，商务印书馆1941年版。

梁启超：《梁启超游记：欧游心影录新大陆游记珍藏版》，东方出版社2012年版。

研究著作

任访秋：《中国近代文学史》，河南大学出版社1988年版。

陈伯海、袁进主编:《上海近代文学史》,上海人民出版社 1993 年版。

陈平原:《中国现代小说的起点——晚清民初小说研究》,北京大学出版社 2005 年版。

陈平原:《中国小说叙事模式的转变》,上海人民出版社 1988 年版。

陈大康:《中国近代小说史论》,人民文学出版社 2018 年版。

谭帆、王冉冉、李军均:《中国分体文学学史 小说学卷(上)》,山西教育出版社 2013 年版。

赵山林:《中国戏曲传播接受史》,上海人民出版社 2008 年版。

戈公振:《中国报学史》,中国新闻出版社 1985 年版。

方汉奇:《中国近代报刊史》,山西教育出版社 2012 年版。

冯并:《中国文艺副刊史》,华文出版社 2001 年版。

赵稀方:《报刊香港:历史语境与文学场域》,三联书店(香港)有限公司 2019 年版。

陈平原:《左图右史与西学东渐——晚清画报研究》,生活·读书·新知三联书店 2018 年版。

胡全章:《近代报刊与诗界革命的渊源流变》,北京大学出版社 2017 年版。

赵利民:《近代报刊与中国文学转型》,中国社会科学出版社 2020 年版。

李德强:《近代报刊诗话研究(1870—1919)》,上海书店出版社 2017 年版。

赵海霞:《近代报刊剧评研究(1872—1919)》,齐鲁书社 2017 年版。

俞樟华、娄欣星:《古代假传和类传研究》,黑龙江人民出版社 2015 年版。

杨尘因:《春雨梨花馆丛刊(第一集)》,民权出版社 1917 年版。

黄伟、沈有珠：《上海粤剧演出史稿》，中国戏剧出版社 2007 年版。

张芳：《民国初期戏剧理论研究 1912—1919》，吉林大学出版社
　2013 年版。

谭元亨：《广府人史纲》，中山大学出版社 2016 年版。

简又文：《广东民间文学概说(下)》，中国曲艺出版社 1981 年版。

梁丽芳、马佳：《中加文学交流史(中国—加拿大)》，山东教育出版
　社 2015 年版。

赵庆庆：《加拿大华人文学史论：多元和整合》，中国国际广播出版
　社 2019 年版。

李东海：《加拿大华侨史》，加拿大自由出版社 1967 年版。

黎全恩、丁果、贾葆蘅：《加拿大华侨移民史(1858—1966)》，人民
　出版社 2013 年版。

David Chuenyan Lai. *Chinatowns: Towns within Cities in Canada*,
　Vancouver：University of British Columbia Press，1988.

魏安国：《从中国到加拿大》，上海社会科学院出版社 1988 年版。

宋家珩、董林夫：《中国与加拿大》，齐鲁书社 1993 年版。

黄昆章、吴金平：《加拿大华侨华人史》，广东高等教育出版社 2001
　年版。

黎全恩：《洪门及加拿大洪门史论》，商务印书馆(香港)有限公司
　2015 年版。

陈国贲、丹尼丝·赫丽：《挣脱枷锁——加拿大华人反对种族主义
　百年史》，中国社会科学出版社 1997 年版。

刘伯骥：《美国华侨史》，黎明文化事业公司 1976 年版。

刘伯骥：《美国华侨逸史》，黎明文化事业公司 1982 年版。

工具书

上海图书馆：《上海图书馆馆藏中文报纸目录(1862—1949)》，
　1982 年。

刘永文：《晚清小说目录》，上海古籍出版社 2008 年版。

魏绍昌：《民国通俗小说书目资料汇编（全 3 册）》，上海书店出版社 2014 年版。

陆国飞：《清末民初翻译小说目录（1840—1919）》，上海交通大学出版社 2018 年版。

龚延明：《宋代官制辞典》，中华书局 1997 年版。

Karl Lo and H. M. Lai. *Chinese Newspapers Published In North America*, 1854‑1975, Washington, D. C.：Center for Chinese Research Materials Association of Research Libraries，1977.

单篇论文

黎全恩：《猪仔屋昔日：华人抵加后的"监狱"》，《加华新闻》2006 年 8 月 5 日。

梁丽芳：《试论前期加拿大华人文学活动的多重意义：从阅书报社、征诗、征联到粤剧、白话剧》，《华文文学》2011 年第 6 期。

梁丽芳：《试论岭南人对加拿大华文文学的起源及形成的贡献》，《世界华文文学论坛》2010 年第 3 期。

施吉瑞：《金山三年苦：黄遵宪使美研究的新材料》，《中山大学学报》2016 年第 1 期。

黄启臣：《中国人在加拿大》，www.crewweekly.com，2009 年 1 月 16 日。

石晓宁：《崔通约与加拿大〈华英日报〉〈大汉日报〉》，徐学清、吴华：《枫彩文彰：加拿大华人文学研究论文集》，暨南大学出版社 2015 年版。

石晓宁：《从革命到建设：辛亥革命前后海外华人政治心态的蜕变——以〈大汉公报〉及崔通约为例》，《社会科学辑刊》2014 年第 6 期。

陈忠平：《维多利亚、温哥华与海内外华人的改良和革命（1899—

1911)》,《社会科学战线》2017 年第 11 期。

陈大康:《论近代小说的转载现象》,《文学遗产》2017 年第 4 期。

刘成国:《宋代俳谐文研究》,《文学遗产》2009 年第 5 期。

胡叠:《对粤剧"全女班"重要史实的质疑和梳理》,《中国戏曲学院学报》2020 年第 1 期。